LES SECTIONS DE PARIS

PENDANT

LA RÉVOLUTION FRANÇAISE

SOCIÉTÉ DE L'HISTOIRE DE LA RÉVOLUTION FRANÇAISE

LES
Sections de Paris

PENDANT

LA RÉVOLUTION FRANÇAISE

(21 MAI 1790-19 VENDÉMIAIRE AN IV)

ORGANISATION — FONCTIONNEMENT

PAR

Ernest MELLIÉ

PARIS, AU SIÈGE DE LA SOCIÉTÉ

3, RUE DE FURSTENBERG, 3

1898

A MONSIEUR A. AULARD

PROFESSEUR A LA FACULTÉ DES LETTRES DE L'UNIVERSITÉ DE PARIS

C'est vous, cher Maître, qui m'avez inspiré le goût de faire ce modeste travail : permettez-moi donc, je vous prie, de vous en faire hommage et de le placer sous votre haute recommandation.

L'autorité de votre nom, inscrit sur cette première page, rassurera le lecteur et l'avertira que c'est un livre de bonne foi, une application de cette méthode scientifique que votre enseignement a réussi à faire prévaloir dans les études sur la Révolution Française.

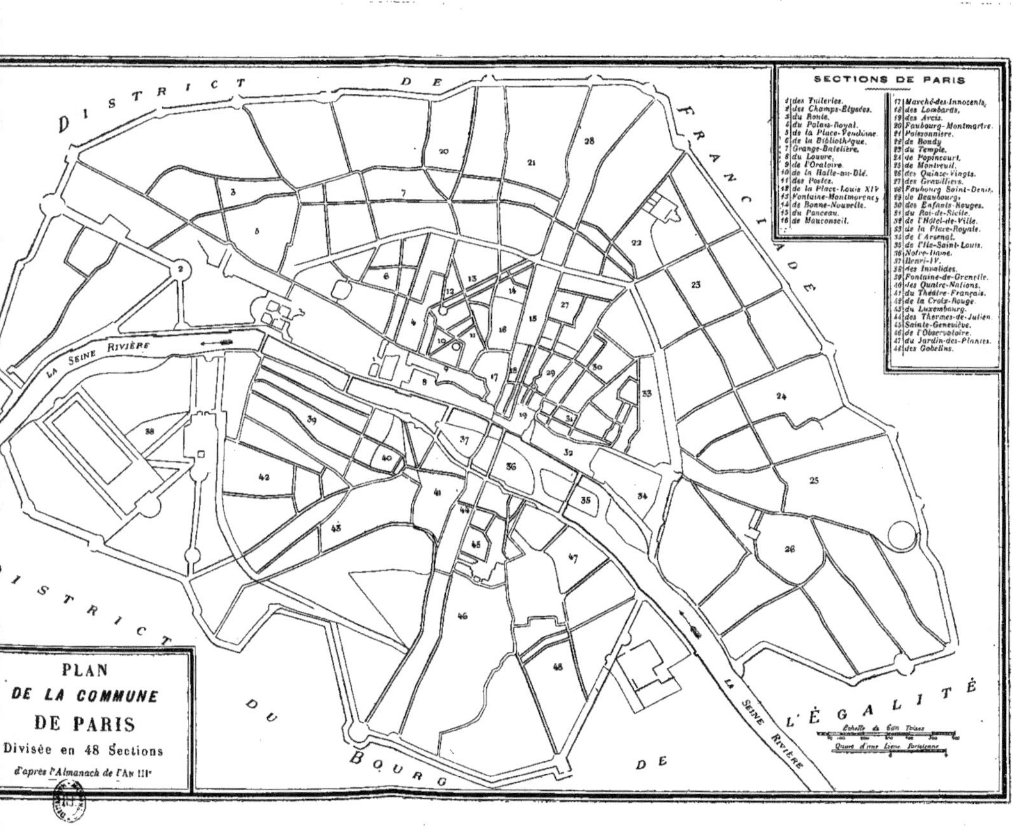

DISTRICT DE FRANCIADE
DISTRICT DU BOURG DE L'ÉGALITÉ
LA SEINE RIVIÈRE
LA SEINE RIVIÈRE
PLAN
DE LA COMMUNE
DE PARIS
Divisée en 48 Sections
d'après l'Almanach de l'An IIIe
SECTIONS DE PARIS
1 des Tuileries.
2 des Champs-Élysées.
3 du Ronle.
4 du Palais-Royal.
5 de la Place-Vendôme.
6 de la Bibliothèque.
7 Grange-Batelière.
8 du Louvre.
9 de l'Oratoire.
10 de la Halle-au-Blé.
11 des Postes.
12 de la Place-Louis XIV.
13 Fontaine-Montmorency.
14 de Bonne-Nouvelle.
15 du Ponceau.
16 de Mauconseil.
17 Marché-des-Innocents.
18 des Lombards.
19 des Arcis.
20 Faubourg-Montmartre.
21 Poissonnière.
22 de Bondy.
23 du Temple.
24 de Popincourt.
25 de Montreuil.
26 des Quinze-Vingts.
27 des Gravilliers.
28 Faubourg Saint-Denis.
29 de Beaubourg.
30 des Enfants-Rouges.
31 du Roi-de-Sicile.
32 de l'Hôtel-de-Ville.
33 de la Place-Royale.
34 de l'Arsenal.
35 de l'Île-Saint-Louis.
36 Notre-Dame.
37 Henri-IV.
38 des Invalides.
39 Fontaine-de-Grenelle.
40 des Quatre-Nations.
41 du Théâtre-Français.
42 de la Croix-Rouge.
43 du Luxembourg.
44 des Thermes-de-Julien.
45 Sainte-Geneviève.
46 de l'Observatoire.
47 du Jardin-des-Plantes.
48 des Gobelins.
Échelle de 600 Toises
Quart d'une Lieue Parisienne

LES SECTIONS DE PARIS

PENDANT

LA RÉVOLUTION FRANÇAISE

LEUR ORGANISATION, LEUR FONCTIONNEMENT

INTRODUCTION

La Révolution française est en grande partie l'œuvre du peuple de Paris. C'est chez lui et surtout par lui qu'elle s'est faite. Il y a consacré sa force, son énergie, et, durant quatre années, il n'a guère vécu, lutté, souffert que pour elle. Un tel facteur n'est point à négliger dans l'histoire de cette crise nationale. Les historiens l'ont bien compris, et tous ont signalé l'influence de la capitale sur la direction des affaires; mais, entraînés par la rapidité des faits, ils n'ont pu accorder à cette cité qu'une place étroite, petite, disproportionnée à l'importance de son rôle. Ils ont surtout montré l'action de la municipalité, c'est-à-dire des élus du peuple, et non celle du peuple lui-même, chez lui, dans ses sections. Ces sections, elles interviennent bien aussi dans les récits des historiens, mais seulement aux heures exceptionnellement graves : quand la situation semble désespérée, on les voit apparaître brusquement, trancher la difficulté, et rentrer ensuite dans l'ombre.

Mais qu'étaient au juste ces sections qui, aux moments

I

décisifs, apportaient des solutions aussi promptes qu'énergiques? Ce terme ne désigne point ici de simples subdivisions territoriales formées en vue des élections ; car, que signifieraient les délibérations, les députations, les comités civils et révolutionnaires dont on nous parle à l'occasion, et qui trahissent évidemment l'existence de sociétés très actives, dont les différents organes ont une fonction propre? Mais alors que se passe-t-il dans ces sociétés, quelle vie intérieure les anime, et, dans la tâche commune, quelle est la part de chacun? Voilà ce qui est important et ce qu'on demanderait en vain à Thiers, Michelet, Louis Blanc, qui n'ont observé les sections que d'un point de vue trop élevé et comme du dehors, s'inquiétant bien moins de leur organisation, de leur travail, que de leurs violentes et soudaines irruptions dans la marche générale de la Révolution.

Notre curiosité n'est guère mieux satisfaite par les études spéciales. A la vérité, Mortimer-Ternaux, poussé par le désir de découvrir beaucoup de fautes et d'irrégularités dans une administration qu'il condamnait d'avance, regarda les sections d'un peu plus près, les connut mieux, mais ne s'enquit point de la variété de leurs opérations, ni de leurs transformations successives. Appliqué seulement à la politique, il eut du moins le mérite de feuilleter sérieusement, le premier peut-être, quelques-uns de leurs papiers, si abondants alors (c'est-à-dire avant les incendies de 1871), y cherchant obstinément ce qui confirmait sa thèse. Cette opiniâtreté nous a servi, et nous a valu quelques indications précieuses sur les assemblées primaires et générales des sections.

L'ouvrage de Taine, par son titre, ferait croire à de plus amples renseignements sur notre sujet : il n'en est rien ; l'écrivain s'est contenté de ramasser en quelques pages (difficiles à lire, parce qu'elles sentent trop l'amertume et la haine) tout le mal qu'on avait déjà recueilli sur les sections. Il a estimé, du reste, que l'abondance des matériaux, qui s'offraient à lui de toutes parts pour son dessein, le dispensait de recourir aux sources mêmes. Son œuvre est sans utilité pour nous.

Quant à l'*Histoire parlementaire* de Buchez et Roux, aux rapports de police publiés par Schmidt, nous les considérons, non comme des histoires proprement dites, mais au même titre que les *Archives parlementaires* de Mavidal et Laurent et le *Moniteur*, comme des recueils de documents que nous avons souvent consultés avec profit.

En tout cas, aucun de ces ouvrages, histoires ou recueils, ne nous renseigne suffisamment sur l'organisation et le fonctionnement des sections ; une lacune grave existe donc dans les travaux sur la Révolution française : nous voudrions essayer de la combler. Contrairement à ce qu'on a fait jusqu'à présent, nous désirerions représenter les sections, non dans la rue ou à la barre des Assemblées nationales, mais chez elles, dans leurs réunions de chaque jour, au milieu de leurs différentes occupations. Notre but serait, non de faire l'histoire des sections, ce qui reviendrait presque à raconter la Révolution, mais d'indiquer quand et dans quelles conditions elles furent établies, quelles lois les régissaient, de quelle façon elles s'organisèrent, distribuèrent leur besogne, étendirent leurs attributions, accrurent leur autorité, et comment, réduites d'abord à de simples corps électoraux, elles se transformèrent sous l'empire des circonstances, devinrent de véritables municipalités jouissant d'une autonomie presque complète, et capables, par une action concertée, d'imposer leur volonté au pouvoir législatif.

Distinguer ainsi les phases de cette lente évolution qui

répondait aux nécessités de l'heure présente, mettre en jeu toutes les parties dont se composaient les sections, les suivre dans leurs opérations les plus diverses, les faire revivre dans la complexité de leurs fonctions, ce n'est point perdre son temps à des détails stériles, ni s'écarter de l'histoire générale, mais au contraire saisir à sa vraie source l'origine et la cause de cette formidable puissance qui, dans une large mesure, a permis d'anéantir les ennemis du dedans et d'assurer la victoire au dehors. Ce sont les sections, en effet, qui ont préparé, créé les grands mouvements révolutionnaires, exercé cette surveillance qui prévenait ou réprimait les défaillances, trouvé, réuni de l'argent, quand on ne savait plus où en prendre, enrôlé, payé les volontaires qui couraient aux frontières. Nous verrons à quel labeur il fallut se livrer pour procurer de la poudre, des armes, des vêtements, comment on s'ingénia pour venir au secours des malheureux et pourvoir à la subsistance de chacun dans une époque d'extrême misère. C'est donc bien la participation directe du peuple de Paris à la Révolution que nous voulons étudier, en observant ses efforts partout et dans tous les sens où ils se sont produits : aux assemblées, dans les comités, dans les ateliers. Car l'activité des sections n'était point intermittente et bornée à la seule politique, comme il semblerait résulter des renseignements que nous offrent les historiens; elle était continuelle, quotidienne, attentive à tous les besoins, et sociale autant que politique. Ainsi entendue, dans toute son ampleur, cette étude reviendrait, si elle était complète, à tracer le tableau de la vie publique de Paris à l'époque dont nous nous occupons, vie agitée et fiévreuse, dure et parfois cruelle, mais laborieuse et féconde, souvent pleine de grandeur et de générosité, bien faite pour attirer notre attention.

Même réduit à de moindres proportions, notre sujet nous semble encore aussi intéressant que neuf; mais, par sa nouveauté et le développement qu'il comporte, il présente une sérieuse difficulté. La bibliographie n'en était pas facile, et les sources n'en sont pas d'un maniement commode. Les papiers des sections sont, en effet, éparpillés un peu partout : aux Archives nationales, aux Archives de la Seine, à la Préfecture de police, à Carnavalet et à la Bibliothèque nationale (imprimés et manuscrits). Il y a de gros registres ; mais ils ne nous apprennent presque rien sur l'organisation des sections.

Nous avons lu attentivement à peu près tout ce qui se trouve dans les trois premiers dépôts (1); mais nous avouons que le manque de temps nous a obligé de parcourir plus rapidement que nous ne l'aurions souhaité les quatre-vingts cartons que possède la Bibliothèque nationale au seul département des manuscrits. Nous nous sommes décidé à commencer notre travail dès que nous avons jugé que nos renseignements étaient assez précis et assez complets sur chacun des points que nous élucidions. Ceux que nous aurions pu rencontrer encore isolément auraient plutôt fait double emploi avec ceux que nous avions déjà, qu'ils n'auraient apporté de nouvelles lumières sur les questions traitées.

Nous devons faire remarquer que les lacunes qui existent dans des documents dont la plupart sont perdus nous ont obligé, pour arriver à reconstituer une des sections de Paris, à emprunter des éléments aux différentes sections, complétant l'une par l'autre. Malgré cette diversité d'origine, ces renseignements un peu hétérogènes ne jurent

___

(1) A la Préfecture de police, nous avons laissé de côté les procès-verbaux des commissaires de police, après nous être assuré qu'ils ne renfermaient rien d'intéressant pour nous.

point à être réunis, et leur groupement ne forme pas une abstraction, une sorte de section idéale, sans rapport avec la réalité que nous cherchions. Les sections, en effet, différaient peu par leur organisation; outre que les mêmes lois, les mêmes arrêtés municipaux imposaient à toutes des procédés semblables et des mesures analogues, par leurs relations, leur entente, elles furent amenées à se copier, à s'imiter; de là naquit une certaine uniformité, qu'il est aisé de constater dans les textes, et que nous montrerons plus d'une fois.

Du reste, nous ne nous flattons point d'avoir tiré tout le parti désirable des nombreux matériaux dont nous nous sommes servi, ni d'avoir épuisé un sujet sur lequel il y avait tant de choses à dire et qui touche à tant de questions : nous nous sommes toutefois efforcé d'en marquer les grandes lignes et, autant que possible, d'en signaler l'essentiel. Nous ne souhaiterions qu'avoir réussi à donner une idée un peu nette d'un chapitre important et encore inconnu de l'histoire de Paris, et apporté par là une contribution utile à l'histoire générale, qui en dépend si étroitement à cette époque.

CHAPITRE PREMIER

DIVISION DE PARIS EN 48 SECTIONS

I. Paris divisé en soixante districts. — Loi municipale du 21 mai-27 juin
1790. — II. Division de Paris en quarante-huit sections. Caractère de la
loi municipale. Situation faite aux sections. — III. Frais d'établissement.
Lieux occupés par les sections dans les domaines nationaux. — IV. Séance
d'installation.

I

En vue des élections aux États généraux, le règlement
royal du 13 avril 1789 divisa provisoirement en soixante
districts la ville de Paris, composée auparavant de
vingt et un quartiers. Un arrêté municipal du 30 août 1789
soumit à ces districts un plan de municipalité, qu'ils
acceptèrent, et en vertu duquel l'administration de chacun
d'eux fut confiée à un comité de seize à vingt-quatre
membres, chargé avant tout de faire exécuter les ordres
qui lui étaient transmis, mais ayant aussi quelques attributions de police. Cette division subsista pendant un an,
et, les élections terminées, les districts continuèrent à se
réunir et à délibérer dans leurs assemblées générales
permanentes. Ils formaient soixante petits clubs, dont les
discussions agitaient la capitale, et qui, à la fin de 1789,

laissèrent voir nettement leur volonté de gouverner et d'administrer par eux-mêmes.

C'est ainsi, par exemple, que le plus hardi de tous, le district des Cordeliers, le 11-12 novembre 1789, prit un arrêté par lequel il imposait à ses représentants une formule de serment qui établissait le mandat impératif et révoquait ceux qui avaient refusé de s'y soumettre. Un différend s'ensuivit entre la Commune et les Cordeliers, auxquels se joignirent quelques autres districts; la Constituante, consultée, n'osa se déclarer ni pour l'un ni pour l'autre parti (1).

Au mois de décembre 1789, les districts essayèrent, probablement sur l'initiative de celui des Capucins de la chaussée d'Antin, de former à l'archevêché un Comité central; mais la tentative échoua : douze seulement réussirent à s'entendre; les autres délibérèrent séparément, et ce bureau central ne servit qu'à enregistrer les décisions particulières de chaque district (sur Paris département), 16 décembre 1789 (2).

Les Cordeliers encore, en janvier 1790, sous la direction de Danton, s'opposèrent à la capture de Marat ordonnée par le Châtelet (22 janvier 1790), sous prétexte que l'arrêté n'était pas conforme à la nouvelle procédure, et cette audacieuse résistance à la justice valut à ce district « d'entrer directement en correspondance avec l'Assemblée nationale, qui lui fit écrire par son président comme à une puissance morale de haute condition (3) ». Enfin, au sujet du décret du marc d'argent et après les protestations isolées de plusieurs d'entre eux (districts de Henri IV, 17 décembre 1789, de Saint-Séverin, 24 décembre 1789), la majorité des districts s'entendit, sur l'inspiration du

(1) Sigismond Lacroix, *Actes de la Commune de Paris*, t. II, p. 648.
(2) Sigismond Lacroix, *Actes de la Commune de Paris*, t. I, p. 33-36, 591 ; t. II, p. 200.
(3) Sigismond Lacroix. Voy. aussi Aulard, *Révolution française*, numéro du 14 février 1893.

district de Saint-Jean-en-Grève, pour rédiger (8 février 1790) l'adresse de la Commune de Paris, dans ses sections, à l'Assemblée nationale, qui lui fut présentée par des commissaires spéciaux, sans caractère officiel. Cette adresse, dit M. Sigismond Lacroix, constitue une manifestation non équivoque de la tendance des districts à agir par eux-mêmes et à se passer des corps représentatifs, à pratiquer le gouvernement direct (1).

Malgré les services que rendaient les districts en surveillant activement les complots contre-révolutionnaires, l'Assemblée constituante ne put voir sans inquiétude leurs allures indépendantes et leur secrète ambition. Elle redouta les difficultés que pouvaient faire naître des arrêtés parfois plus énergiques que sages, des discussions violentes sur toute question ; elle craignit l'influence qu'amènerait une entente facile à prévoir, et résolut de couper le mal dans sa racine. Un de ses premiers travaux, après la prise de la Bastille et la révolution communale qui en fut la conséquence, avait été d'organiser les municipalités du royaume (14 décembre 1789). Après de longues et de nombreuses délibérations des députés des sections (2), en mai 1790 fut enfin instituée celle de Paris. Nous ne pouvons nous dispenser de citer textuellement ce décret du 21 mai-27 juin 1790, véritable charte municipale ; mais nous n'en extrayons que ce qui se rapporte à notre sujet.

TITRE PREMIER

Art. 1. L'ancienne municipalité de la ville de Paris et tous les offices qui en dépendaient, la municipalité provisoire subsistant à l'hôtel de ville ou dans les sections de la capitale, connus aujourd'hui sous le nom de *districts,* sont supprimés et abolis ; néanmoins la municipalité provisoire et les autres personnes continuent leurs fonctions jusqu'à leur remplacement.

(1) Sigismond Lacroix, *Actes de la Commune de Paris*, t. III, p. 625.
(2) *Ibid.*, t. IV, p. iii-x.

2. Les finances des offices supprimés seront liquidées et remboursées, savoir: des deniers communs de la ville, s'il est justifié que ces finances aient été versées dans sa caisse, et par le Trésor public, s'il est justifié qu'elles aient été payées.

3. La Commune ou la municipalité de Paris sera renfermée dans l'enceinte des nouveaux murs; mais les boulevards que l'on construit en dehors de ces murs seront soumis à l'administration municipale.

4. Les décrets rendus par l'Assemblée nationale, le 14 décembre et postérieurement, concernant les municipalités, seront exécutés dans la ville de Paris, à l'exception des dispositions auxquelles il aura été dérogé par les articles suivants; et les articles de ces décrets contenant les dispositions auxquelles il n'aura pas été dérogé, seront rapportés à la fin du présent règlement, et en feront partie.

5. La municipalité sera composée d'un maire, de seize administrateurs, dont les fonctions seront déterminées au titre II; de trente-deux membres du conseil, de quatre-vingt-seize notables, d'un procureur de la Commune, de deux substituts qui seront ses adjoints et exerceront ses fonctions à son défaut.

6. La ville de Paris sera divisée, par rapport à sa municipalité, en quarante-huit parties, sous le nom de sections, qu'on tâchera d'égaliser autant qu'il sera possible, relativement au nombre des citoyens actifs.

7. Ces quarante-huit sections ne pourront être regardées que comme des sections de la Commune.

8. Elles formeront autant d'assemblées primaires, lorsqu'il s'agira de choisir les électeurs qui devront concourir à la nomination des membres de l'administration du département de Paris ou à la nomination des députés que ce département doit envoyer à l'Assemblée nationale.

9. Les citoyens actifs ne pourront se rassembler par métiers, professions ou corporations, ni se faire représenter; ils se réuniront sans aucune distinction et ne pourront donner leur voix que dans la section dont ils feront partie à l'époque des élections.

10. Si une section offre plus de neuf cents citoyens actifs présents, elle se formera en deux assemblées qui nommeront

chacune leurs officiers, mais qui, après avoir dépouillé séparément le scrutin de l'une et de l'autre division, se réuniront par commissaires pour n'envoyer qu'un résultat à l'hôtel de ville.

11. Les assemblées des quarante-huit sections seront indiquées pour le même jour et à la même heure ; on ne s'y occupera d'aucune autre affaire que des élections et des prestations du serment civique ; ces assemblées se continueront aussi à la même heure les jours suivants, sans interruption, mais un scrutin se terminera sans désemparer.

12. Les quarante-huit sections se conformeront aux articles du décret accepté par le roi, sur les assemblées administratives, concernant les qualités nécessaires pour exercer les droits de citoyen actif et pour être éligible.

(Les qualités nécessaires pour être citoyen actif sont : 1° d'être Français ou devenu Français ; 2° d'être majeur de vingt-cinq ans accomplis ; 3° d'être domicilié de fait dans le canton, au moins depuis un an ; 4° de payer une contribution directe de la valeur locale de trois journées de travail ; 5° de n'être point dans l'état de domesticité, c'est-à-dire de serviteur à gages.)

(Pour être éligible dans les assemblées primaires, il faudra réunir aux qualités de citoyen actif ci-dessus détaillées, la condition de payer une contribution directe plus forte, et qui se monte au moins à la valeur locale de dix journées de travail.)

13. Les parents et alliés de père et de fils, de beau-père et de gendre, de frère et de beau-frère, d'oncle et de neveu, ne pourront, en même temps, être membres du corps municipal. S'ils ont été nommés dans le même scrutin, celui qui aura le plus grand nombre de voix demeurera élu ; et au cas d'égalité de voix, on préférera le plus âgé ; s'ils n'ont pas été élus dans le même scrutin, l'élection du dernier ne sera point comptée, et si celui-ci a été nommé au troisième tour de scrutin, il sera remplacé par le citoyen qui, dans ce même tour, avait le plus de voix après lui.

14. L'élection des deux substituts du procureur de la Commune se fera au scrutin, dans la forme qui sera déterminée au titre suivant.

15. Pour l'élection du maire et du procureur de la Commune, chacune des quarante-huit sections de l'assemblée générale des citoyens actifs fera parvenir à l'hôtel de ville le recensement de son scrutin particulier, ce recensement contiendra la mention du nombre des votants dont l'assemblée aura été composée et celle du nombre de suffrages que chaque candidat aura réunis en sa faveur : le résultat de tous ces recensements sera formé à l'hôtel de ville.

16. Les scrutins des diverses sections seront recensés à l'hôtel de ville le plus tôt qu'il sera possible, en sorte que les scrutins ultérieurs, s'ils se trouvent nécessaires, puissent commencer dès le lendemain.

17. Chacune des quarante-huit sections enverra à l'hôtel de ville un commissaire pour assister au recensement des divers scrutins.

18. La nomination des quarante-huit membres du corps municipal et des quatre-vingt-seize notables se fera toujours au scrutin, mais la population de Paris exigeant une forme de scrutin particulière, cette forme sera déterminée dans le titre suivant.

19. Après les élections, les citoyens actifs ne pourront ni rester assemblés, ni s'assembler de nouveau en corps de commune, sans une convocation ordonnée par le corps municipal, lequel ne pourra la refuser dans les cas qui seront déterminés au titre IV.

20. Les citoyens actifs ont le droit de se réunir paisiblement et sans armes en assemblées particulières, pour rédiger des adresses et pétitions, soit au corps municipal, soit à l'administration du département de Paris, soit au Corps législatif, soit au roi, sous la condition de donner aux officiers municipaux connaissance du temps et du lieu de ces assemblées, et de ne pouvoir députer que vingt-cinq citoyens actifs pour apporter et présenter les adresses et pétitions.

TITRE II

ART. 1. L'assemblée de chacune des quarante-huit sections commencera par l'appel nominal des citoyens actifs, d'après les titres qu'ils auront présentés en entrant.

2. S'il s'élève des difficultés sur l'admission d'un citoyen, sa section en jugera. Un citoyen exclu par sa section sera tenu de s'éloigner, sauf à faire reconnaître ses titres, pour les élections suivantes, par l'administration du département à qui la connaissance définitive en demeure attribuée.

3. Les citoyens actifs désigneront les personnes, dans leurs bulletins, de manière à éviter toute équivoque et un bulletin sera rejeté si, faute de désignation suffisante entre le père et le fils, entre les frères et les personnes du même nom, l'Assemblée juge qu'il y a incertitude sur les personnes désignées.

4. Le recensement général à l'hôtel de ville, des scrutins des quarante-huit sections sera fait par huit citoyens tirés au sort, dont quatre seront pris parmi les membres du corps municipal et quatre parmi les commissaires des diverses sections.

5. Après l'élection du maire et du procureur de la Commune, dont la forme est déterminée au titre Ier, les deux substituts adjoints seront élus par les quarante-huit sections au scrutin de liste simple, mais ensemble et à la pluralité relative, laquelle sera au moins du quart des votants.

6. Si le premier scrutin ne donne à personne la pluralité du quart des suffrages, on procédera à un second dans lequel chacun écrira encore deux noms sur son bulletin.

7. Si aucun citoyen n'obtient la pluralité du quart des suffrages, on procédera à un troisième et dernier scrutin. Dans ce dernier scrutin, on ne pourra choisir que parmi les quatre personnes qui auront eu le plus de voix au scrutin précédent. On écrira deux noms sur les bulletins, et les deux citoyens qui obtiendront le plus de suffrages seront nommés substituts du procureur de la Commune.

8. Si, au premier scrutin, un des citoyens a obtenu la pluralité du quart des suffrages et est accepté, on n'écrira plus qu'un nom au second scrutin; et au troisième, on choisira entre les deux citoyens qui auront eu le plus de voix.

9. Lors de la première formation de la municipalité, chacune des quarante-huit sections élira, parmi les citoyens éligibles de sa section seulement, trois membres destinés à faire partie du corps municipal ou du conseil général de la Commune.

10. L'élection se fera au scrutin individuel ou à la pluralité absolue des suffrages.

11. Si, au premier scrutin, la pluralité absolue n'est pas acquise, il sera procédé à un second. Si le second scrutin ne fournit pas non plus la pluralité absolue, il sera procédé à un troisième entre les deux citoyens seulement qui auront obtenu le plus de voix au second.

12. En cas d'égalité de suffrages au second et au troisième scrutin entre plusieurs citoyens ayant le nombre de voix exigé, la préférence sera accordée à l'âge.

13. Les nominations étant faites dans les quarante-huit sections, il sera envoyé par chacune d'elles à l'hôtel de ville un extrait du procès-verbal contenant les noms des trois citoyens élus.

14. Il sera dressé une liste de cent quarante-quatre citoyens ainsi nommés. Cette liste désignant leurs demeures et leurs qualités sera imprimée, affichée et envoyée dans les quarante-huit sections.

15. Les sections seront tenues de s'assembler le lendemain de cet envoi et elles procéderont à la lecture de la liste imprimée, à l'effet d'accepter la nomination des citoyens qui y seront compris, ou de s'y refuser. On recueillera les voix par assis et levé et sans aucune discussion sur chacune des cent quarante-quatre personnes comprises dans la liste ; mais une section individuelle ne soumettra pas à cette épreuve les trois qu'elle aura nommées.

16. Les résultats de la présentation de la liste dans chaque section seront envoyés à l'hôtel de ville, et les citoyens qui n'auront pas été acceptés par la moitié des sections plus une, seront retranchés de la liste sans autre information.

17. Les sections respectives procéderont, dès le lendemain de l'avis qui leur en aura été donné par le corps municipal, au remplacement des membres retranchés de la première liste.

18. Les noms des citoyens ainsi élus en remplacement seront envoyés dans les sections, pour y être acceptés ou refusés dans le jour, de la même manière que les premiers.

19. La liste des cent quarante-quatre élus étant définitivement arrêtée, les quarante-huit sections procéderont de la

manière suivante à l'élection des quarante-huit membres du corps municipal.

20. Le scrutin se fera en chaque section par bulletin de liste de dix noms choisis parmi ceux de la liste imprimée.

21. Les bulletins qui contiendront plus ou moins de dix noms, ou des noms qui ne seraient pas compris dans la liste imprimée, seront rejetés.

22. Le résultat du scrutin de chaque section sera envoyé à l'hôtel de ville; et ceux qui, après le recensement général, se trouveront avoir la pluralité du quart des suffrages, seront membres du corps municipal.

23. Pour compléter le nombre des quarante-huit membres du corps municipal, comme aussi dans le cas où aucun citoyen n'aurait eu une pluralité relative du quart des suffrages, il sera procédé, dans les quarante-huit sections, à un second scrutin.

24. Ce scrutin sera fait, ainsi que le précédent, par bulletins de liste de dix noms choisis parmi les noms de la liste imprimée moins ceux qui se trouveront élus par le précédent scrutin.

25. Tous ceux qui, par l'événement de ce second scrutin, réuniront une pluralité relative du quart des suffrages, seront membres du corps municipal.

26. Si le nombre des quarante-huit membres n'est pas rempli, ou si le second scrutin n'a donné à personne la pluralité du quart des suffrages, il sera procédé dans les quarante-huit sections à un dernier scrutin.

27. Ce dernier scrutin sera fait également par liste de dix noms choisis parmi les noms imprimés, moins ceux qui auront été élus.

28. La simple pluralité des suffrages sera suffisante à ce dernier scrutin; et ceux qui, par le recensement général, l'auront obtenue, seront membres du corps municipal, jusqu'à concurrence des quarante-huit membres dont il doit être formé.

29. En cas de refus d'un ou de plusieurs citoyens élus aux deux premiers scrutins, il en sera usé comme s'ils n'avaient pas eu la pluralité requise pour l'élection, et leurs noms ne concourront pas dans les scrutins suivants.

30. Si un ou plusieurs citoyens élus au dernier scrutin ne

veulent point accepter, ils seront remplacés par ceux qui suivront dans l'ordre des voix ou de l'âge.

31. Les citoyens compris sur la liste imprimée, qui n'auront pas été élus membres du corps municipal, ou qui auront refusé, resteront membres du conseil général, en qualité de notables.

32. Dans les scrutins pour l'élection des seize administrateurs, dont il est parlé à l'article 25 du titre Ier, on commencera par nommer les administrateurs au département des subsistances; on passera ensuite à l'élection des administrateurs au département de police, et ainsi successivement jusqu'à l'élection des administrateurs au département des travaux publics, conformément à la division qui sera indiquée au titre III.

36. Les premières élections seront faites aussitôt que la division de la ville de Paris en quarante-huit sections sera terminée.

37. Les assemblées des quarante-huit sections seront convoquées, à cet effet, au nom du maire en exercice et de la municipalité provisoire.

38. Toutes les opérations attribuées au corps municipal relativement aux élections, appartiendront pour cette première fois au maire et aux soixante administrateurs actuels.

39. L'assemblée de chacune des quarante-huit sections sera ouverte par un de ces administrateurs, qui expliquera l'objet de la convocation et dont les fonctions cesseront après l'élection d'un président et d'un secrétaire.

40. Les comptables actuels, soit de gestion, soit de finances, rendront leurs comptes définitifs au nouveau corps municipal; les comptes seront revus et vérifiés par le conseil général.

41. Ils seront de plus imprimés : tout citoyen actif pourra en prendre communication ainsi que des pièces justificatives au greffe de la ville, sans déplacer et sans frais.

42. Le premier renouvellement des membres du corps municipal, des notables ou autres personnes attachées à la municipalité, se fera le dimanche d'après la Saint-Martin 1791 ; et le sort déterminera ceux qui sortiront. On combinera les tirages de manière à ce qu'il sorte au moins une, et à ce qu'il ne sorte pas plus de deux des trois personnes nommées par chaque section.

43. Pour l'exécution de l'article 34 du titre Ier, les sections, lors des renouvellements annuels, nommeront alternativement un ou deux des soixante-douze citoyens qui doivent entrer dans le corps municipal ou le conseil général de la commission.

TITRE III

Art. 33. Les quarante-huit sections, avant de procéder à la première élection des membres de la municipalité, détermineront, sur la proposition de la municipalité provisoire, le traitement du maire et les indemnités à accorder aux administrateurs, au procureur de la Commune et à ses deux substituts ; elles détermineront aussi, sur la même proposition, le traitement du secrétaire-greffier et de ses deux adjoints, du garde des archives et du bibliothécaire.

TITRE IV

Art. 1. L'assemblée des quarante-huit sections devra être convoquée par le corps municipal, lorsque le vœu de huit sections, résultant de la majorité des voix dans une assemblée de chaque section, composée de cent citoyens actifs au moins, et convoquée par le président des commissaires de la section, se réunira pour la demander.

Le président des commissaires d'une section sera tenu de convoquer sa section, lorsque cinquante citoyens actifs se réuniront pour la demander.

2. Lorsque l'assemblée des quarante-huit sections aura lieu, un membre du corps municipal ou un des notables pourra assister à l'assemblée de chacune des sections, mais sans pouvoir la présider et sans que son absence puisse la différer.

3. Il y aura dans chacune des quarante-huit sections un commissaire de police toujours en activité, et dont les fonctions relatives à la municipalité seront déterminées par les articles suivants.

4. Chacune des quarante-huit sections aura en outre seize commissaires, sous le nom de *commissaires de section*, qui

exerceront dans leur arrondissement, sous l'autorité du corps municipal et du conseil général de la Commune, les fonctions suivantes.

5. Les seize commissaires de section seront chargés de surveiller et de seconder au besoin le commissaire de police.

6. Ils seront tenus de veiller à l'exécution des ordonnances, arrêtés ou délibérations, sans y apporter aucun obstacle ni retard : le commissaire de police aura séance et voix consultative à leurs assemblées.

7. Ils donneront aux administrateurs, au corps municipal et au conseil général, ainsi qu'au maire, au procureur de la Commune et à ses substituts, tous les éclaircissements, instructions et avis qui leur seront demandés.

8. Ils nommeront entre eux un président, et se réuniront tous les huit jours et en outre toutes les fois que des circonstances extraordinaires l'exigeront.

9. L'un d'eux restera, à tour de rôle, vingt-quatre heures dans sa maison, afin que les commissaires de police et les citoyens de la section puissent recourir à lui en cas de besoin ; le commissaire de service sera de plus chargé de répondre aux demandes et représentations qui pourront être faites.

10. Les jeunes citoyens de la section parvenus à l'âge de vingt et un ans, après s'être fait inscrire chez le commissaire de police, porteront leur certificat d'inscription chez le commissaire de section qui se trouvera de service, et leur indiquera l'époque de la prestation de leur serment.

11. Les commissaires de police seront élus pour deux ans, et pourront être réélus autant de fois que leur section le jugera convenable. Le premier remplacement, s'il a lieu, ne pourra se faire qu'à la Saint-Martin 1792 ; le conseil général de la Commune fixera la somme de leur traitement.

12. Les commissaires de section pourront être chargés par l'administration du département de Paris, de la répartition des impôts dans leurs sections respectives.

13. Chaque commissaire de police aura sous ses ordres un secrétaire-greffier de police dont le conseil général de la Commune fixera aussi le traitement.

14. Les personnes domiciliées, arrêtées en flagrant délit dans l'arrondissement d'une section, seront conduites chez le

commissaire de police. Celui-ci, pourra, avec la signature de l'un des commissaires de section, envoyer dans une maison d'arrêt les personnes ainsi arrêtées, lesquelles seront entendues dans les vingt-quatre heures, conformément à ce qui sera réglé par la suite.

15. Les personnes non domiciliées, arrêtées dans l'arrondissement d'une section, seront conduites chez le commissaire de police : si elles sont prévenues d'un désordre grave ou d'un délit, celui-ci pourra les envoyer dans une maison d'arrêt où elles seront interrogées dans les vingt-quatre heures, et remises en liberté, ou, selon la gravité des circonstances, livrées à la justice ordinaire, ou condamnées par le tribunal de police qui sera établi.

16. Le commissaire de police, en cas de vols ou d'autres crimes, gardera par devers lui les effets volés et les pièces de conviction pour les remettre aux juges. Dans tous les cas, il dressera procès-verbal des pièces et des faits, et il tiendra registre du tout; il en instruira de plus le département de police et le commissaire de section qui se trouvera de service.

17. Hors le cas de flagrant délit, la municipalité ne pourra ordonner l'arrestation de qui que ce soit, que dans les cas et de la manière qui seront déterminés dans le règlement de police.

18. Le commissaire de police rendra compte au maire, ainsi que l'ordonnera celui-ci.

19. Le commissaire de police rendra tous les soirs, au commissaire de section qui sera de service, un compte sommaire et par écrit des événements de la journée.

20. Le secrétaire-greffier tiendra la plume aux assemblées du comité; il dressera les procès-verbaux lorsqu'il en sera requis par les commissaires; il sera chargé de faire les expéditions, les extraits et les envois à qui il appartiendra; il sera aussi chargé de la tenue de tous les registres nécessaires aux fonctions du comité et du commissaire de police.

21. Les appointements du secrétaire-greffier seront acquittés des deniers communs de la ville.

22. Il sera procédé à l'élection de seize commissaires de section, du commissaire de police et du secrétaire-greffier, par les assemblées de chaque section, immédiatement après

les élections des membres du corps municipal et du conseil général de la Commune.

23. L'élection du commissaire de police se fera au scrutin et à la pluralité absolue des suffrages, mais par bulletin de deux noms; si le premier ou le second tour de scrutin ne donne pas cette pluralité absolue, on procédera à un troisième et dernier, dans lequel on n'écrira qu'un nom; les voix ne pourront porter que sur l'un des deux citoyens qui en auront obtenu le plus grand nombre au second scrutin.

24. Le commissaire de police et le secrétaire-greffier ne pourront être choisis que parmi les citoyens éligibles de la section, et ils seront tenus d'y résider.

25. L'élection du secrétaire-greffier se fera par bulletin de deux noms, et à la pluralité relative, laquelle sera au moins du quart des suffrages.

26. Les seize commissaires de section seront choisis parmi les citoyens éligibles de la section, au scrutin, par bulletin de liste de six noms.

27. Ceux qui, par le dépouillement du scrutin, se trouveront réunir la pluralité relative du tiers au moins des suffrages, seront déclarés commissaires.

28. Pour le nombre de commissaires restant à nommer, comme aussi dans le cas où aucun citoyen n'aurait eu la pluralité du tiers des voix, il sera procédé à un second scrutin par bulletin de six noms, et ceux qui, par le dépouillement de ce scrutin, réuniront la pluralité relative du tiers au moins des voix, seront déclarés commissaires.

29. Si le nombre de seize commissaires n'est pas encore rempli, ou si aucun citoyen ne se trouve élu, il sera procédé à un dernier scrutin par bulletin de liste de six noms, et à la simple pluralité relative des suffrages; ceux qui l'obtiendront seront déclarés élus, jusqu'à concurrence de seize commissaires à nommer.

30. Si un citoyen, nommé commissaire au troisième tour, refuse, il sera remplacé par le concurrent qui, dans ce même tour de scrutin, aura eu le plus de voix après lui. Si un citoyen nommé commissaire dans les deux premiers scrutins, refuse après la dissolution de l'assemblée, il sera remplacé par celui qui, dans les divers scrutins, aura eu le plus de voix.

Les commissaires de section, en cas de mort ou de démission dans le cours de l'année, seront remplacés, jusqu'à l'époque ordinaire des élections, par ceux des citoyens qui auront eu le plus de voix après eux ; et pour exécuter ces deux dispositions, on conservera les résultats des scrutins.

31. L'exercice des fonctions de commissaire de police sera incompatible avec celui de garde national.

32. Les commissaires de section, le commissaire de police et son secrétaire-greffier prêteront serment entre les mains du président de l'assemblée de la section, de bien et fidèlement remplir leur devoir.

33. La moitié des commissaires de section sortira chaque année. La première sortie se fera par la voie du sort ; elle n'aura lieu qu'à l'époque des élections ordinaires en 1791 : et pour la première fois le temps qui s'écoulera entre l'époque de leur élection et l'époque fixe des élections ordinaires ne sera point compté.

34. Les élections des secrétaires-greffiers se renouvelleront tous les deux ans et l'époque en sera fixée de façon à alterner avec celle de l'élection des commissaires de police.

TITRE V

Art. 4. Les assemblées des citoyens actifs seront convoquées par le corps municipal, huit jours avant celui où elles devront avoir lieu. La séance sera ouverte en présence d'un citoyen chargé par le corps municipal d'expliquer l'objet de la convocation.

5. Chaque assemblée procédera, dès qu'elle sera formée, à la nomination d'un président et d'un secrétaire ; il ne faudra pour cette nomination que la simple pluralité relative des suffrages, en un seul scrutin, recueilli et dépouillé par les trois plus anciens d'âge.

6. Chaque assemblée nommera ensuite à la pluralité relative des suffrages, trois scrutateurs qui seront chargés d'ouvrir les scrutins subséquents, de les dépouiller, de compter les voix et de proclamer les résultats : les trois scrutateurs seront nommés par un seul scrutin, recueilli et dépouillé, comme les précédents, par les trois plus anciens d'âge.

28. Aux prochaines élections, lorsque les assemblées primaires des citoyens actifs de chaque canton, où les assemblées particulières de chaque communauté auront été formées, et aussitôt après que le président et le secrétaire auront été nommés, il sera, avant de procéder à aucune autre élection, prêté par le président et le secrétaire, en présence de l'assemblée, et ensuite par les membres de l'assemblée, entre les mains du président, le serment de maintenir de tout leur pouvoir la Constitution du royaume, d'être fidèles à la nation, à la loi et au roi, de choisir en leur âme et conscience les plus dignes de la confiance publique et de remplir avec zèle et courage les fonctions civiles et politiques qui pourront leur être confiées. Ceux qui refuseront de prêter ce serment seront incapables d'élire ou d'être élus.

II

L'Assemblée nationale avait autorisé les commissaires adjoints au Comité de constitution à prendre l'avis de la municipalité et des districts pour tracer cette division. Une réunion, composée de cinq commissaires de l'Assemblée nationale, de quatre délégués de la municipalité et de soixante commissaires des districts, examina, le 4 juin, les deux plans de Dezauches et de Verniquet, et adopta celui du premier. La division fut effectuée le 22 juin 1790, et, ce jour-là, Gossin, rapporteur du Comité de constitution, rendit hommage aux districts de Paris, « si utiles depuis la Révolution », sacrifiant à la nécessité des circonstances, non sans douleur, non sans regret, mais avec courage, leurs noms, leurs groupements civiques, qui leur étaient chers et « par des succès et par des services rendus à la patrie, et par des raisons de fraternité et d'amitié ». « La ville de Paris, dit-il, mérite de nous et méritera de la postérité un double éloge pour avoir déterminé la Révolution par sa puissance et l'avoir assurée par sa soumission (1). »

(1) Sigismond Lacroix, t. V. p. 559-560.

Nous donnons ci-dessous les limites des sections, le nombre des citoyens actifs de chacune, le lieu de l'assemblée générale, et enfin leurs noms, qui souvent varièrent. Il ne nous a pas été possible, sauf pour quelques-unes, de préciser le moment juste où ces changements de noms s'opérèrent; néanmoins, les papiers qui nous restent nous permettent d'en fixer l'année : les unes y furent autorisées par le conseil général, d'autres par le Corps législatif. Nous empruntons nos renseignements, pour la plupart, à l'Almanach royal de 1791 et à la *Bibliographie* de M. Maurice Tourneux, tome II, que nous avons rectifiée ou complétée d'après des renseignements recueillis dans nos lectures, et des notes obligeamment mises à notre disposition par M. Sigismond Lacroix.

1. — SECTION DES TUILERIES. — *Église des Feuillants.* (Assemblée générale). — 1700 citoyens actifs.

Limites. — La rue Saint-Honoré, à droite, depuis la rue Royale jusqu'à la rue Froid-Manteau; la rue Froid-Manteau, à droite de la rue Saint-Honoré à la rivière; le bord de la rivière jusqu'au pont de Louis XVI; le côté droit de la place Louis XV; la rue Royale, à droite, jusqu'à la rue Saint-Honoré, et tout l'intérieur.

2. — SECTION DES CHAMPS-ÉLYSÉES. — *Église Saint-Phi-lippe-du-Roule* (Assemblée générale). — 900 citoyens actifs.

Limites. — La rue du Faubourg-du-Roule et du Faubourg-Saint-Honoré, à droite, depuis la rivière jusqu'à la rue Royale; la rue Royale, à droite, le traverse de la place Louis XV jusqu'à la rivière; le bord de l'eau, jusqu'à la barrière des Bons-hommes; les murs, jusqu'à la barrière du Roule, et tout l'inté-rieur.

3. — SECTION DU ROULE (1790-1792) (1); DE LA RÉPUBLIQUE

(1) Une délibération du 24 octobre 1792 porte l'en-tête de la section République française, L^b 40/2107. D'après l'arrêté du 30 prairial an III (28 juin 1795), elle reprit son ancien nom, parce qu'on pourrait tirer (de l'ancien) « cette conclusion qu'il n'y a dans Paris qu'une section républicaine ». Tourneux, t. II, n° 8845.

(1793-1794); DU ROULE (1795). — *Église des Capucins Saint-Honoré* (Assemblée générale). — 1300 citoyens actifs.

Limites. — La rue du Faubourg-du-Roule et du Faubourg-Saint-Honoré, à gauche, en prenant de la barrière jusqu'à la Madeleine; la rue de la Madeleine, à gauche; de l'Arcade, à gauche; de la Pologne, à gauche; rue Saint-Lazare, à gauche, depuis la rue de la Pologne jusqu'à la rue de Clichy; la rue de Clichy, à gauche, jusqu'à la barrière; les murs, depuis la barrière du Roule jusqu'à la barrière de Clichy, et tout l'intérieur.

4. — SECTION DU PALAIS-ROYAL (1790-1791); BUTTE DES MOULINS (1792-1794); DE LA MONTAGNE (1794); BUTTE DES MOULINS (1794-1795) (1). — *Église Saint-Roch* (Assemblée générale). — 2400 citoyens actifs.

Limites. — La rue Saint-Honoré, à gauche, depuis la place Vendôme jusqu'à la rue des Bons-Enfants; la rue des Bons-Enfants, à gauche; la rue Neuve-des-Bons-Enfants, à gauche, jusqu'à la rue Neuve-des-Petits-Champs; la rue Neuve-des-Petits-Champs jusqu'à la place Vendôme, à gauche; la place Vendôme, à gauche, jusqu'à la rue Saint-Honoré, et tout l'intérieur.

5. — SECTION DE LA PLACE-VENDÔME (1790-1792); DES PIQUES (1792-1795) (2); DE LA PLACE VENDÔME (1795). — *Église des Capucins* (Assemblée générale). — 1200 citoyens actifs.

Limites. — La rue de la Madeleine, à droite, en partant de la rue Saint-Honoré; la rue de l'Arcade, à droite; la rue de Pologne, à droite; la rue Saint-Lazare, à droite, depuis la rue de Pologne jusqu'à la rue de la Chaussée-d'Antin; la rue de la Chaussée-d'Antin, à droite, jusqu'au boulevard; la rue Louis-

---

(1) Le 5 septembre 1792, députation de la section de la Butte-des-Moulins (procès-verbal). Le 18 août 1793, elle demande au conseil général de s'appeler section de la Montagne. Chaumette désapprouve cette dénomination; le 1ᵉʳ septembre, nom de section de la Montagne (*Moniteur*, 21 août, 4 septembre 1793); 21 frimaire an III (11 décembre 1794), décret qui autorise la section de la Montagne à reprendre le nom de la Butte-des-Moulins.

(2) Dès le 11 septembre 1792, elle s'appelle section des Piques (A. S.: D., 976). Le 5 prairial an III (24 mai 1795), l'assemblée générale décide que la section des Piques s'appellera de nouveau section de la Place Vendôme (Voy. Bibl. nat. mss. acq. nouv. fr. 2717, folio 26). Voir aussi, *Moniteur*, séance du 5 prairial an III.

le-Grand, à droite, depuis le boulevard jusqu'à la rue Neuve-des-Petits-Champs; la rue Neuve-des-Petits-Champs, depuis la rue Louis-le-Grand, à droite, jusqu'à la place Vendôme; la place Vendôme, à droite, jusqu'à la rue Saint-Honoré ; la rue Saint-Honoré, à droite, de la place Vendôme à la rue de la Madeleine, et tout l'intérieur.

6. — SECTION DE LA BIBLIOTHÈQUE (1790-1792) (1); SECTION DE 1792 (1792); LE PELETIER (1793-1795). — *Eglise des Filles-Saint-Thomas* (Assemblée générale). — 1500 citoyens actifs.

Limites. — La rue Neuve-des-Petits-Champs, à gauche, depuis la rue Louis-le-Grand jusqu'à la rue Vivienne; la rue Vivienne, à gauche, jusqu'à la rue des Filles-Saint-Thomas, à gauche, depuis la rue Vivienne jusqu'à la rue Notre-Dame-des-Victoires; la rue Notre-Dame-des-Victoires, à gauche, depuis la rue des Filles-Saint-Thomas jusqu'à la rue Mont-martre ; la rue Montmartre, à gauche, depuis la rue Notre-Dame-des-Victoires jusqu'au boulevard Montmartre ; le bou-levard, à gauche, de la rue Montmartre à la rue Louis-le-Grand, à gauche, jusqu'à la rue Neuve-des-Petits-Champs, et tout l'intérieur.

7. — SECTION GRANGE-BATELIÈRE (1790-2 août 1792) (2); MIRABEAU (3 août 1792-8 décembre 1792); MONT-BLANC (1792-1795). — *Église des Capucins, chaussée d'Antin* (Assem-blée générale). — 900 citoyens actifs.

Limites. — La rue de Clichy, à gauche, de la barrière à la rue Saint-Lazare; la rue de la Chaussée-d'Antin, à gauche, depuis la rue de Clichy jusqu'au boulevard ; le boulevard, à

(1) Le 13 août 1792, elle demande à l'Assemblée législative à changer le nom de son bataillon et un nouveau nom pour elle-même. Renvoyé à la Com-mune. Le 4 septembre 1792, le président de la section « 1792 » prête serment (procès-verbal de la Législative). Le nom de Le Peletier apparaît pour la première fois le 24 vendémiaire an II (15 octobre 1793), dans un compte rendu des Jacobins (*Moniteur*, du 20 octobre 1793).

De 1812 à 1859, quartier Feydeau.

(2) Par délibération du 19 avril 1791, elle demande à s'appeler section Mira-beau (Tuetey, t. I, 1508), le corps municipal émet un avis favorable (*Ibid.*, 2070) (Mortimer-Ternaux, t. II, 419) (Voir 5 août 1792, procès-verbal de la Législative, et Bibl. nat. L^b ^{40}/1791). Le 8 décembre 1792, elle demande à s'appeler section du Mont-Blanc, vœu présenté le 11 à la Convention (*Moniteur*, du 13 décembre 1792).

De 1812 à 1859, quartier de la Chaussée-d'Antin.

gauche, de la rue de la Chaussée-d'Antin à la rue Montmartre ; rue du Faubourg-Montmartre et rue des Martyrs, à gauche, jusqu'à la barrière ; les murs, de la barrière Montmartre à celle de Clichy, et tout l'intérieur.

8. — SECTION DU LOUVRE (1790-1792) (1) ; MUSÉUM (1793-1795). — *Église Saint-Germain-l'Auxerrois* (Assemblée générale). — 2000 citoyens actifs.

Limites. — Le bord de l'eau, depuis le premier guichet du Louvre jusqu'au Pont-au-Change ; la rue de la Jouaillerie, à gauche, en enclavant les boucheries ; la rue Saint-Denis, à gauche, jusqu'à la rue Perrin-Gasselin ; la rue Perrin-Gasselin, à gauche ; la rue du Chevalier-du-Guet, à gauche, jusqu'à la rue des Lavandières ; la rue des Lavandières, à gauche, jusqu'à la rue des Mauvaises-Faroles ; la rue des Deux-Boules, des deux côtés, ainsi que le bout de la rue Bertin-Poirée ; la rue Bétizy, à gauche ; rue des Fossés-Saint-Germain, à gauche, jusqu'au bâtiment du Louvre ; le corps du bâtiment du Louvre, à droite, sert de limite jusqu'à la rue de Beauvais ; la rue de Beauvais, à gauche, jusqu'à la rue Froid-Manteau ; la rue Froid-Manteau, à gauche, depuis la rue de Beauvais jusqu'à la rivière, et tout l'intérieur.

9. — SECTION DE L'ORATOIRE (1790-1792) (2) ; DES GARDES-FRANÇAISES (1793-1795). — *Église de l'Oratoire* (Assemblée générale). — 1900 citoyens actifs.

Limites. — La rue Saint-Honoré, à droite, depuis la rue Froid-Manteau jusqu'à la rue des Déchargeurs ; la rue des Déchargeurs, à droite, jusqu'à la rue des Fourreurs ; la rue des Fourreurs, à droite, jusqu'à la rue des Lavandières ; la rue des Lavandières, à droite, jusqu'à la rue des Mauvaises-Paroles ; la rue des Mauvaises-Paroles, à droite et à gauche ; la rue Bétizy, à droite, la rue des Fossés-Saint-Germain, à droite, jusqu'à la

---

(1) Le 24 mai, les volontaires de la section du Muséum se présentent au conseil général (*Moniteur*, du 27 mai 1793), et, le 3 mai encore, elle s'appelait section du Louvre (Bibl. nat., L^b 40/1929), donc elle change de nom entre le 3 et le 24 mai.

De 1812 à 1859, quartier du Louvre.

(2) 13 août 1792, députation de la section de l'Oratoire ; 9 septembre 1792, députation de la section des Gardes-Françaises (procès-verbal de la Législative).

De 1812 à 1859, quartier Saint-Honoré.

colonnade du Louvre ; les murs du Louvre, jusqu'à la rue de Beauvais ; la rue de Beauvais, à droite, jusqu'à la rue Froid-Manteau ; la rue Froid-Manteau, à droite, depuis la rue de Beauvais jusqu'à la rue Saint-Honoré, et tout l'intérieur.

10. — Section de la Halle-au-Blé (1790-1795) (1). — *Église Saint-Honoré* (Assemblée générale). — 1900 citoyens actifs.

Limites. — Les rues des Bons-Enfants et Neuve-des-Bons-Enfants, à droite, depuis la rue Saint-Honoré jusqu'à la rue Neuve-des-Petits-Champs ; la rue de la Feuillade, à droite, jusqu'à la place des Victoires ; la place des Victoires, à droite, de la rue de la Feuillade à la rue Croix-des-Petits-Champs ; la rue Croix-des-Petits-Champs, à droite, jusqu'à la rue Coquillière ; la rue Coquillière, à droite, jusqu'à la rue du Four ; la rue du Four, à droite, jusqu'à la rue Saint-Honoré ; la rue Saint-Honoré, à droite, depuis la rue du Four jusqu'à la rue des Bons-Enfants, et tout l'intérieur

11. — Section des Postes (1790) ; Contrat-Social (1792-1795) (2). — *Église Saint-Eustache.* — 1800 citoyens actifs.

Limites. — La rue Saint-Honoré, à gauche, depuis la rue du Four jusqu'à la rue de la Tonnellerié ; la rue de la Tonnellerie , à gauche, jusqu'à la rue de la Fromagerie ; le bout de la rue de la Fromagerie, à gauche, jusqu'à la rue de la Comtesse-d'Artois ; les rues Comtesse-d'Artois et Montorgueil, à gauche, jusqu'au passage du Saumon ; la rue Montmartre, à gauche, depuis le passage du Saumon jusqu'à la rue de la Jussienne ; les rues de la Jussienne et Coquéron, à gauche de la rue Montmartre à la rue Coquillière ; la rue Coquillière, à gauche, jusqu'à la rue du Four ; la rue du Four, à gauche, jusqu'à la rue Saint-Honoré, et tout l'intérieur.

12. — Section de la place Louis XIV (1790-1792)(3) ; Mail ou des Petits-Pères (1793) ; Guillaume-Tell (1793-1795) ;

---

(1) De 1812 à 1859, quartier de la Banque-de-France.

(2) Registre des procès-verbaux. Arch. Seine, D. V, 1001 (18 août 1792); délibération pour savoir si l'on prendra le nom de J.-J. Rousseau ou de Contrat-Social ; arrêté « Contrat-Social ».

De 1812 à 1859, quartier Saint-Eustache.

(3) Nous lisons dans les *Procès-verbaux de la Commune de Paris,* publiés par la Société de l'histoire de la Révolution française, Paris, 1894, in-8° : « 11 août 1792 : Sur la proposition de la section de Louis XIV,

Mail (1795). — *Eglise des Petits-Pères* (Assemblée générale).
— 1400 citoyens actifs.

Limites. — La rue Neuve-des-Petits-Champs, à gauche, depuis la rue Vivienne jusqu'à la rue de la Feuillade ; la rue de la Feuillade, à gauche, jusqu'à la place de la Victoire ; le pourtour de la place de la Victoire, à gauche, depuis la rue de la Feuillade jusqu'à la rue Croix-des-Petits-Champs ; la rue Croix-des-Petits-Champs, à gauche, de la place de la Victoire à la rue Coquillière ; la rue Coquillière, à gauche, jusqu'à la rue Coquéron ; les rues Coquéron et de la Jussienne, à gauche, jusqu'à la rue Montmartre ; la rue Montmartre, à gauche, jusqu'à la rue Notre-Dame-des-Victoires ; la rue Notre-Dame-des-Victoires, à gauche, jusqu'à la rue Joquelet ; la rue des Filles-Saint-Thomas, à gauche, jusqu'à la rue Vivienne ; la rue Vivienne, à gauche, jusqu'à la rue Neuve-des-Petits-Champs, et tout l'intérieur.

13. — Section de la Fontaine-Montmorency (1790-1791) (1); Molière et La Fontaine (1791-1793); Brutus (1794-1795). — *Église Saint-Magloire* (Assemblée générale). — 1100 citoyens actifs.

Limites. — Le boulevard, à droite, depuis la rue Montmartre jusqu'à la rue Poissonnière ; la rue Poissonnière et celle du Petit-Carreau, à droite, jusqu'au passage du Saumon ; le passage du Saumon, des deux côtés ; la rue Montmartre, à droite, depuis le passage du Saumon jusqu'au boulevard, et tout l'intérieur.

14. — Section Bonne-Nouvelle (1790-1795). — *Église*

cette section sera connue désormais sous le nom de section du Mail. » Le 18 août 1793, elle demande inutilement à s'appeler section de la Montagne (*Moniteur*, du 20 août 1793). Le 28 octobre 1793, elle déclare au conseil général qu'elle prend le nom de Guillaume-Tell (*Moniteur*, du 5 octobre 1793), mais elle était ainsi dénommée dès le 29 septembre 1793 (Bibl. nat., Lb 40/1866). Les 17-19 thermidor an III (4-6 août 1795), la commission administrative de police félicite cette section d'avoir repris son ancien nom de Mail (Arch. Seine, D. 969).

(1) Ce n'est qu'en octobre 1792 qu'on trouve la dénomination nouvelle (voir Bibl. nat., Lb 38/2077 et Lb 40/1970). La section Molière-et-La Fontaine déclare au conseil général qu'elle désire s'appeler section Brutus (14 septembre 1793); le conseil général applaudit à cette intention (*Moniteur*, séance du 14 septembre 1793).

De 1812 à 1859, quartier Montmartre.

Bonne-Nouvelle (Assemblée générale). — 1600 citoyens actifs.

Limites. — Le boulevard, à droite, de la rue Poissonnière à celle de Saint-Denis ; la rue Saint-Denis, à droite, jusqu'à la rue Thévenot ; la rue Thévenot, à droite, jusqu'à la rue du Petit-Carreau ; les rues du Petit-Carreau et Poissonnière, à droite, jusqu'au boulevard, et tout l'intérieur.

15. — SECTION DU PONCEAU (1790-1792)(1) ; DES AMIS-DE-LA-PATRIE (1792-1795). — *Eglise Sainte-Élisabeth* (Assemblée générale). — 2300 citoyens actifs.

Limites. — Le boulevard, à droite, de la porte Saint-Denis à la porte Saint-Martin ; la rue Saint-Martin, à droite, jusqu'à la rue aux Ours ; la rue aux Ours, à droite, jusqu'à la rue Saint-Denis ; la rue Saint-Denis, à droite, jusqu'au boulevard, et tout l'intérieur.

16. — SECTION DE MAUCONSEIL (1790-1792) (2) ; DE BON-CONSEIL (1793-1795). — *Église Saint-Jacques de l'Hôpital* (Assemblée générale). — 1700 citoyens actifs.

Limites. — La rue Thévenot, à droite, de la rue Montorgueil à la rue Saint-Denis ; la rue Saint-Denis, à droite, de la rue Thévenot à la rue de la Chauverrie ; la rue de la Chauverrie, à droite et en continuant toujours ; à droite, les Petits-Piliers jusqu'à la rue de la Fromagerie, depuis le coin [des Petits-Piliers, en remontant, à droite. la rue Comtesse-d'Artois ; rue Montorgueil, à droite, en remontant jusqu'à la rue Thévenot, et tout l'intérieur.

17. — SECTION DU MARCHÉ-DES-INNOCENTS (1790-1792) (3) ; HALLES ; DES MARCHÉS (1793-1795). — *Église Sainte-Opportune* (Assemblée générale). — 1100 citoyens actifs.

(1) Change de nom par arrêté du 7 septembre 1792 (Bibl. nat. L^{b} ^{40}/3155.) De 1812 à 1859, quartier de la Porte-Saint-Denis.

(2) *Procès-verbaux de la Commune de Paris*, M. Tourneux, Paris, 1894, in-8° : 18 août 1792 : « La section de Mauconseil demande à s'appeler section de Bonconseil ». Accordé. Mortimer-Ternaux dit à tort qu'elle prit, le 8 avril 1793, le nom de Bon-Conseil à l'occasion de sa pétition contre es Girondins : t. VII, p. 97. De 1812 à 1859, quartier Montorgueil.

(3) Dès juillet 1790, elle demande inutilement à s'appeler Belle-Fontaine (Procès-verbaux manuscrits du conseil de ville, Bibl. nat., 4 juillet 1790, et Robiquet : *Le Personnel municipal de Paris*, p. 318). Après le 10 août, s'appelle section des Halles (*Patriote français*, du 1er septembre 1792 et Bibl. nat. L^{b} ^{40}/1955). Les 13 et 29 mai 1793, un nouveau nom apparaît, celui des Marchés (*Moniteur*).

Limites. — La rue Saint-Denis, à droite, depuis la rue de la Chauverrie jusqu'à la rue Perrin-Gasselin ; la rue du Chevalier-du-Guet, à droite, jusqu'à la rue des Lavandières ; la rue des Lavandières, à droite, jusqu'à la rue de la Tabletterie ; la rue des Fourreurs, à droite ; partie de la rue des Déchargeurs, à droite, depuis la rue des Fourreurs jusqu'à la rue de la Ferronnerie ; rue Saint-Honoré (ou de la Chaussetterie), à droite, depuis la rue de la Ferronnerie jusqu'à la rue de la Tonnellerie ; rue de la Tonnellerie, à droite, jusqu'à la rue de la Fromagerie ; la Halle, sans y comprendre les Petits-Piliers, à gauche, en allant à la rue de la Chauverrie ; la rue de la Chauverrie, à droite, en allant à la rue Saint-Denis, et tout l'intérieur.

18. — Section des Lombards (1790-1795). — *Église Saint-Jacques-la-Boucherie* (Assemblée générale). — 2500 citoyens actifs.

Limites. — La rue Saint-Martin, à droite, depuis la rue aux Ours jusqu'à la rue Saint-Jacques-la-Boucherie ; la rue Saint-Jacques-la-Boucherie, à droite, jusqu'à la rue Saint-Denis ; la rue Saint-Denis, à droite, jusqu'à la rue aux Ours ; la rue aux Ours, à droite, de la rue Saint-Denis à la rue Saint-Martin, et tout l'intérieur.

19. — Section des Arcis (1790-1795). — *Église Saint-Jean-en-Grève* (Assemblée générale). — 1800 citoyens actifs.

Limites. — La rue de la Jouaillerie, à droite, du Pont-au-Change à la rue Saint-Jacques-la-Boucherie ; la rue Saint-Jacques-la-Boucherie, à droite, jusqu'à la rue Planche-Mibray ; la rue des Arcis, à droite, jusqu'à la rue de la Verrerie ; la rue de la Verrerie, à droite, jusqu'à la rue du Coq ; la rue du Coq, à droite, jusqu'à la rue de la Tissanderie ; la rue de la Tissanderie, à droite, jusqu'à la rue du Mouton ; la rue du Mouton et de suite la place de Grève, à droite, jusqu'à la rivière, depuis la place de Grève jusqu'au Pont-au-Change, et tout l'intérieur.

20. — Section du faubourg Montmartre (1790-1795) (1). — *Église Saint-Joseph* (Assemblée générale). — 700 citoyens actifs.

---

(1) Appelée aussi parfois, mais non officiellement, section Mont-Marat (Voy. *Moniteur*, séance du 15 pluviôse an II-3 février 1794). On trouve aussi la désignation : « section Constante-du-Faubourg-Montmartre » dans plusieurs pièces, par exemple Bibl. nat., L^b 40/2438, ce qui signifiait, sans doute, qu'elle entendait ne pas changer de nom.

Limites. — La rue Poissonnière et celle de Sainte-Anne, à gauche, depuis le boulevard jusqu'à la barrière ; les murs, depuis la barrière Sainte-Anne jusqu'à la barrière Montmartre ; la rue des Martyrs et celle du faubourg Montmartre, à gauche, depuis la barrière jusqu'au boulevard ; le boulevard, à gauche, de la porte Montmartre à la rue Poissonnière, et tout l'intérieur.

21. — SECTION DE LA RUE POISSONNIÈRE (1790) ; FAUBOURG POISSONNIÈRE (1791-1795). — *Eglise Saint-Lazare* (Assemblée générale). — 800 citoyens actifs.

Limites. — La rue Poissonnière et celle Sainte-Anne, à droite, jusqu'à la barrière ; les murs, de la barrière Sainte-Anne à la barrière Saint-Denis ; la rue du Faubourg-Saint-Denis, à droite, jusqu'à la Porte-Saint-Denis ; le boulevard, à droite, jusqu'à la rue Poissonnière, et tout l'intérieur.

22. — SECTION DE BONDY (1790-1795) (1). — *Église des Récollets* (Assemblée générale). — 1400 citoyens actifs.

Limites. — La rue du Faubourg-Saint-Martin, à droite, depuis le boulevard jusqu'à la barrière Saint-Martin ; les murs, de la barrière Saint-Martin à celle du Temple ; la rue du Faubourg-du-Temple, à droite, jusqu'au boulevard ; le boulevard, à droite de la rue du Faubourg-du-Temple à la Porte-Saint-Martin, et tout l'intérieur.

23. — SECTION DU TEMPLE (1790-1795). — *Église des Pères-de-Nazareth* (Assemblée générale). — 1700 citoyens actifs.

Limites. — La rue du Faubourg-du-Temple, à gauche depuis la barrière jusqu'au boulevard, et de suite la rue du Temple, à gauche, jusqu'à la rue de la Corderie ; les rues de Corderie et de Bretagne, à gauche, jusqu'à la rue des Filles-du-Calvaire ; la rue des Filles-du-Calvaire, à gauche, jusqu'au boulevard et de suite la rue de Ménilmontant et celle de la Roulette, à gauche, jusqu'à la barrière ; les murs de la barrière du Mesnil-Montant à celle de Belleville, et tout l'intérieur.

24. — SECTION DE POPINCOURT (1790-1795). — *Église de Trainel* (Assemblée générale). — 1300 citoyens actifs.

Limites. — La rue du Mesnil-Montant et celle de la Rou-

(1) De 1812 à 1859, quartier de la Porte-Saint-Martin.

lette, à droite, depuis le boulevard jusqu'à la barrière du Mesnil-Montant ; les murs, depuis la barrière du Mesnil-Montant jusqu'à la barrière de Charonne ; la rue de Charonne, à droite, depuis la barrière jusqu'à la rue de Lappe ; les rues de Lappe et d'Aval, à droite, jusqu'à la rue du Mesnil-Montant, et tout l'intérieur.

25. — SECTION DE LA RUE DE MONTREUIL (1790-1795) (1). — *Église Saint-Marguerite* (Assemblée générale). — 1500 citoyens actifs.

Limites. — Les rues d'Aval et de Charonne, à droite, depuis le boulevard jusqu'à la barrière de Charonne ; les murs, jusqu'à la barrière du Trône ; la rue du Faubourg-Saint-Antoine, à droite, depuis la barrière du Trône jusqu'au boulevard ; le boulevard, à droite, depuis la porte Saint-Antoine jusqu'à la rue d'Aval, et tout l'intérieur.

26. — SECTION DES QUINZE-VINGTS. — *Eglise des Enfants-Trouvés* (Assemblée générale). — 2000 citoyens actifs.

Limites. — La rue du Faubourg-Saint-Antoine, à droite, depuis la rue des Fossés-Saint-Antoine jusqu'à la barrière du Trône ; les murs, depuis la barrière du Trône jusqu'à la barrière de la Rapée ; le bord de la rivière, depuis la Rapée jusqu'à la rue des Fossés-Saint-Antoine ; la rue des Fossés-Saint-Antoine borde cette limite de ce côté et elle n'est point de cette section.

27. — SECTION DES GRAVILLIERS (1790-1795) (2). — *Église Saint-Martin-des-Champs* (Assemblée générale). — 3300 citoyens actifs.

Limites. — Le boulevard, à droite, de la porte Saint-Martin à la porte du Temple ; la rue du Temple, à droite, du boulevard à la rue Chapon ; les rues Chapon et du cimetière Saint-Nicolas, à droite, de la rue du Temple à la rue Saint-Martin, à droite, depuis la rue du cimetière Saint-Nicolas jusqu'au boulevard, et tout l'intérieur.

28. — SECTION DU FAUBOURG SAINT-DENIS (1790-1792 (3) ; FAU-

---

(1) De 1812 à 1859, quartier du faubourg Saint-Antoine.
(2) De 1812 à 1859, quartier Saint-Martin-des-Champs.
(3) A la fin de 1792, elle changea son nom ; tous les documents imprimés à partir de janvier 1793 lui donnèrent le nom de faubourg du Nord ; on abré-

Bourg du Nord (1793-1795). — *Église Saint-Laurent* (Assemblée générale). — 1300 citoyens actifs.

Limites. — La rue du Faubourg-Saint-Denis, à droite, du boulevard à la barrière ; les murs, de la barrière Saint-Denis à la barrière Saint-Martin ; la rue du Faubourg-Saint-Martin, à droite, de la barrière au boulevard ; le boulevard, à droite, de la Porte-Saint-Martin à la Porte-Saint-Denis, et tout l'intérieur.

29. — Section de Beaubourg (1790-1792) (1) ; Réunion (1793-1795). — *Église Saint-Merry* (Assemblée générale). — 2300 citoyens actifs.

Limites. — Les rues du cimetière Saint-Nicolas et Chapon, à droite, de la rue Saint-Martin à la rue Sainte-Avice ; les rues Sainte-Avice et Bar-du-Bec, à droite, de la rue Chapon à la rue de la Verrerie ; la rue de la Verrerie, à droite, depuis la rue du Bar-du-Bec jusqu'à la rue Saint-Martin ; Saint-Martin, à droite, depuis Saint-Merry jusqu'à la rue du cimetière Saint-Nicolas, et tout l'intérieur.

30. — Section des Enfants-Rouges (1790-1792) ; Marais (1792) (2) ; l'Homme-Armé (1793-1795) — *Église des Enfants-Rouges* (Assemblée générale). — 1800 citoyens actifs.

Limites. — Les rues Sainte-Avice et du Temple, à droite, depuis la rue Sainte-Croix-de-la-Bretonnerie jusqu'à la rue de la Corderie ; les rues de la Corderie et de Bretagne, à droite, jusqu'à la vieille rue du Temple ; la vieille rue du Temple, à droite, de la rue de Bretagne à la rue Sainte-Croix-de-la-Bretonnerie ; la rue Sainte-Croix-de-la-Bretonnerie, à droite, jusqu'à la rue Sainte-Avice.

geait quelquefois en section du Nord (Voy. 22 septembre 1793, procès-verbal de la Convention).

De 1812 à 1859, quartier du Faubourg-Saint-Denis.

(1) Le 3 septembre 1792, le procès-verbal de la Commune dit : « la section de la Réunion, ci-devant Beaubourg ».

De 1812 à 1859, quartier Sainte-Avoye.

(2) A la suite du 10 août, cette section s'appelle section du Marais (1er septembre 1792, députation du *Marais* à l'Assemblée législative (*Moniteur*) ; 5 et 6 septembre, arrêtés de la section du Marais (A. S., D. 807 et Bibl. nat., L$^{b\,40}$/3138). 1er juin 1793 le conseil général arrête : « La section du Marais s'appellera section de l'Homme-Armé ». *Procès-verbaux de la Commune de Paris*, Paris, 1894, 1 vol., in-8°.

De 1812 à 1859, quartier du Mont-de-Piété.

31. — Section du Roi-de-Sicile (1790-1792); des Droits-de-l'Homme (1792-1795) (1); — *Église du Petit-Saint-Antoine* (Assemblée générale). — 1800 citoyens actifs.

Limites. — La rue du Coq, à droite, depuis la rue de la Tissanderie jusqu'à la rue de la Verrerie; la rue de la Verrerie, à droite, depuis la rue du Coq jusqu'à la rue Bar-du-Bec; la rue Bar-du-Bec, à droite, jusqu'à la rue Sainte-Croix-de-la-Bretonnerie; la rue Sainte-Croix-de-la-Bretonnerie jusqu'à la vieille rue du Temple; la vieille rue du Temple, à droite, depuis la rue Sainte-Croix-de-la-Bretonnerie jusqu'à la rue des Francs-Bourgeois; la rue des Francs-Bourgeois et la rue Neuve-Sainte-Catherine, à droite, jusqu'à la rue Culture-Sainte-Catherine; la rue Culture-Sainte-Catherine, à droite, depuis la rue Neuve-Sainte-Catherine jusqu'à la rue Saint-Antoine; la rue Saint-Antoine, à droite, depuis la rue Culture-Sainte-Catherine jusqu'à la rue de la Tisseranderie; la rue de la Tisseranderie, à droite, jusqu'à la rue du Coq, et tout l'intérieur.

32. — Section de l'Hotel-de-Ville (1790-1792); Maison-Commune (1792-1793)(2); Fidélité (1794-1795). — *Eglise Saint-Gervais* (Assemblée générale). — 1700 citoyens actifs.

Limites. — La rue des Nonaindières, à gauche, du Pont-Marie à la rue Saint-Antoine; la rue Saint-Antoine, à gauche, jusqu'à la rue de la Tisseranderie; la rue de la Tisseranderie, à gauche, jusqu'à la rue du Mouton; la rue du Mouton, à gauche, et la place de Grève, à gauche, jusqu'à la rivière; le bord de la rivière, depuis la Grève jusqu'au Pont-Marie, et tout l'intérieur.

---

(1) 21 août 1792 : « La section du Roi-de-Sicile demande à s'appeler section des Droits-de-l'Homme ; cette demande est accueillie par de vifs applaudissements ». *Procès-verbaux de la Commune de Paris*, M. Tourneux, Paris, 1894, in-8º.

(2) 21 août 1792 : « La section de l'Hôtel-de-Ville se nommera section de la Maison-Commune. » *Procès-verbaux de la Commune de Paris*, M. Tourneux, Paris, 1894, in-8º. C'est entre le 16 thermidor et le 11 fructidor an II, qu'elle prit le nom de section de la Fidélité : 16 thermidor an II (3 août 1794), une députation de la section de la Maison-Commune se présente à la Convention (procès-verbal de la Convention) et le 11 fructidor (28 août 1794), l'appellation « Fidélité » se trouve au bas d'une pétition présentée (*Journal des Débats et Décrets*).

De 1812 à 1859, quartier de l'Hôtel-de-Ville.

33. — Section de la Place Royale (1790-1791); des Fédérés (1792-1793) (1); de l'Indivisibilité (1793-1795). — *Église des Minimes* (Assemblée générale). — 1900 citoyens actifs.

Limites. — La rue du Temple et celle des Filles-du-Calvaire, à droite, à prendre de la rue des Francs-Bourgeois jusqu'au boulevard; le boulevard, à droite, depuis la rue des Filles-du-Calvaire jusqu'à la porte Saint-Antoine; la rue Saint-Antoine, à droite, depuis la porte Saint-Antoine jusqu'à la rue Culture-Sainte-Catherine; la rue Culture-Sainte-Catherine, à droite, jusqu'à la rue Neuve-Sainte-Catherine; les rues Neuve-Sainte-Catherine et des Francs-Bourgeois, à droite, à prendre de la rue Culture-Sainte-Catherine jusqu'à la rue du Temple, et tout l'intérieur.

34. — Section de l'Arsenal (1790-1795). — *Église-Saint-Louis-la-Culture* (Assemblée générale). — 1400 citoyens actifs.

Limites. — La rue des Fossés-Saint-Antoine entière, depuis la rivière jusqu'à la rue du Faubourg-Saint-Antoine ; la place de la Bastille, à gauche, jusqu'à la rue Saint-Antoine ; la rue Saint-Antoine, à gauche, jusqu'à la rue des Nonaindières; la rue des Nonaindières, à gauche, jusqu'au Pont-Marie; le quai Saint-Paul, le port Saint-Paul, le quai de l'Arsenal, le long de la rivière, jusqu'à la rue des Fossés-Saint-Antoine, et **tout** l'intérieur.

35. — Section de l'Ile-Saint-Louis (1790-1792) (2); de la Fraternité (1792-1795). — *Église Saint-Louis-en-l'Ile* (Assemblée générale). — 1100 citoyens actifs.

Limites. — La limite de cette section est située dans son île et comprend toutes les rues, quais, etc., qui s'y trouvent.

36. — Section Notre-Dame ou de l'Ile (1790-1792) (3);

(1) Probablement le 19 août 1792, car ce jour-là, la place des Vosges prit le nom de place des Fédérés (*Procès-verbaux de la Commune de Paris*). Elle reçut le nom de section de l'Indivisibilité par le décret du 4 juillet 1793.
De 1812 à 1859, quartier du Marais.

(2) La liste du 26 novembre 1792 lui donne le nom de Fraternité, que porte aussi un imprimé du 3 décembre 1792 (Arch. nat., AD. XVI, 72).
De 1812 à 1859, quartier de l'Ile-Saint-Louis.

(3) Après le 10 août, elle prit le nom de Cité (procès-verbal, séance du 15 août 1792). Le 21 brumaire an II (11 novembre 1793), elle demande à s'appeler Raison ; le conseil général l'y autorise; quatre jours après, sur une explication de la section, le conseil général lui redonne son ancien nom (*Journal de Paris, Moniteur*).

Cité (1792); Raison (1793); Cité (1793-1795). — *Eglise Notre-Dame* (Assemblée générale). — 1700 citoyens actifs.

Limites. — La rue de la Barillerie, à droite, du pont Saint-Michel au Pont-au-Change, et tout l'intérieur. Elle est bornée ensuite au nord, à l'est et au sud par la rivière.

37. — Section Henri-IV (1790-1792) (1); Pont-Neuf (1792-1793); Révolutionnaire (1793-1794); Pont-Neuf (1794-1795). — *Eglise des Barnabites* (Assemblée générale). — 900 citoyens actifs.

Limites. — Le pont Saint-Michel, à droite, depuis la rue de la Boucherie à prendre au Cagnard. *Idem* à gauche, les maisons qui sont sur le pont seulement; la rue de la Barillerie, à gauche, du pont Saint-Michel au Pont-au-Change; elle est bornée au nord, à l'ouest et au sud, par la rivière, et l'intérieur.

38. — Section des Invalides (1790-1795) (2). — *Eglise des Invalides* (Assemblée générale). — 1100 citoyens actifs.

Limites. — Le bord de la rivière, depuis la barrière jusqu'au pont Louis XVI; la rue de Bourgogne, à droite, depuis le pont de Louis XVI, jusqu'à la rue de Varenne; le bout de la rue de Varenne, à droite, depuis la rue de Bourgogne jusqu'au boulevard; le boulevard, à droite, depuis la rue de Varenne jusqu'à la rue de Sève; le côté de la rue de Sève, à droite, depuis le boulevard jusqu'à la barrière; les murs, depuis la barrière de Sève jusqu'à la rivière, et tout l'intérieur.

39. — Section de Fontaine-Grenelle (1790-1795) (3). — *Eglise des Jacobins Saint-Dominique* (Assemblée générale). — 2000 citoyens actifs.

Limites. — Le bord de la rivière, du pont de Louis XVI à la

---

(1) Le 14 août, elle demande à s'appeler Pont-Neuf (*Moniteur*). La section du Pont-Neuf demande au conseil général à s'appeler section Révolutionnaire (8 septembre 1793) (*Moniteur*, séance du 8 septembre 1793). Le 11 frimaire · an III (1er décembre 1794), une délégation du Pont-Neuf annonce à la Convention que hier (10), l'assemblée générale a décidé de reprendre le nom de Pont-Neuf et d'abandonner celui de Révolutionnaire pris sous le gouvernement de Robespierre (*Moniteur*, 11 frimaire an III).

De 1812 à 1859, quartier du Palais-de-Justice.

(2) Elle avait voulu à une époque changer de nom (Arch. nat., D. ivb¹³, numéro 250 *bis*).

(3) De 1812 à 1859, quartier du faubourg Saint-Germain.

rue des Saints-Pères; la rue des Saints-Pères, à droite, jusqu'à la rue de Grenelle; la rue de Grenelle, à droite, depuis la rue des Saints-Pères jusqu'à la rue de Bourgogne; la rue de Bourgogne, à droite, jusqu'à la rivière, et tout l'intérieur.

40. — Section des Quatre-Nations (1790-1793) (1); Unité (1793-1795). — *Eglise Saint-Germain-des-Prés* (Assemblée générale). — 3900 citoyens actifs.

Limites. — La rue des Saints-Pères, à droite, jusqu'au quai des Théatins, les quais des Théatins, des Quatre-Nations et de Conti, depuis la rue des Saints-Pères jusqu'au Pont-Neuf; les rues Dauphine et des Fossés-Saint-Germain, à droite, du Pont-Neuf à la rue des Boucheries; la rue des Boucheries, à droite; la rue du Four, à droite; la Croix-Rouge, à droite, jusqu'à la rue des Saints-Pères, et tout l'intérieur

41. — Section du Théatre-Français (1790-1792) (2); de Marseille (1792-1793); Marat-et-Marseille (1793-1795). — *Eglise Saint-André-des-Arts* (Assemblée générale). — 2600 citoyens actifs.

Limites. — Les rues de Condé, des Fossés-Saint-Germain et Dauphine, à droite, depuis la rue de Vaugirard jusqu'au Pont-Neuf; le quai des Augustins, du Pont-Neuf à la rue de Hurepois; la rue de Hurepois des deux côtés; la place du Pont-Saint-Michel, à droite; la rue de la Boucherie et de la Harpe, à droite, jusqu'à la place Saint-Michel; le côté de la place Saint-Michel, à droite, en retour sur la rue des Francs-Bourgeois, aussi à droite; la rue de Vaugirard, à droite, jusqu'à la rue de Condé, et tout l'intérieur.

---

(1) Change de nom en avril 1793 : le 13 avril, discours prononcé à la section de l'Unité, ci-devant Quatre-Nations (Bibl. nat., L^b40/2185).
De 1812 à 1859, quartier de la Monnaie.
(2) La section du Théâtre-Français s'appellera section de Marseille, 16 août 1792 (*Moniteur*, t. XIII, 414). C'est peu après la mort de Marat que la section prit ce nom ; le 7 août 1793, la Convention reçoit une députation « de la section de Marseille, dite de Marat » (*Moniteur*). Quelquefois on trouve Marat-et-Marseille. Le 21 pluviôse an III (10 février 1795), elle annonce à la Convention qu'elle a repris son nom de Théâtre-Français (*Moniteur*).
De 1815 à 1859, quartier de l'Ecole-de-Médecine.

42. — Section de la Croix-Rouge (1790-1792) (1); du Bonnet-Rouge ou de la Liberté (1793); de l'Ouest (1794-1795). — *Eglise des Prémontrés* (Assemblée générale). — 1600 citoyens actifs.

Limites. — La rue de Vaugirard, à gauche, depuis la barrière jusqu'à la rue du Regard; la rue du Regard, à gauche, jusqu'à la rue du Cherche-Midi; la rue du Cherche-Midi, à gauche, jusqu'à la Croix-Rouge; la Croix-Rouge, à gauche, jusqu'à la rue de Grenelle; la rue de Grenelle, à gauche, jusqu'à la rue de Bourgogne; la rue de Bourgogne, à gauche, jusqu'à la rue de Varenne; rue de Varenne, à gauche, jusqu'au boulevard, depuis la rue de Bourgogne; le boulevard, à gauche, depuis la rue de Varenne, jusqu'à la rue de Sève; la rue de Sève, à gauche, depuis le boulevard jusqu'à la barrière; les murs, depuis la barrière de Sève jusqu'à celle de Vaugirard, et l'intérieur.

43. — Section du Luxembourg (1790-1793) (2); Mutius Scævola (1793); Luxembourg (1794-1795). — *Église des Carmes-Déchaussés* (Assemblée générale). — 2100 citoyens actifs.

Limites. — La rue de Vaugirard, à gauche, depuis la rue des Francs-Bourgeois jusqu'à la rue de Condé; la rue de Condé, à gauche, jusqu'à la rue des Boucheries; la rue des Boucheries, à gauche, jusqu'à la Croix-Rouge; partie de la place de la Croix-Rouge, à gauche, jusqu'à la rue du Cherche-Midi; rue du Cherche-Midi, à gauche, jusqu'à la rue du Regard; la rue du Regard, à gauche, la rue de Vaugirard, à gauche, depuis la rue du Regard jusqu'à la barrière; les nouveaux murs, depuis la barrière de Vaugirard jusque derrière l'Institut de l'Oratoire; de là, allant aboutir au mur des Chartreux; le mur des Chartreux jusqu'à celui du Luxembourg, et l'intérieur du Luxembourg.

---

(1) Le 30 octobre 1793, elle annonce à la Convention qu'elle prend le nom de Bonnet-Rouge (*Moniteur*). En germinal an III, on dit Bonnet-de-la-Liberté (*Moniteur*, 12 germinal, 1er avril 1795). Après les journées de prairial, elle s'appelle section de l'Ouest (Arch. nat., AD. XVI, 71).

De 1812 à 1859, quartier Saint-Thomas-d'Aquin.

(2) Elle prit le nom de section Scævola à la fin de 1793 (Voy. *Moniteur*, 4 juillet 1793 et 26 octobre 1793).

En 1795 réapparaît le nom de Luxembourg (Bibl. nat., L$^{b\,40}$/3303 et manuscrits français, fonds nouveau, 2696, folio 36).

44. — Section des Thermes-de-Julien (1790-1792); Beaurepaire (1792-1793) (1); Régénérée (1793); Chalier (1794);
Thermes (1795). — *Eglise des Mathurins* (Assemblée générale).
— 2000 citoyens actifs.

Limites. — La rue de la Boucherie, à gauche; la rue de la
Harpe, à gauche, jusqu'à la place Saint-Michel; partie de la
rue des Francs-Bourgeois, à droite; du coin de la rue de Vaugirard à la place Saint-Michel; la place Saint-Michel, à droite;
la rue d'Enfer, des deux côtés, jusqu'à la rue Saint-Dominique; la rue Saint-Dominique, à gauche, jusqu'à la rue Saint-
Jacques; la rue Saint-Jacques, à gauche, de la rue Saint-Dominique au Petit-Pont; la rue de la Huchette, des deux côtés,
jusqu'à la rue de la Boucherie, et tout l'intérieur.

45. — Section Sainte-Geneviève (1790-1792) (2); Panthéon-
Français (1792-1795). — *Eglise du Collège de Navarre* (Assemblée générale). — 2800 citoyens actifs.

Limites. — La rue du Petit-Pont, à gauche, du Petit-Pont
à la rue Galande; la rue Saint-Jacques, à gauche, jusqu'à la
rue des Fossés-Saint-Jacques; rue des Fossés-Saint-Jacques, à
gauche; rue de l'Estrapade, à gauche; rue Contrescarpe, à
gauche; rue Bordet, à gauche, depuis la rue Contrescarpe
jusqu'à la rue Clopin; rue Clopin, à gauche, jusqu'à la rue
d'Arras; rue d'Arras, à gauche, jusqu'à la rue Traversive; rue
Traversive, à gauche, jusqu'à la rue Saint-Nicolas; rue Saint-
Nicolas, à gauche, jusqu'à la rue Saint-Victor; rue Saint-
Victor, des deux côtés, depuis la rue Saint-Nicolas jusqu'à

(1) 8 septembre 1792 : « Arrêté que le nom de Thermes-de-Julien, qu'a porté
jusqu'à ce jour la section, sera changé en celui de Beaurepaire. » *Procès-
verbaux de la Commune de Paris*, M. Tourneux, Paris, 1894, 1 vol. in-8°. La section décide qu'elle s'appellera section Chalier, 20 pluviôse an II (8 février 1794)
(Bibl. nat., L$^{b\,40}$/1765). On l'appelait aussi section Régénérée. Le 26 nivôse
an II (15 janvier 1794), le conseil général arrête que, dans la liste des sections, on inscrira section Régénérée de Beaurepaire (*Journal de Paris*). Le
4 ventôse, an II (22 février 1794), elle reprend le nom de section de Chalier
(*Journal de Paris*). Enfin, le 21 pluviôse an III (9 février 1795), le lendemain du décret qui proscrivait le buste de Marat, elle vint annoncer qu'elle
avait repris son nom de section des Thermes (*Journal de Paris*).
De 1812 à 1859, quartier de la Sorbonne.
(2) Le 11 août 1792, « section de Sainte-Geneviève » (Bibl. nat., L$^{b\,40}$/504).
Le 13 août 1792, discours prononcé à la section du Panthéon (Bibl. nat.
L$^{b\,40}$/481).
De 1815 à 1859, quartier Saint-Jacques.

la rue de Bièvre; rue de Bièvre, des deux côtés, jusqu'à la rue des Grands-Degrés; rue des Grands-Degrés, des deux côtés, prenant, du côté droit, à la Pompe, et de l'autre côté à la rue des Bernardins, jusqu'à la rue de la Bûcherie; la rue de la Bûcherie, des deux côtés, jusqu'au Petit-Pont, et tout l'intérieur.

46. — SECTION DE L'OBSERVATOIRE (1790-1795). — *Eglise du Val-de-Grâce*, et depuis le 9 août 1792, *Eglise des Feuillantines*. — 1700 citoyens actifs.

Limites. — La rue d'Enfer, des deux côtés, depuis la rue Saint-Dominique à la barrière ; l'enclos des Chartreux; les murs, depuis le derrière de l'Institut, de l'Oratoire jusqu'à la barrière de l'Oursine; la rue de l'Oursine, à gauche, depuis la barrière jusqu'à la rue Mouffetard; la rue Mouffetard, à gauche, jusqu'à la rue Contrescarpe; rue Contrescarpe, à gauche ; rue Vieille-Estrapade, à gauche; l'Estrapade, à gauche; rue des Fossés-Saint-Jacques, à gauche ; rue Faubourg-Saint-Jacques, à gauche, jusqu'à la rue Saint-Dominique ; rue Saint-Dominique, à gauche, jusqu'à la rue d'Enfer, et tout l'intérieur.

47. — SECTION DU JARDIN-DES-PLANTES (1790-1792) (1); DES SANS-CULOTTES (1793); JARDIN-DES-PLANTES (1795). — *Eglise Saint-Nicolas-du-Chardonnet* (Assemblée générale). — 2200 citoyens actifs.

Limites. — Le bord de la rivière, depuis le boulevard de l'Hôpital jusqu'à la pompe du quai de la Tournelle; rue des Bernardins des deux côtés; rue Saint-Nicolas, à gauche; rue Traversive, à gauche, jusqu'à la rue d'Arras; rue d'Arras, à gauche, jusqu'à la rue Clopin; rue Clopin, à gauche, jusqu'à la rue Bordet; rues Bordet et Mouffetard, jusqu'à la rue de l'Épée-de-Bois; rue de l'Épée-de-Bois, à gauche; rue du Noir, à gauche, jusqu'à la rue Françoise; rues Françoise et du Puits-de-l'Hermite, à gauche, jusqu'à celle du Battoir; rue du Battoir, à gauche, jusqu'à la rue d'Orléans; rue d'Orléans, à

---

(1) Délibération du 13 août 1792 de la section des Sans-Culottes (Bibl. nat., L^b 40/2128); et 11 et 12 août 1792, adresses de la section du Jardin-des-Plantes (procès-verbal de la Législative). Le 10 ventôse an III (28 février 1795), un arrêté de la section décide qu'elle reprend le nom de Jardin-des-Plantes.

gauche, jusqu'à la rue du Jardin-du-Roi; rue du Jardin-du-Roi, à gauche, depuis la rue d'Orléans jusqu'à la rue de Buffon; rue de Buffon, à gauche, jusqu'au boulevard; le bout du boulevard, à gauche, jusqu'à la rivière, et tout l'intérieur.

48. — Section des Gobelins (1790-1792); Finistère (1792-1795) (1). — *Eglise Saint-Marcel* (Assemblée générale). — 1200 citoyens actifs.

Limites. — Le bord de la rivière, depuis la barrière de l'Hôpital jusqu'au boulevard; le bout du boulevard, à gauche, jusqu'à la rue de Buffon; la rue de Buffon, à gauche, jusqu'à la rue du Jardin-du-Roi; la rue du Jardin-du-Roi, à gauche, jusqu'à la rue d'Orléans; la rue d'Orléans, à gauche, jusqu'à la rue du Battoir; la rue du Battoir, à gauche, jusqu'à la rue du Puits-de-l'Hermite; les rues du Puits-de-l'Hermite et Françoise, à gauche, jusqu'à la rue du Noir; la rue du Noir, à gauche, jusqu'à la rue de l'Épée-de-Bois; la rue de l'Épée-de-Bois, à gauche, jusqu'à la rue Mouffetard; la rue Mouffetard, à gauche, jusqu'à la rue de l'Oursine; la rue de l'Oursine, à gauche, jusqu'à la barrière; les murs, depuis la barrière de l'Oursine jusqu'à la barrière de l'Hôpital, et tout l'intérieur

Ce qu'on remarque tout d'abord dans le décret du 21 mai 1790, c'est la complication qu'il apportait comme à plaisir dans les opérations électorales : il faut l'examiner à plusieurs reprises et attentivement pour en bien saisir le mécanisme. On y abusait vraiment des scrutins. De plus, c'était une combinaison singulière de l'élection individuelle et de l'élection par scrutin de liste, de l'élection directe et de l'élection à deux degrés. Nous aurons l'occasion, plus loin, de constater les inconvénients de cette lenteur et de ce retard dans les nominations municipales.

(1) Elle changea de nom après le 10 août. « Les citoyens du faubourg Saint-Marceau ont changé le nom de leur section et lui ont donné celui de section du Finistère, au lieu de celui des Gobelins qu'elle avait porté jusqu'ici. » (Lettre de Desbouillons et Fontaine, des fédérés Bretons à Paris, à la municipalité de Brest, 22 août 1792. *Révolution française*, 14 novembre 1897, p. 461).

Mais un fait autrement considérable, et qui pouvait avoir les conséquences les plus sérieuses, se dégage de cette loi : la permanence des districts, tolérée depuis un an, est supprimée ; et les sections ne paraissent être que de simples circonscriptions électorales qui ne doivent s'assembler que pour voter et se séparer aussitôt. C'est en vain que les districts, séparément et dans une adresse commune, avaient réclamé, en invoquant toutes sortes de raisons, le maintien du *statu quo* (1).

On craignait cette puissance nouvelle, qui menaçait de s'élever en dehors et contre l'Assemblée, et, forte autant que décidée, allait de toute la vigueur du peuple entraîner la Révolution dans une marche rapide, brisant toute résistance. Les prudents voulurent l'étouffer à sa naissance, pour s'éviter le danger de la combattre ensuite. Mais c'était là une mesure radicale, dont la gravité apparut à tous, et elle donna lieu à une discussion très vive à laquelle prirent part les membres les plus ardents des deux côtés de l'Assemblée, du reste tous d'accord pour la rejeter. Nous ne résumons le débat que pour bien montrer dans quel esprit fut votée la loi. Avant l'examen des articles de ce plan de municipalité, présenté par Démeunier au nom du Comité de constitution, Robespierre, appelant l'attention générale sur le point capital, invita la Constituante à décider d'abord, en principe, si les sections pourraient ou non se réunir librement pour délibérer, et, à ce sujet, il rappela les services qu'avaient rendus les districts. A l'encontre du rapporteur, qui ne voyait dans ces réunions qu'une perpétuelle occasion de troubles pour la capitale, donnant une prise incessante aux ennemis du bien public, Robespierre estimait qu'elles étaient nécessaires pour entretenir l'opinion publique,

---

(1) Voy. Adresse de la Commune de Paris dans ses soixante sections à l'Assemblée nationale (Bibl. nat., L^{b40}/90) : cinquante-trois districts avaient adhéré à cette adresse. Voy. aussi Foubert : « L'Idée autonomiste dans les districts de Paris. » (*Révolution française*, du 14 février 1895, p. 145).

préparer et hâter la solution des questions, et, prévoyant sans doute tout l'appui que ses amis en pourraient tirer, pour encourager les timides ou forcer les récalcitrants, il demandait qu'on permît du moins aux sections de se réunir une fois par mois jusqu'à l'achèvement de la Constitution. La droite applaudit, dans l'espoir que les contre-révolutionnaires parviendraient à se glisser dans ces assemblées, et à y faire prévaloir, faux zélés, des propositions anarchiques dont la violence pourrait compromettre la Révolution. Mirabeau intervint en faveur du projet. Il se méfiait de la mobilité de la foule, de ses emportements irréfléchis et de ses brusques retours, et pensait que ces réunions, trop fréquentes, finiraient par devenir un foyer « d'action et de réaction contraires au jeu régulier de la Constitution (1) ». Mais le coup décisif fut porté par son frère, le vicomte, qui eut la fâcheuse idée de soutenir l'opinion contraire : ses facéties eurent l'effet qu'on pouvait en attendre, et, séance tenante, le 1ᵉʳ article fut adopté (3 mai 1790). On le voit, ce n'est qu'après une mûre délibération que la Constituante se prononça contre la permanence des sections ; un tel changement mécontenta Paris, et les journaux démocrates se plaignirent de cette mesure (2).

Mais les plaintes eussent été plus unanimes et les réclamations plus énergiques, sans doute, si l'on n'eût aperçu le moyen de résoudre la difficulté. A bien lire le texte, on remarque, en effet, qu'on s'en prenait seulement à cette continuité, à cette suite ininterrompue d'assemblées, qui transformait, en réalité, Paris en une multitude de clubs à séances quotidiennes sans condition et quelquefois sans raison, mais qu'on n'enlevait point le droit de réunion, inséparable d'un gouvernement libre. La Constituante ne pouvait songer à le contester ou à le

(1) E. Hamel, *Histoire de Robespierre*, t. I, p. 245, 246, 247.
(2) Loustallot, *Révolutions de Paris*, nº 43, p. 258 ; Camille Desmoulins, *Révolutions de France et de Brabant*, nº 25.

contrarier, et l'article 1er du titre IV énumérait les formalités à remplir pour s'assembler(1); il était toujours facile,
dans ces moments troublés, d'avoir l'adhésion de cinquante citoyens actifs pour demander et obtenir une
convocation.

Les sections étaient donc, avant tout, des assemblées
électorales, mais elles n'étaient point que des machines à
voter, sans initiative, ni contrôle ; elles pouvaient et
devaient devenir autre chose. La loi leur imposait des
conditions, restreignait leur liberté ou la régularisait,
gênait, peut-être, leur action, mais ne la supprimait pas :
elle eût été bien impuissante à résister à une impulsion
déjà trop forte ; le peuple, en pleine conscience de ses
droits, avait fait l'essai de sa puissance et n'entendait pas
se désintéresser de ses affaires. Néanmoins, une séparation immense existait, et resta pendant deux ans entre
l'ancien état de choses et celui qu'inaugurait la loi nouvelle.

III

Avant de dire comment et avec quel succès les sections
usèrent de la faculté qui leur restait, nous voudrions
donner, pour n'avoir plus à y revenir, certains détails
relatifs à leurs dépenses et à leur installation.

Un règlement (2) municipal du 28 janvier 1791 fixa
les sommes allouées à chacune. Elles étaient divisées en
trois classes de 16 sections. Celles de la première classe,
touchaient annuellement, à partir du 1er février 1791,
pour le logement de leur comité, 400 livres ; celles
de la deuxième, 500 livres ; celles de la troisième,

(1) Décret cité, voir plus haut, p. 17.
(2) Registre des procès-verbaux du conseil général, 9 octobre 1790, 18 novembre 1791. Copies authentiques; Bibl. nat., mss. fr., fonds nouv., 11707,
feuillet 172, et imprimés Lb 40/147.

6oo livres. Dans la limite de ce crédit, chaque comité pouvait « s'établir dans tel endroit de la section qui lui paraissait le plus convenable », et recevait, par an, 6oo livres pour frais d'un garçon de bureau ; enfin, on lui donnait aussi 6oo livres pour chauffage, lumière, ustensiles de bureau, papiers, timbres, impressions d'affiches, indication des assemblées générales, réparations locatives des logements des comités, et généralement pour tous frais et faux frais des comités.

« Au moyen des différentes dépenses ci-dessus allouées, et qui demeurent invariablement fixées », les comités et les sections ne pourront fournir aucun mémoire ni état de frais pour raison desdites dépenses ou de tout autres, de quelque nature qu'elles soient.

« Quant aux comités logés gratuitement dans les maisons religieuses, dans lesquelles la nation a le droit de rentrer, la commission municipale des biens nationaux fera procéder par un des experts qui ont estimé lesdits biens, conjointement avec un de ceux nommés par le comité ecclésiastique de l'Assemblée nationale pour cet objet, à l'estimation des lieux occupés par lesdits comités, et si l'estimation n'excède pas le prix alloué à la classe dans laquelle ils seront compris, il leur sera libre d'y rester jusqu'à la vente et disposition desdites maisons; si, au contraire, ladite estimation excède le loyer alloué, ils devront choisir un autre lieu dans la section ou parfaire, à leurs frais, la valeur dudit loyer, et alors la retenue de cet excédent leur sera faite par le Domaine sur leurs autres dépenses.

« Quant à ceux des comités logés aussi gratuitement, soit dans des bureaux de fabriques ou de charité, soit dans des maisons particulières, il sera libre aux propriétaires ou anciens possesseurs, ou à la nation, pour ce qui la concerne, d'y rentrer pour le premier avril prochain, sans avoir besoin de signifier le congé; il leur sera tenu compte d'un quartier de loyer assigné à cette classe de comités. » Ils seront libres aussi de conserver aux comités les lieux qu'ils occupaient pour le prix qui leur est alloué.

Les dépenses s'élevant pour chaque section à 1,600, 1,700 ou 1,800 livres, selon la classe, seront payées, par quartier, par le département du Domaine, sur la quittance du président de chaque comité, de deux commissaires, et du secrétaire-greffier. A cet effet, le département du Domaine ouvrira un crédit à chaque section jusqu'à concurrence du montant affecté à sa classe. Ces dépenses ne pourront être excédées que par délibération spéciale du conseil municipal et du conseil général.

La première classe (400 livres) comprenait : les Gravilliers, le Roi-de-Sicile, la Place Royale, l'Observatoire, l'Arsenal, les Thermes-de-Julien, Sainte-Geneviève, Jardin-des-Plantes, l'Ile-Saint-Louis, Notre-Dame, la rue Beaubourg, les Enfants-Rouges, Popincourt, les Gobelins, les Invalides, le faubourg Saint-Denis.

La deuxième classe (500 livres) comprenait : Ponceau, Montreuil, Fontaine-Grenelle, la Croix-Rouge, les Lombards, le Temple, le Luxembourg, faubourg Montmartre, l'Hôtel-de-Ville, les Arcis, les Innocents, Henri-IV, Bonne-Nouvelle, Quinze-Vingts, Théâtre-Français, Mauconseil.

La troisième classe (600 livres), comprenait : la place Vendôme, Poissonnière, Bondy, les Quatre-Nations, les Tuileries, l'Oratoire, la place Louis XIV, la Halle-au-Blé, le Palais-Royal, le Roule, la Bibliothèque, le Louvre, Fontaine-Montmorency, Grange-Batelière, les Postes, les Champs-Elysées.

Voilà les dépenses fixes des sections, celles de leur établissement, auxquelles il faudrait cependant ajouter 3,000 livres (1) pour le traitement du juge de paix, et

(1) Registre des procès-verbaux du conseil général (Bibl. nat., mss. fr., acq. nouv., 11707; 24 octobre 1790).

1,800 livres pour celui du secrétaire-greffier. Elles varièrent (1) souvent et s'accrurent suivant les besoins des
circonstances. Il serait malaisé de savoir à combien elles
s'élevèrent. Mais puisque nous parlons des locaux occupés par les sections, donnons, à ce sujet, quelques renseignements complémentaires contenus dans une note (2)
rédigée par l'administration des Domaines.

Panthéon-Français, ci-devant Sainte-Geneviève : premier
étage d'un bâtiment situé sur la rue des Carmes, composé de
quatre pièces et un cabinet, plus deux cellules. Carmes de la
place Maubert, place Maubert. *Nota :* depuis la réélection
des juges de paix, celui de cette section occupe, pour ses
audiences, deux fois la semaine, trois des pièces qui font
partie du logement du comité ; depuis avril 1791, attendu
que les Carmes habitaient la maison jusqu'au mois de février 1791 et depuis cette époque, moyennant 400 livres.

Sans-Culottes, ci-devant Jardin-des-Plantes : une pièce à
l'entresol, cinq au premier, quatre au second et deux au troisième. Saint-Firmin, rue Saint-Victor. *Nota :* le juge de paix
et le comité militaire sont logés dans une partie de ce local.
La section a passé bail pour ce local avec la société Saint-
Frmin ; depuis avril 1792.

Observatoire. Le comité de cette section occupe un corps
de logis entre deux cours, servant de logement aux ci-devant
desservants des religieuses, composé de trois étages, de deux
pièces chacun. Ursulines, rue Saint-Jacques. *Nota :* le juge
de paix tient ses audiences dans une salle du ci-devant chapitre. La section occupe encore trois ou quatre pièces, tant
pour trois classes de jeunes demoiselles que pour le logement
de deux maîtresses. L'assemblée générale se tient dans l'église
du couvent ; depuis octobre 1792. *Observation :* cette maison
est louée en totalité, avec jouissance du 13 janvier 1789.

(1) Voy. ci-dessous. Le 6 octobre 1791, on accorda 300 livres pour frais
d'ameublement à quelques comités (ceux des Tuileries, du Luxembourg,
du Palais-Royal, des Gravilliers, de l'Arsenal, des Arcis, qui, logés dans
des maisons religieuses, étaient forcés de s'installer ailleurs. (Robiquet,
Le personnel municipal de Paris, p. 658 et 659.)
(2) Arch. nat., F¹³ 207.

Arsenal. Le comité de cette section occupe deux pièces, au premier, sur le jardin. L'assemblée générale se tient dans l'église Saint-Paul-Saint-Louis-la-Culture, rue Saint-Antoine ; depuis le commencement de 1791. Prix annuel, 250 livres. *Observation :* la section paie la somme de 250 livres entre les mains du receveur de la régie.

Finistère, ci-devant Gobelins. Le comité de cette section occupe deux pièces attenant à l'église de Saint-Martin, qui servaient aux assemblées des marguilliers. L'assemblée générale se tient dans l'église Saint-Martin, Saint-Martin-du-Cloître, cloître Saint-Marcel ; depuis 1790.

Beaurepaire, ci-devant Thermes-de-Julien. Le comité de la section occupe une petite pièce au rez-de-chaussée, cour des Mathurins, faisant partie de la maison louée par l'administration à M. Lorgery et une autre pièce à côté, séparée par l'escalier, laquelle sert de dépôt aux armes de la section armée. Les assemblées générales se tiennent dans les salles de la Sorbonne ; Mathurins, rue des Mathurins ; depuis 1789. Prix annuel du loyer, 300 livres. *Observation :* cette section doit payer la somme de 300 livres, laquelle a été défalquée sur le bail fait par les mathurins au citoyen Lorgery.

Fédérés, ci-devant Place Royale. Le comité de cette section occupe deux pièces au rez-de-chaussée. L'assemblée générale se tient dans une pièce appelée ci-devant le réfectoire des Minimes, place des Fédérés ; depuis 1789.

Maison-Commune, ci-devant Hôtel-de-Ville. Cette section occupe : 1° deux pièces au rez-de-chaussée, et une serre pour le comité, rue des Barres ; 2° une maison, rue Geoffroy-l'Asnier, servant de quartier général à la section armée. L'assemblée générale se tient dans l'église Saint-Gervais ; ordre de Malte, rue des Barres ; hôpital du Saint-Esprit, rue Geoffroy-l'Asnier ; depuis 1789. *Observation :* ne paie point de loyer.

Piques, ci-devant Place Vendôme. Cette section occupe pour son comité civil, justice de paix, etc., un bâtiment sur la rue, de deux étages composés de cinq pièces chacun, plus deux pièces au rez-de-chaussée, dans le fond de la cour, pour son comité militaire. L'assemblée générale de cette section se tient dans l'église des Capucins ; Capucins, place Vendôme ; depuis juillet 1791. *Observation :* ne paie point de loyer.

Gardes-Françaises, ci-devant Oratoire. Cette section occupe une salle au rez-de-chaussée, pour l'assemblée générale ; à côté, une petite pièce servant d'arsenal à la section ; plus une pièce, à côté de la porte d'entrée, pour le corps de garde ; plus deux pièces, l'une, n° 8, au premier, et l'autre, n° 19, au second, pour le comité ; pour le comité de secours et le tribunal de paix, trois petites pièces, au premier, au-dessus de l'entresol, sur la rue. Hôtel d'Angivillers, dépendant de la liste civile, rue d'Angivillers. Oratoire, rue Saint-Honoré. Depuis 1789, pour le premier bâtiment ; depuis le 20 août 1792, pour le second. L'Oratoire, par un décret de la Convention, est destiné pour le dépôt de l'armement de l'armée. Il ne paie point de loyer, non plus que l'hôtel d'Angivillers.

Louvre. La section du Louvre habite le bâtiment dit de la Samaritaine, tant pour son comité civil que pour le corps de garde, logement des tambours, etc. L'assemblée générale se tient dans Saint-Germain-l'Auxerrois. Samaritaine, pont Neuf ; depuis la fin de 1790. *Observation :* ne paie point de loyer.

Tuileries. Le comité de cette section occupe, pour ses séances, deux pièces, au premier, sur la rue et sur la cour, une pièce pour le commissaire de police et une pièce pour le juge de paix. L'assemblée générale se tient dans l'église de l'Assomption, rue Saint-Honoré. Magasins de l'Opéra, rue Saint-Nicaise ; depuis novembre 1792. *Observation :* ne paie point de loyer.

Champs-Élysées. Cette section occupe, tant pour ses assemblées générales que pour ses comités civil, militaire, justice de paix, etc., commissaire de police et quartier général, une maison sur le chemin de Neuilly, au coin de la grande rue de Chaillot. Maison de la Ferme générale, avenue de Neuilly ; depuis le courant de septembre 1791. *Observation :* ne paie point de loyer.

Fontaine-de-Grenelle. Cette section occupe, tant pour ses

assemblées générales que pour ses comités civil et militaire, quatre salles au rez-de-chaussée, ayant leur entrée par le cloître, plus une petite pièce au premier servant d'arsenal. Jacobins Saint-Dominique, rue Saint-Dominique; depuis 1789. *Observation* : ne paie point de loyer.

Quatre-Nations. Cette section occupe, pour son assemblée générale et pour ses écoles, l'ancienne chapelle dite de la Vierge, le local dit l'Avant-Chapitre et le Chapitre, en vertu d'un arrêté du département du 30 avril 1792. Le comité occupe, tant en grandes que petites pièces, une partie du rez-de-chaussée du bâtiment dit du Régime, composé de sept à huit pièces, suivant un bail fait par la municipalité et dont les loyers se paient à l'adjudicataire général de cette maison. Abbaye Saint-Germain-des-Prés; depuis 1790; prix annuel du loyer, 350 livres. *Observation* : cette section a un bail qui lui a été passé par la régie pour les lieux occupés par son comité, moyennant 350 livres, à compter du 15 mai 1792.

Croix-Rouge. Cette section occupe, tant pour ses assemblées générales que pour ses différents comités, corps de garde, etc., tout le rez-de-chaussée de cette maison, composée de cinq pièces, plus une cave. Elle a encore la jouissance de deux jardins, moyennant un bail qui lui a été passé par l'administration des biens nationaux. Prémontrés, rue de Sèvres; depuis 1789; prix annuel du loyer, 500 francs. *Observation* : cette section a un bail qui lui a été passé par la municipalité le 29 juillet 1792 moyennant 500 francs, à compter du 1er février 1791.

Marais, ci-devant Enfants-Rouges. Cette section occupe, tant pour ses assemblées générales que pour ses différents comités, justice de paix, corps de garde, etc., deux pièces au rez-de-chaussée, et les deux étages de la maison, composés chacun de sept à huit pièces environ. Mercy, rue du Chaume; depuis octobre 1792. *Observation* : cette maison a été louée en totalité à compter du 1er janvier 1793, au sieur Simon.

Marseille, ci-devant Théâtre-Français. Cette section occupe pour son comité de surveillance, une pièce servant ci-devant de sacristie, pour ses assemblées générales, une salle dite Saint-Michel, en attendant la réfection d'une salle prise dans une partie du grand réfectoire et près d'être finie; pour le comité militaire, une chambre et un cabinet, au rez-de-chaussée, en entrant, à gauche par le jardin; pour le comité de bienfaisance, une salle appelée le petit réfectoire, ayant son entrée, cour des Cuisines. Enfin la section a pratiqué à ses frais un corps de garde, sur la rue des Cordeliers, dans une autre cour dite aussi des Cuisines. Cordeliers, rue des Cordeliers; depuis 1789. *Observation* : ne paie point de loyer.

Temple. Cette section occupe un logement dans une maison particulière, rue des Fossés-du-Temple. Les assemblées générales se tiennent dans l'église des Filles-du-Sauveur, rue de Vendôme, au Marais; depuis 1792. *Observation* : cette maison a été louée en totalité, à compter du 1er janvier 1793, au sieur Blanchard.

Gravilliers. Cette section occupe, pour son comité militaire, une pièce au rez-de-chaussée, à droite, en entrant dans la seconde cour, plus une salle dite le Chapitre, pour ses assemblées générales. Le comité civil occupe un logement dans une maison particulière, rue des Fontaines. Saint-Martin-des-Champs, rue Saint-Martin; depuis 1790. *Orservation :* ne paie point de loyer.

Amis-de-la-Patrie, ci-devant Ponceau. Cette section occupe, pour ses différents comités, cinq petites pièces, au premier étage, entre cour et jardin. Les assemblées générales se tiennent dans l'église de la Trinité, rue Grénetat; depuis 1789. *Observation* : ne paie point de loyer.

Lombards. Le comité de cette section occupe, pour ses séances, deux pièces au premier, entre deux cours, dans une maison, rue Quincampoix, n° 52, plus une pièce au rez-de-chaussée, pour le corps de garde, rue Saint-Martin, n° 207. Ses assemblées générales se tiennent à Saint-Jacques-le-Majeur. Corps des merciers et drapiers, rue Saint-Martin; depuis 1789. *Observation :* ne paie point de loyer.

Bonconseil, ci-devant Mauconseil. Cette section occupe, pour ses différents comités, plusieurs pièces dépendant de Saint-Jacques-l'Hôpital, faisant partie de la location de M. Deuil, marchand de tableaux et principal locataire des dits logements par bail qui lui a été fait par l'administration de l'hôpital des Enfants-Trouvés. Les assemblées générales se tiennent dans Saint-Jacques-l'Hôpital. Hôpital des Enfants-Trouvés, rue Saint-Denis; depuis 1789. *Observation :* ne paie point de loyer.

Bondy. Cette section occupe, tant pour ses assemblées générales que pour ses différents comités, un logement de garçon de bureau, une petite pièce au rez-de-chaussée, trois pièces à l'entresol, et quatre au premier, dans un bâtiment rue des Récollets. Récollets, faubourg Saint-Martin; depuis 1789. *Observation :* ne paie point de loyer.

Poissonnière. Cette section occupe pour ses différents comités, justice de paix, etc., le rez-de-chaussée, le premier et le deuxième étage d'un bâtiment attenant à Saint-Lazare, tant sur la cour que sur la rue. L'assemblée générale se tient rue des Petites-Écuries, aux jardins de l'Amitié, ci-devant maison de la Franc-Maçonnerie. Saint-Lazare, faubourg Saint-Denis. *Nota :* le propriétaire est émigré; depuis 1789. *Observation :* suivant une convention faite avec les religieux et des citoyens de cette section, les loyers, consentis sur le pied de 2,000 francs, n'ont été stipulés payables que dans six ans, à compter du mois d'octobre 1789, et ce, en considération des changements et améliorations faits.

Popincourt. Cette section occupe, pour ses différents comités, quatre ou cinq pièces au rez-de-chaussée, au fond de la cour, et, pour ses assemblées générales, une grande pièce au premier étage, adossée à l'église et qui servait de magasin de farine pour la municipalité. Popincourt, rue de Popincourt; depuis 1790. *Observation :* la totalité de la maison est à louer pour entrer en jouissance le 1er avril 1793.

Luxembourg. Cette section occupe, pour ses assemblées générales, comité civil et justice de paix, trois pièces au rez-de-chaussée, plus une petite pièce à l'entresol, pour le logement du garçon de bureau. Séminaire Saint-Sulpice, rue du Vieux-Colombier; depuis 1790. *Observation :* ne paie point de loyer.

1792, ci-devant Bibliothèque. Cette section occupe, pour son comité civil, quatre pièces au rez-de-chaussée, entre clos et jardin; pour la justice de paix, également quatre petites pièces, entre clos et jardin; aussi au rez-de-chaussée, pour le corps de garde, deux pièces ayant une entrée par la première cour et une sortie par la seconde, et pour son comité militaire, trois pièces au premier au-dessus du corps de garde. L'assemblée générale se tient dans l'église. Filles-Saint-Thomas, rue des Filles-Saint-Thomas; depuis novembre 1792. *Observation* : Cette maison est louée en totalité à compter du 1er janvier 1793.

Mail, ci-devant Place-Louis XIV. Cette section occupait, pour son comité civil, un logement dans une maison particulière, rue des Vieux-Augustins; ce n'est que depuis le 10 août 1792 qu'elle a formé deux pièces d'une partie du cloître, au moyen de cloisons qu'elle a fait construire. Les assemblées genérales se tiennent tantôt dans l'église, tantôt dans la salle du tribunal. Petits-Pères de la place des Victoires; depuis novembre 1792. *Observation* : a fait soumission pour loyer.

Bonne-Nouvelle. Cette section occupe, pour ses différents comités, un local dans un bâtiment dépendant des domaines, rue Neuve-de-l'Égalité. Les assemblées générales se tiennent dans l'église de Bonne-Nouvelle. Domaine de la République. *Observation* : maison de la Cour des Miracles, acquise par l'État, louée à M. Billon.

Faubourg-Montmartre. Cette section occupe gratuitement, en vertu d'une permission accordée par les administrateurs des Menus-Plaisirs, douze pièces au rez-de-chaussée, à cause des distributions pour le logement des corps de garde, tribunal de paix, comité civil de police, assemblée générale, magasin d'armes, chambres de discipline; plus quatre pièces au deuxième, dans le logement occupé par le citoyen Paris, architecte, pour le logement provisoire du juge de paix. Domaine de la République.

Halle-au-Blé. Cette section occupe gratuitement, pour son comité civil et le corps de garde, un logement dans une maison louée par la ferme générale à un particulier, rue Coquillière, moyennant le service que cette section fait à l'hôtel des Fermes. Les assemblées générales se tiennent dans l'église Saint-Honoré jusqu'au 1er février 1793, époque à laquelle le locataire doit jouir. Domaine de la République; depuis le 10 août 1792. »

Ces renseignements sont loin d'être complets : ils ne concernent que 33 sections sur 48, et ne s'appliquent qu'au commencement de 1793, c'est-à-dire au moment où elles n'ont pas atteint leur plein développement (1). Néanmoins, ils nous permettent de nous faire une idée approximative de l'importance des locaux qu'elles occupaient, importance qui ira en s'accroissant avec l'adjonction de nouveaux comités, de maisons d'arrêt et d'ateliers (2).

IV

Ces remarques générales faites sur le caractère des sections, leurs dépenses et leurs logements, cette description extérieure terminée, le moment est venu de pénétrer dans l'organisme même et d'en examiner les différentes parties. La plus importante, à coup sûr, c'est l'assemblée : elle est proprement la section agissante, le « souverain debout », pour employer une expression du temps, qui dicte ses volontés : nul pouvoir qui n'en dépende et n'en émane. Conformément à l'article 39 du titre II de la loi du 21 mai 1790, les assemblées furent ouvertes par un des administrateurs de la municipalité. Il ne nous reste qu'un seul procès-verbal d'installation, que nous reproduisons en partie (3).

---

(1) Le rapport n'est pas daté, mais on dit : « cette maison *a été louée* en totalité à compter du 1er janvier 1793 » (Temple et Marais), et « la totalité de la maison *est à louer*, pour entrer en jouissance le 14 avril 1793 » (Popincourt). En outre, on remarque qu'il n'est pas du tout question des comités révolutionnaires qui sont créés le 28 mars 1793.

(2) La section des Champs-Elysées réclamait, 19 février 1793, un bâtiment digne d'elle, pour y tenir ses assemblées générales (A. S. 787). Plusieurs changèrent ainsi le lieu de leurs réunions (Voy. Quinze-Vingts, 10 fructidor an II, A. S. 1021). — Disons en passant que les sections eurent des cachets et des sceaux assez différents (Voy. par ex. Arch. nat., BB⁸/74.

(3) Arch. nat., F⁷/2505. Arsenal : assemblées primaires.

« L'an 1790, le premier jour du mois de juillet, sept heures du matin, l'assemblée générale de la section de l'Arsenal ayant été convoquée par affiches, placards, et au son du tambour, en la manière ordinaire, en vertu d'une lettre de convocation en date du 29 juin dernier, signée Bailly, maire, nous, Jean-François-Pantaléon Jouanne de Saint-Martin, administrateur actuel de la municipalité, porteur de pouvoirs du 27 juin précédent, émanés du conseil de ville, signés Bailly, maire, et Joly, secrétaire, nous sommes présenté en l'église de Saint-Louis-la-Culture, lieu où se sont rendus les citoyens de la section de l'Arsenal, et là, au milieu d'un très grand nombre de citoyens, nous avons fait lecture d'un imprimé ayant pour titre : *Extrait du registre du conseil de ville du 29 juin 1790*, et commençant ensuite par les mots : « Instructions arrétées par messieurs les administrateurs chargés d'ouvrir la première séance des 48 sections de la capitale », et finissant par ceux-ci : « Le commissaire principal ne prendra plus part aux dites opérations que comme citoyen actif s'il fait partie de l'assemblée ; s'il n'en fait point partie, il se retirera dans l'assemblée de sa section. » *Signé* : BAILLY, maire ; CAMUL, vice-président, et JOLY, secrétaire.

Ensuite, aux termes de ces instructions, nous nous sommes fait représenter par chaque citoyen son titre d'admission, et l'avons fait inscrire, après l'avoir vérifié, sur deux cahiers à ce destinés. Cette inscription faite, nous avons délivré à chacun des citoyens actifs inscrits un billet contenant son nom, à l'effet d'être admis aux assemblées, et cette opération faite, nous avons invité lesdits citoyens à procéder à l'élection d'un président et d'un secrétaire, conformément aux instructions susénoncées, et à l'instant, il a été reçu une lettre du Comité de constitution de l'Assemblée nationale, adressée au président de la section, au bas de laquelle est la signature de M. de La Fayette, commandant général.

Lecture faite de cette lettre, en date du 30 juin dernier, les citoyens assemblés et dont l'activité a été reconnue, s'étant empressés de déclarer que leurs vœux s'accordaient parfaitement avec l'opinion du Comité de constitution, et qu'en conséquence le procès-verbal ne pouvait étre clos, parce qu'il était possible que beaucoup de citoyens qui ne s'étaient pas crus actifs se présentassent, pour faire vérifier leur qualité, d'accord avec l'assemblée, et sans entendre, comme elle, ne rien préjuger, nous avons continué la séance à ce soir, 5 heures de relevée. *Signé :* JOUANNE, en cet endroit de la minute des présentes.

Et ledit jour, 4 heures de relevée, la section s'étant rassemblée, il nous a été représenté nombre de titres de beaucoup de citoyens, que leurs affaires avaient probablement empêchés ce matin de se rendre à ladite assemblée, lesquels titres nous avons vérifiés, et nous avons distribué des billets aux citoyens actifs porteurs desdits titres. Ensuite, d'après l'interprétation du Comité de constitution de l'Assemblée nationale, et manifestée par la lettre de ce matin de M. de La Fayette, nous avons cru devoir consulter le conseil de ville sur la question de savoir si nous pouvions et devions donner des billets d'entrée aux citoyens qui justifieraient exactement faire partie de la garde nationale parisienne, afin qu'ils n'éprouvassent aucune difficulté, lorsqu'ils se présenteraient pour faire partie des assemblées électorales, et nous avons eu la satisfaction d'apprendre que nous devions admettre ceux de messieurs les gardes nationales qui ont acheté leurs habillements, l'Assemblée nationale regardant cette dépense comme un impôt direct suffisant pour donner la qualité de citoyen actif; et attendu qu'il est 9 heures et demie sonnées, et que nombre de membres de l'assemblée se sont déjà retirés, nous avons continué la séance à demain, sept heures du matin. *Signé :* JOUANNE. »

Le lendemain 2 juillet, trop peu de citoyens avaient répondu à l'appel pour qu'on pût élire le président et le secrétaire. Du reste, on avait appris par les papiers publics que l'Assemblée nationale avait prié le roi de donner des ordres pour que les opérations prescrites par le décret du 25 juin ne commençassent que le 25 de ce mois (1).

Le 26 juillet, nouvelle réunion : l'administrateur Jouanne

(1) Décret des 1-4 juillet 1790.

donne lecture de la proclamation (1) du roi, concernant
les élections des officiers municipaux de Paris, et con-
tinue la délivrance des cartes. Comme l'assemblée était
nombreuse, et quoiqu'on pût argumenter des articles
5 et 6 de la susdite proclamation que l'élection ne devait
avoir lieu que le 28, il a été observé que ces dispositions
n'étaient point impératives, et que si cette date ne devait
être retardée, elle pouvait être avancée : on a, en conséquence, par la voix du scrutin, procédé à la nomination
d'un président. M. Franchet a été élu. Le lendemain,
M. Virvaux a été proclamé secrétaire.

« Le choix du président et du secrétaire ainsi déterminé,
nous avons reçu d'eux, en présence de l'assemblée, le serment
de maintenir de tout leur pouvoir la Constitution du royaume,
d'être fidèles à la nation, à la loi et au roi, de choisir, en leur
âme et conscience, les citoyens les plus dignes de la confiance
publique, et de remplir avec zèle et courage les fonctions
civiles et politiques qui pourraient leur être confiées. »

Le même serment a été prêté ensuite, par tous les
membres présents, entre les mains du président. L'administrateur Jouanne prend place, à la fin, parmi les citoyens
actifs (2).

(1) 21 juillet 1790.
(2) Voir dans Robiquet : *Le personnel municipal de Paris pendant la Révolution*, les noms des 48 administrateurs chargés d'ouvrir les assemblées
des sections, et les instructions arrêtées par ces administrateurs, pages 307
et suivantes.

CHAPITRE II

ASSEMBLÉES PRIMAIRES

I

Il faut distinguer, parmi ces assemblées, celles où les citoyens sont réunis pour voter (assemblées primaires) et celles où ils délibèrent (assemblées générales). Les premières, qui sont la raison même des sections, et, dans l'esprit de la loi, devaient être les seules ou du moins les plus importantes, ne furent pas très fréquentes. Du 13 novembre 1791 au 11 février 1794, nous n'en comptons que cinquante dont plusieurs (huit à dix) pour le même objet (1). Mais au début, ce qui les rend doublement intéressantes, c'est qu'elles ont un caractère mixte (2), et, tout

(1) Procès-verbaux des assemblées primaires. Postes, Arch. Seine, D. 1002. (Il y eut quatre-vingt-neuf assemblées primaires, du 27 juillet 1790 au 30 novembre 1792. L'établissement de la municipalité nécessita vingt et une réunions du 27 juillet 1790 au 4 octobre 1790) (Voy. Assemblées de l'Arsenal. Arch. nat., F⁷/2505).

(2) Elles n'eurent pas longtemps ce caractère : en novembre 1791, la Commune prend un arrêté contre le président de la section des Lombards qui a permis de délibérer à une assemblée convoquée pour une élection (Préfecture de police, procès-verbaux, Lombards, 19 janvier 1792).

en procédant aux élections pour lesquelles elles sont convoquées, reçoivent et envoient des députations, adhèrent à des arrêtés ou en prennent. C'est ainsi que, le 27 juillet 1790, nous lisons, dans les procès-verbaux de l'assemblée primaire de l'Arsenal (1) qu'une députation de la Place-Royale demande une réunion de délégués, pour supplier l'Assemblée nationale d'excepter les habitants de Paris de la soumission au décret du 12 juin 1790, qui oblige tous les citoyens à s'enrôler dans la garde nationale de dix-huit ans, à l'âge le plus avancé. L'assemblée remercie les « frères de la Place-Royale », mais déclare qu'il n'y a pas lieu de délibérer. Le même jour, un membre propose de recevoir dans l'assemblée de jeunes militaires auxquels l'âge ne permet pas d'y être admis. La motion est applaudie, mais ajournée, parce qu'elle ne figure pas à l'ordre du jour. Le 29 juillet, pendant qu'on fixe le traitement du maire, une délégation des Arcis se présente, proposant deux adresses : l'une à l'Assemblée nationale pour empêcher les ministres de se soustraire à la responsabilité à laquelle ils sont assujettis et les contraindre à s'occuper des impôts indirects, l'autre aux frères d'armes, les gardes nationales des départements frontières, pour les inviter à la plus grande activité dans leur service et à la surveillance la plus exacte dans tout ce qui se passe au dehors, les assurant qu'au premier signal du danger les frères d'armes de Paris seront prêts à tout quitter. On vote des félicitations aux citoyens des Arcis, et l'adhésion est accordée, à cause de l'importance de la question, et quoiqu'elle ne figurât pas à l'ordre du jour. Des délégués sont aussi nommés pour une réunion à l'Archevêché. On arrête, sur la demande de M. Besuchet, capitaine de la compagnie du centre, que les officiers de cette compagnie, qui ont plus de seize ans de services et sont inséparables de la garde nationale, auront les droits

---

(1) Arch. nat., F⁷/2505. Assemblées primaires de l'Arsenal.

de citoyen actif. La même faveur est accordée aux officiers invalides, et on décide que les régisseurs généraux des poudres et salpêtres seront admis au nombre des citoyens éligibles, ainsi que leurs commis, si toutefois ils remplissent les conditions. En même temps, on prend des mesures d'ordre, et on désigne trois commissaires chargés : 1° de veiller à ce que les étrangers ne s'introduisent pas dans les assemblées de la section ; 2° d'avertir de se retirer ceux qui ne sont pas citoyens actifs, quoique de la section ; 3° de faire un rapport à l'assemblée de la résistance rencontrée ; 4° de recevoir dénonciation contre ceux qui, aux termes des décrets, ne doivent pas être citoyens actifs ; 5° d'écarter tout ce qui pourrait être suspect et rendre les assemblées vicieuses (1).

Et le 3 août 1790, M. Demousure, délégué pour le recensement général à l'hôtel de ville, rapporte qu'à cette réunion des sections on a délibéré pour savoir s'il fallait cent membres pour qu'une assemblée pût légalement voter ; on a exposé les difficultés pour certaines sections d'arriver à ce nombre et les inconvénients qui pouvaient en résulter, les gens mal intentionnés entravant par leur absence les élections. Il a été arrêté que ce nombre, exigé par la loi, ne s'appliquait qu'à la première assemblée, dont les autres n'étaient que la continuation, et pour lesquelles le nombre soixante et même moindre suffisait. Cette décision a été applaudie. Elle fut d'ailleurs confirmée par une instruction du Comité de constitution (2).

Ces exemples, qu'on pourrait multiplier, montrent bien de quelle façon les sections en usaient avec les décrets. Timides d'abord, elles oseront d'autant plus qu'on leur permettra davantage : leur audace croîtra avec la faiblesse du gouvernement. Si la loi gêne leurs désirs, par une large interprétation elles lui donneront une certaine

----

(1) Arch. nat., F⁷/2505. Assemblées primaires de l'Arsenal, 31 juillet 1790.
(2) Voy. assemblées primaires de l'Arsenal (5 août 1790).

élasticité ; si elle va contre leurs desseins, elles la viole-
ront ouvertement. On le vit bien au moment des élections. Nulle loi, peut-être, ne déplaisait plus aux sections
que celle qui concernait les élections et privait un grand
nombre de citoyens du droit de voter, et ce fut une des
plus constantes préoccupations de leurs chefs politiques
que d'étendre à tous ce précieux privilège. C'était à leurs
yeux une condition de succès autant qu'une mesure
d'équité.

Dès le 22 octobre 1789, Robespierre s'était prononcé
pour l'égalité des droits entre tous les citoyens (1), et
n'ayant pu faire accepter son opinion, le 25 janvier 1790,
il proposa du moins de différer la quotité de la contribution
requise des citoyens actifs jusqu'à la réforme du système
des impositions, et de décider que, jusqu'à cette époque,
tous les Français exerceraient la plénitude des droits politiques, et seraient admissibles à tous les emplois publics.
Le conseil général n'intervint pas dans cette affaire, et
c'est cette abstention qui fut cause de l'adresse de « la Commune de Paris dans ses sections » du 8 février 1790. Les
représentants de la Commune, en avril 1790, renouvelèrent
sans succès aussi cette adresse. Ainsi, dès l'origine de la
Révolution, Paris réclame l'égalité des droits politiques.
En juin 1791, eut lieu le choix des électeurs qui devaient
nommer les députés à la Législative. Le 8 juin 1791, la
section de Sainte-Geneviève prit un arrêté portant qu'il
serait nommé deux commissaires chargés de se réunir à
ceux des autres sections pour rédiger, en faisant usage
du discours de M. de Robertspierre (*sic*), une pétition à
l'Assemblée nationale, à l'effet d'obtenir l'abrogation des
décrets relatifs au marc d'argent et aux distinctions de
différentes classes de citoyens actifs (2). Il y eut d'autres
pétitions dans le même sens, par exemple celle de la section des Gobelins, que l'Assemblée nationale renvoya au

(1) Buchez et Roux, *Hist. parlem.*, t. IX, p. 479.
(2) Arch. Seine. Barroux, n° 1656.

Comité de constitution (1). La section du Théâtre-Français se refusa (16 juin) à faire une pétition collective, qu'elle jugeait illégale, mais elle chargea Danton, Bourneville, Garran de Coulon et Camille Desmoulins d'en rédiger une, que ses membres signeraient à titre individuel (2). Cette pétition fut publiée (3); elle est fort énergique.

Le 15 juin, la section des Quinze-Vingts informe les autres sections que le directoire du département, autorisé par le Comité de constitution, a répondu à leur demande « qu'il estimait que les citoyens, qui avaient payé un droit de patente de 10 livres devaient être comptés parmi les citoyens éligibles, s'ils remplissaient les autres conditions (4) ».

On sait que la section du Théâtre-Français, par un arrêté du 27 juillet 1792, abolit dans son sein la distinction entre les citoyens actifs et les citoyens passifs. Cet arrêté est si célèbre, et a tant attiré l'attention des historiens sur ses auteurs, qu'on nous saura peut-être gré, et qu'il est juste, de faire remarquer que deux jours auparavant, 25 juillet 1792, une section voisine, le Louvre, avait aussi examiné la même question et avait décidé de rédiger une adresse :

« Sur la nécessité de donner le droit de citoyen actif à tous les citoyens *qui paient même la plus légère contribution, attendu leurs justes murmures de n'être comptés pour rien dans l'empire, tandis qu'ils servent la patrie par leurs bras, par leurs femmes et leurs enfants;* mais de priver de cet avantage tous citoyens connus par leurs frères pour être de mauvaise conduite, accapareurs, agioteurs, de les laisser juger par leurs pairs dans les assemblées mêmes et exclure d'icelles jusqu'à ce qu'ils... (5) »

---

(1) Arch. nat., D IV, 51, dossier 1481, pièce 2.
(2) Étienne Charavay, *Assemblée électorale de 1791*, introduction, p. VII.
(3) On en trouvera le texte dans le journal *Le Creuset*, t. II, p. 466.
(4) Procès-verbal du 17 juin 1791 (assemblées primaires de l'Arsenal).
(5) Préfecture de police : section du Louvre, délibérations, page 297. La fin manque.

Nous ne prétendons pas que ce projet, connu évidemment du Théâtre-Français, et qui lui fut même vraisemblablement communiqué par députation, ait seul provoqué la grave mesure qui suivit ; mais qui oserait affirmer qu'il n'y contribua pas ? Ce premier pas fait fut, peut-être, pour les Cordeliers une invite à franchir l'obstacle. N'oublions pas qu'à cette époque il règne entre les sections une sorte d'émulation, une rivalité dans le désir de montrer l'ardeur de leur patriotisme, et partant, dans la gravité des mesures prises. On en reconnaît ici les effets, comme on peut les retrouver ailleurs. En tout cas, il est curieux de constater le rapprochement des dates, et il est permis d'en conclure que l'extension à tous des droits de citoyen actif était toujours à l'ordre du jour dans la capitale. Une chose nous surprend cependant : dans le seul registre de procès-verbaux complet que nous ayons de cette époque, nous ne trouvons trace ni de la communication, ni d'une pareille discussion (1) : ou le secrétaire n'a pas été fidèle (ce qui serait possible, car on se plaint souvent du retard apporté dans la transcription des procès-verbaux), ou elle n'a pas eu lieu. Et, pourtant, cette section n'est pas indifférente, car le 10 août même, dès qu'on lui annonce le décret voté par l'Assemblée législative, elle envoie immédiatement des délégués pour en prendre connaissance comme d'une chose impatiemment attendue. Du reste, outre les « murmures » fort naturels dont il vient d'être parlé plus haut, l'approche des élections devait nécessairement attirer tout particulièrement l'attention des assemblées sur cette question. L'Assemblée législative fit droit aux réclamations des sections, et, à l'occasion du renouvellement des juges de paix, elle décréta (10 août 1792) que « tous les citoyens âgés de vingt-cinq ans, domiciliés à Paris au moins depuis un an », seraient admis à prendre part à l'élection ; et, le len-

(1) Section des Postes. A. S., D, 1001.

demain, elle arrêta relativement au rassemblement de la Convention nationale, que « la distinction des Français en citoyens actifs et non actifs était supprimée », et que, pour être admis dans les asssemblées primaires, il suffisait « d'être Français, âgé de vingt et un ans, domicilié depuis un an, vivant de son revenu ou du produit de son travail et n'étant pas en état de domesticité ». Pour être éligible comme électeur ou député, il suffisait « d'être âgé de vingt-cinq ans, et de réunir les conditions énoncées ci-dessus ». Les élections auraient lieu suivant le même mode que pour les Assemblées législatives, et les assemblées primaires étaient invitées « à revêtir leurs représentants d'une confiance illimitée ». Les électeurs devaient être nommés à partir du dimanche 26 août, et commencer leurs opérations le dimanche 2 septembre.

II

C'était une grande satisfaction accordée aux sections; mais elles ne la jugèrent pas suffisante et résolurent, violant une fois de plus la loi du 21 mai 1790, les instructions du 12 août 1790 et la Constitution du 3 septembre 1791, de nommer les électeurs par appel nominal et à haute voix (1). Nous reconnaissons que cette loyauté, ce courage dans l'expression publique de leur choix convenaient à des hommes libres exerçant leur droit souverain, et il se rencontra, sans doute, à cette époque héroïque, des âmes fortes qui n'hésitèrent pas à déclarer hautement leur candidat; mais combien plus de timides, de pusilla-

---

(1) Par une singulière interprétation de la souveraineté populaire, elles prétendaient que chaque assemblée primaire devait avoir la faculté d'exercer « la portion de souveraineté qui lui appartenait de la manière qui lui paraissait la plus sage et la plus expéditive ». Arrêté de la section de Fontaine-de-Grenelle, 17 août (cité dans Mortimer-Ternaux, t. IV, p. 29).

nimes qui, dans la crainte de déplaire aux meneurs, n'osèrent se conformer à leurs sentiments et à leur raison, et suivirent docilement, quoique à regret, la majorité ! C'est évidemment à leur intention qu'on adopta ce mode d'élection destiné surtout à maîtriser les suffrages. On ne s'en tint pas à cette seule illégalité. Robespierre, en demandant l'établissement de ce que nous appelons le suffrage universel, avait aussi réclamé la nomination (1) directe des députés à la Convention, par les assemblées primaires. La Législative repoussa cette deuxième partie, et maintint le suffrage à deux degrés. Plusieurs sections, entre autres celles de la Place-Vendôme, des Halles, des Postes (2), de l'Arsenal (3), protestèrent aussitôt et déclarèrent qu'elles se réservaient le droit d'accepter ou de refuser les députés choisis par l'assemblée électorale. Toutes adhérèrent à ces déclarations. Le 27 août 1792, Robespierre fit prendre à la section de Place-Vendôme, la sienne. l'arrêté suivant (4) :

« 1° En principe, tous les mandataires du peuple doivent être nommés immédiatement par le peuple, c'est-à-dire, par les assemblées primaires ; ce n'est qu'à cause de la nécessité des circonstances, que la méthode de nommer les députés à la Convention nationale par l'intermédiaire des assemblées électorales est adoptée ;

(1) La motion fut faite par la section de Montreuil qui, le 19 août, fit passer à celle des Postes un arrêté (16 août) par lequel elle manifestait son vœu pour qu'il n'y eût plus de corps électoral. et que les nominations des députés et fonctionnaires publics fussent faites par le peuple dans les assemblées primaires. Elle invitait les autres sections à se réunir, mardi prochain, au bureau central de correspondance, à 8 heures. pour rédiger, à cet effet. une adresse à l'Assemblée nationale. A. S.. D. 1001 (Reg. des procès-verbaux des Postes. 19 août 1792). Quelques sections adhérèrent, des délégués furent nommés pour rédiger l'adresse ; mais à peine Collot-d'Herbois. rédacteur ordinaire. l'avait-il terminée, qu'on décida de n'en pas faire usage, estimant que la Législative la rejetterait certainement (Mortimer-Ternaux, t. IV, p. 31).

(2) Arch. Seine. D. 1001 (Postes), 25 août 1792.

(3) Arch. nat.. F⁷/2505 17 août 1792). Arsenal.

(4) Mortimer-Ternaux, t. IV, p. 34 et Bibl. nat., Lb 40/2064.

2° Pour prévenir, autant que possible, les inconvénients attachés à ce système, les électeurs voteront à haute voix et en présence du public;

3° Afin de rendre cette dernière précaution efficace, ils se rassembleront dans la salle des Jacobins, et les députés nommés par les électeurs seront soumis à la revision et à l'examen des sections en assemblées primaires, de manière que la majorité puisse rejeter ceux qui seraient indignes de la confiance du peuple. »

Cet arrêté fut transformé, sur la motion de Robespierre, en arrêté municipal, et affiché dans tout Paris (28 août 1792). La section de l'Arsenal avait décidé : 1° que tous ceux qui seraient nommés électeurs seraient passés au scrutin épuratoire des quarante-huit sections ; 2° que les nominations se feraient à haute voix et qu'il faudrait que les candidats réunissent la majorité relative des suffrages pour être électeurs ; 3° que les assemblées primaires ne cesseraient pas pour cela après la nomination des électeurs, et qu'elles continueraient à exercer leur droit de souveraineté ; 4° qu'on se procurerait la liste des signataires des pétitions pour les écarter des nominations.

Les électeurs eux-mêmes, fidèles au mandat qu'ils avaient reçu, arrêtèrent (2 septembre 1792), après avoir exclu de leur sein, suivant le désir (1) des assemblées primaires, ceux qui avaient été affiliés à quelque club contre-révolutionnaire ou avaient signé les pétitions, que leurs choix, pour être définitifs, devraient être ratifiés par les sections. Le sixième jour de leur réunion, ils décidèrent · de discuter les titres des candidats : l'assemblée électorale devint un véritable club. Après tant de précautions, la mesure réclamée par les sections semblait inutile; pourtant la formalité fut remplie. Quelques-unes approuvèrent les choix, beaucoup s'abstinrent : on ne fit aucun recensement officiel de ces votes (2).

(1) Arch. Seine, D. 1001 (Postes). 27-28 août 1792.
(2) Mortimer-Ternaux, p. 37, 40, 48, t. IV.

III

Il faut avouer que la situation se prêtait merveilleuse-
ment à toutes ces irrégularités : la Commune était alors
dans tout l'éclat de son triomphe, et l'Assemblée législative, vaincue et résignée, attendait, sans autorité, la fin
de ses pouvoirs. De ce corps plus qu'à demi-mort ne
pouvait sortir aucun acte énergique. Mais, voici venir la
Convention, jeune, ardente, prête aux résolutions les plus
graves. Les sections ont conscience du changement qui
s'est produit, car peu après la réunion des députés, la Commune, pour connaître les intentions de la majorité ou couvrir sa conduite, demande (27 septembre 1792) que les
élections pour le renouvellement du conseil général et de la
municipalité de Paris ordonné par un article de la loi du
19 septembre 1792, se fassent à haute voix (1). Reubell et
Goupilleau aîné font décréter qu'il n'y a pas lieu à délibérer.

Le 29 septembre 1792, le corps municipal convoque
les assemblées primaires pour le 9 octobre, en annonçant qu'on emploiera le scrutin secret et écrit ; et,
le 1er octobre, sur une réclamation de la section des
Quinze-Vingts (31 septembre), il avance l'ouverture des
élections et la fixe au 4 octobre. Mais les sections tiennent
trop au scrutin à haute voix pour ne pas protester contre
la décision de la Convention (2). Le 2 octobre 1792, les
sections du Marais et de Mirabeau engagent les quarante-

(1) Nous ne parlons pas des élections qui avaient eu lieu précédemment
et avaient été régulièrement faites. Ici encore, nous avons mis à profit les
recherches de M. Sigismond Lacroix sur ces opérations électorales.

(2) On comprend assez l'insistance des sections qui pouvaient arguer de
précédents : les électeurs, comme nous l'avons dit plus haut, avaient usé
de ce mode de scrutin et avec l'approbation de la Législative et même de
la Convention, qui avait admis la députation de Paris ainsi élue. Plusieurs
départements avaient procédé de même : Bouches-du-Rhône, Corrèze,
Drôme, Gers, Hérault, Lot, Oise, Hautes-Pyrénées... La Convention ne
protesta point contre ces infractions à la loi.

six autres, à former, à la maison commune, le lendemain
3 octobre, une réunion de commissaires, en vue de rédiger une adresse à la Convention nationale, pour lui
demander de décréter que les élections se feront à haute
voix. Ce jour-là, 3 octobre 1792, la section des Champs-
Elysées invitait les autres sections à délibérer sur le mode
de votation, observant que « c'était aux assemblées primaires seules qu'appartenait le droit inaliénable de fixer
le mode de votation ».

Une adresse dans ce sens, issue sans doute de la réunion projetée, est présentée à la Convention au nom des
commissaires de la majorité des sections, en même temps
qu'une lettre de la section des Lombards, contenant le
même vœu (4 octobre 1792). Elle refuse de nouveau. Les
sections ne se tiennent pas pour battues. Le 5 octobre 1792,
la section de la Butte-des-Moulins, en convoquant ses
électeurs, proclame que « le scrutin à haute voix est seul
digne des hommes libres et républicains (1) ». L'Assemblée nationale était tenue au courant de ce qui se passait.
Le 5 octobre 1792, un membre inconnu l'informe que plusieurs sections se préparent à procéder aux élections
dans une forme illégale; un autre lui signale, parmi les
réfractaires, la section de la Bibliothèque. Tallien fait
remarquer que, les élections n'étant pas commencées, il
ne peut y avoir de délit, que les sections se sont contentées
de nommer des commissaires pour former une liste de
candidats et délibérer sur le mode de votation(2). Roland,

(1) Cette même section décida que les domestiques prendraient part au
vote. Cette décision, communiquée aux autres sections et longtemps discutée, fut enfin maintenue (9 octobre 1792). Elle trahit bien l'esprit de
réaction qui anima toujours cette section, dont le bataillon était l'un des
plus royalistes. Le droit de citoyen actif, par essence, ne semblait pas susceptible d'être accordé aux personnes en état de domesticité, qui manquent
de l'indépendance nécessaire à l'exercice de ce droit; d'ailleurs, si la
théorie légitimait la mesure, la pratique la montrait prudente, car les
nobles avaient un personnel nombreux, qui, uni, bien stylé, pouvait former
une opposition redoutable : déjà on a vu qu'au sujet de la permanence, on
escomptait les désordres qu'il pourrait occasionner. Bibl. nat., Lb 40/1963.
(2) Le 5 octobre 1792, la section du Panthéon envoie une députation à

invité aussitôt à s'expliquer sur l'application du décret
qui enjoint à la ville de Paris de se conformer aux lois,
répond qu'il a envoyé le décret ordonnant le renouvellement de la municipalité, « mais qu'il n'a pas connaissance (*sic !*) de celui qui confirme que l'élection des officiers municipaux aura lieu au scrutin secret », qu'il écrira
au maire pour connaître les infractions faites à la loi. Le
6 octobre 1792, la Convention entend une dénonciation
faite par un membre inconnu, contre une irrégularité
commise par la section des Champs-Elysées ; le 7 octobre,
elle est informée que dans la section du Marais on a voté
à haute voix, et reçoit une députation de la section de
Fontaine-de-Grenelle, qui la prie de rapporter le décret
qui interdit les élections à haute voix. A cette même
séance, la section des Gravilliers vient exprimer le même
désir, et elle ajoute « qu'elle ne souffrira pas que le despotisme sénatorial remplace le despotisme monarchique (1) ».

Un de ses membres se laisse convaincre et propose,
lui-même, de décréter le vote à haute voix : la Convention reste inflexible. Peu après on revient encore sur
cette question. Guadet, le 12 octobre 1792, lit un arrêté de
la section de Marseille, se terminant par ces mots : « La
section doit persister dans ses arrêtés (pour le vote à
haute voix) ; en conséquence, elle se réserve, s'il a été
porté quelque décret contraire, de prendre tel arrêté que
sa sagesse lui dictera contre un pareil décret, déclarant
néanmoins qu'elle exécutera provisoirement ce même
décret lorsqu'il lui aura été notifié officiellement. » Cette
lecture émeut l'assemblée : on crie à la révolte, et la Convention décrète que le président et le secrétaire de la section seront mandés à la barre : ils y paraissent le lende-

celle de l'Arsenal, lui demandant de désigner deux délégués qui, réunis à
ceux des autres sections, formeront un club à l'Evêché et discuteront sur
les nominations dont on s'occupe en ce moment (Arch. nat., F⁷/2505, 5 octobre 1792).

(1) Voy. *Moniteur*, séances des 5, 6 et 7 octobre 1792, et *Journal des Débats
et des Décrets*, à ces dates.

main, et finalement, après explications, sont admis aux honneurs de la séance.

Mais quelques sections commençaient à comprendre que leur résistance était vaine ; celles de Molière-et-La Fontaine, de 1792, des Lombards, du Marais, annoncent, 12-14-16 octobre, leur soumission à la loi. Pendant ce temps, les renseignements demandés par Roland lui étaient communiqués. Boucher-René, maire par intérim, lui écrivait, le 14 octobre 1792, que, des 48 sections, 23 seulement avaient fait connaître leur mode d'élection : « 11 s'étaient ralliées à la loi avec expression de vœu pour une loi qui permît les élections futures à haute voix », et les 12 autres avaient élu par appel nominal, en se fondant sur l'exemple de la Convention nationale ; le lendemain, il complétait sa lettre, disant que 12 avaient procédé légalement et 13 par appel nominal ; 23 sections n'avaient rien répondu.

Petion avait obtenu 13,899 voix sur 15,474 votants ; mais il refusa. Un arrêté du corps municipal convoqua les sections pour le 22 novembre 1792. Ce jour-là, les contraventions se renouvelèrent. A la Halle-aux-Draps, le président s'écrie : « Ceux qui ne voudront pas voter à haute voix n'ont qu'à s'en aller (1). » Un citoyen de la section du Luxembourg, membre de la Commune, proposa, sans succès, de ne point recevoir de scrutin qui ne fût conforme à la loi. La Commune passa à l'ordre du jour. Le Luxembourg, furieux, demanda au ministre de l'intérieur d'annuler l'élection et de remplacer la Commune. Mais, parmi les sections les plus hardies, figurait celle du Panthéon-Français. Elle prit, le 20 octobre 1792, un arrêté portant que « sans égard à la loi, elle procéderait à l'élection du maire à haute voix, et que, si son président et son secrétaire étaient mandés à la barre de la Convention nationale, la

____

(1) Mortimer-Ternaux, t. V, p. 96.

section entière s'y présenterait en armes (1) ». Cet arrêté
fut reproduit par le *Moniteur*. Roland le signala à la
Convention, le 29 octobre 1792, annonçant qu'il avait
écrit à la Commune pour avoir des renseignements, mais
qu'aucune réponse ne lui était encore parvenue. Ce même
jour, il reçut confirmation de l'arrêté par la dénonciation
suivante, qui donne quelques détails intéressants :

Paris, le 29 octobre an Ier.

A ministre de l'intérieur, Damour,
vice-secrétaire de la section du Panthéon-Français (2).

« Le ministre Roland n'a été qu'imparfaitement instruit de
l'arrêté de la section : le voici tel qu'il fut pris dans son principe. « L'assemblée persistant dans ses précédents arrêtés,
arrête qu'elle votera à haute et intelligible voix, et que, si le
président et le secrétaire sont mandés à la barre de la Convention, ils en conféreront à l'assemblée générale, laquelle
les accompagnera à la Convention. » Il avait d'abord été
dit et arrêté « en armes »; mais ces mots ont été bâtonnés sur
l'arrêté ainsi que ces mots : « L'on fera battre la caisse dans
toute la section pour avertir les citoyens. » Plusieurs agitateurs troublent sans cesse cette assemblée... Lors de la première élection du maire, l'assemblée, au sujet de la lettre du
ministre sur le mode d'élection, arrêta (motion Belliot) que
l'assemblée ne répondrait au ministre qu'après que toutes les
nominations seraient faites. Il a été pris, de suite, trois arrêtés :

1° Que l'on voterait toujours à voix haute ;

2° Que tous les citoyens seraient tenus d'aller signer chez
tous les capitaines de la section, s'ils accueillent ou non la
République.

Il avait d'abord été arrêté « qu'en cas de *non*, on serait
déclaré traître à la patrie », et « de même si on n'allait pas
signer », quoiqu'il n'y eût aucune loi qui l'ordonnât;

3° L'arrêté ci-dessus.

(1) Schmidt, *Tableaux de la Révolution française*, et aussi *Moniteur* de
1792, n° 299.
(2) Schmidt, t. I, page 93 et suivantes.

Ces trois arrêtés sont l'ouvrage du citoyen Hu, principal instigateur et agitateur de troubles, qui s'est fait nommer, à force d'intrigues, pour remplir les fonctions de juge de paix. Ils (*sic*) disent qu'on n'est pas tenu d'obéir à la loi. La plupart des arrêtés qui se prennent dans cette assemblée étant sur des feuilles volantes, on les change au gré des intéressés et suivant le besoin... tel est celui de l'appel à haute voix. Cependant, il y a un registre qui en contient plusieurs. »

Il y avait eu ballottage le 22 octobre ; un nouveau scrutin fut annoncé pour le 29 octobre. Le 30 octobre, la section des Lombards, le 31 octobre celle de la Halle-au-Blé (1), proposèrent qu'on réunît des commissaires pour dresser une liste de candidats. Le 4 novembre, celle de Beaurepaire émit l'avis qu'on renvoyât l'élection du maire à la fin des opérations électorales. Du 1er au 6 novembre, eurent lieu quelques votes partiels ; le 8 novembre, 43 sections avaient envoyé leurs résultats ; mais le Conseil général, pour s'opposer à l'élection (2), comme maire, de Chambon ou de d'Ormesson, trop modérés, et qui avaient obtenu le plus de voix, fit casser les scrutins du 1er au 6 novembre, en invoquant la loi qui exigeait que toutes les sections votassent le même jour. Nouvelle convocation pour le 12 novembre : 47 sections votèrent régulièrement (seule, celle des Amis-de-la-Patrie s'était abstenue), mais il y avait ballottage entre d'Ormesson et Lulier, et il fallut recommencer le 19 novembre ; les sections du Faubourg-Montmartre, du Temple, des Sans-Culottes, n'envoyèrent pas leurs procès-verbaux ; celles des Lombards et de Molière-et-La Fontaine firent savoir qu'elles ne votaient pas. D'Ormesson était élu, mais, comme Petion, il refusa. ¡Tant de votes émis en pure perte ! Une huitième convocation est adressée aux

---

(1) Assemblées primaires de l'Arsenal (Arch. nat., F⁷/2505, 31 oct. 1792).
(2) Mortimer-Ternaux, t. V, p. 96.

sections pour le 24 novembre : toutes répondent à l'appel, mais un ballottage oblige à recourir encore à de nouvelles élections le 30 novembre. Ce jour-là, enfin, Chambon était nommé maire de Paris. Seul, le septième scrutin avait amené un résultat définitif. Trois sections pourtant s'étaient abstenues (Mail, Poissonnière, Finistère).

IV

Puisqu'il avait fallu deux mois pour arriver à nommer un maire, on pouvait s'attendre à ne pas voir de long-temps se terminer les élections municipales. La Commune insurrectionnelle resterait-elle en fonction jusqu'à cette époque ? Les Girondins le toléreraient-ils ? Rappelons brièvement ce qui se passa. Le 26 octobre 1792, après une reddition de comptes peu clairs, présentée par une députation du Conseil général, la Convention chargea Roland de faire un rapport sur l'état actuel des autorités constituées de la ville de Paris. Ce rapport, lu le 29 octobre 1792, dénonça sans ménagement les empiétements de la Commune, mais n'eut pas l'effet qu'en attendait l'auteur : aucune mesure de rigueur ne s'ensuivit. Le lendemain il revint à l'attaque, au sujet de l'expédition d'une adresse des sections de Paris à tous les corps administratifs et municipaux de France (1). Barère, Lanjuinais, Barba-roux demandèrent en vain le remplacement immédiat du Conseil général : Chaumette justifia la conduite de la Commune. Roland ne renonça pourtant pas à son projet, et voulut essayer d'obtenir, par l'intervention du dépar-tement, ce qu'il n'avait pu obtenir lui-même (31 octobre 1792) : il lui demanda de faire à l'Assemblée nationale le tableau des désordres de l'administration municipale ;

(1) Adresse des sections de Paris sur le décret de la force armée tirée des 83 départements; présentée à la Convention le 19 octobre 1792 et improuvée.

mais le conseil du département, arguant de la loi du 12 août, qui lui avait retiré la surveillance de police et de sûreté générale, ne crut pas devoir répondre à l'invitation de Roland. La Commune paraissait donc inébranlable, quand le coup fatal lui fut indirectement porté par Boucher-René, qui, le 22 novembre 1792, adressa à la Convention, au nom de la municipalité, une lettre dans laquelle il signalait l'insuffisance du corps municipal, réduit de 48 à 12 membres, et demandait qu'on le complétât rapidement, au moins à titre provisoire. Le Conseil général, quoique non visé dans cette requête, se sentit cependant menacé, et chercha à se défendre en dénonçant (28 novembre 1792) le maire et le corps municipal, comme ayant enfreint l'article 58, titre I de la loi du 21 mai 1790. Riposte inutile : le lendemain, sur le rapport de Piorry, la Convention décréta la dissolution du Conseil général, et son remplacement provisoire par une assemblée nouvelle formée de trois commissaires de chaque section, élus directement par un seul tour de scrutin à la majorité relative des suffrages, et non soumis à la censure des autres sections. Le Conseil général, dans les trois jours de son installation, nommerait les 48 membres du corps municipal, et le département compléterait le nombre des commissaires, dans le cas où quelques sections négligeraient de procéder auxdites élections. Le nombre des officiers municipaux à élire, fixé d'abord à 132, fut réduit (29 novembre) à 122 : 22, en effet, qui avaient été régulièrement nommés, devaient être maintenus (1).

Le 2 décembre 1792, la Commune provisoire remplaça la Commune insurrectionnelle. Elle s'arrogea le droit réservé aux sections par les articles 14, 15 et 16 du titre II de la loi du 21 mai 1790, et déclara qu'elle ne se considérerait comme définitive qu'après s'être assurée des qualités civiques de chacun de ses membres (2). Elle altéra la

---

(1) *Moniteur*, séances des 22, 28 et 29 novembre 1792.
(2) Mortimer-Ternaux, t. V, p. 122.

formule du serment imposé le 11 août 1792 (serment de
maintenir la liberté, l'égalité, ou de mourir en les défendant). Chaque élu dut jurer de n'avoir jamais été d'aucune société anticivique, comme clubs monarchiques des
Feuillants et de la Sainte-Chapelle, de n'avoir jamais
signé ni colporté aucune pétition contraire aux droits du
peuple, notamment celles des 8,000 et des 20,000. Mais il y
eut des protestations contre ces empiètements de pouvoirs. Sur une plainte de la section de la Fraternité,
Rabaut Saint-Étienne dénonça cette illégalité à la Convention (1), qui déclara « nul et attentatoire à la souveraineté du peuple tout scrutin qui aurait été ou serait fait
par un corps administratif, municipal ou judiciaire, pour
écarter de leur sein un ou plusieurs membres ». (5 - 8 décembre 1792.)

La Commune, pour atteindre son but, eut alors recours aux sections mêmes ; elle obtint, par exemple, du
Panthéon (2) deux délibérations annonçant que Cousin
avait perdu la confiance de ses commettants. Mais ces
opérations traînaient en longueur : la Commune, s'appuyant cette fois sur la loi, prétendit, non sans raison, que
les élections faites en vertu d'un décret qualifié de provisoire et d'exceptionnel ne pouvaient être aussi que provisoires et exceptionnelles : elle n'avait donc qu'à prendre
un arrêté pour amener le renouvellement intégral du
Conseil général, et, en effet, les sections furent convoquées pour le lundi 24 décembre, un mois à peine après les
élections de novembre, à l'effet de procéder à la nomination
de 144 nouveaux membres (3). Mais comme le scrutin individuel et la pluralité absolue des suffrages étaient maintenus, les élections furent très lentes, et plusieurs sections
ne les terminèrent que dans le courant de janvier : le

(1) *Moniteur*, séance du 5 décembre 1792 ; Mortimer-Ternaux, t. V,
p. 126, 560 et suivantes.
(2) Mortimer-Ternaux, t. V, p. 126.
(3) *Ibid.*, t. VII, p. 58 et suivantes.

scrutin épuratoire, fixé d'abord au 31 décembre, dut être remis ; le 22 janvier 1793, on put enfin dresser la liste des élus, liste incomplète, car la section des Quatre-Nations n'y était pas représentée.

Les citoyens se lassaient de voter sans cesse (1) ; les assemblées étaient peu fréquentées. Des irrégularités se produisirent encore. La section du Mail (31 décembre 1792) avait annulé la nomination de ses trois notables, sous prétexte que leur nomination avait été préparée dans une société populaire ; le directoire du département dut lui rappeler que, d'après les instructions de l'Assemblée nationale du 12 août 1790, la section n'avait pas le droit d'annuler elle-même ses élections. Cet exemple avait été suivi par la section de la Halle-au-Blé, qui avait rejeté (8 janvier 1793) deux des trois notables qu'elle avait élus. Enfin, on n'avait point entièrement renoncé au scrutin à haute voix, si l'on en croit Guadet, disant à la Convention (5 janvier 1793) (2) : « Vous avez donc oublié qu'à présent, dans cet instant même, une section de Paris nomme à haute voix les officiers municipaux (notables)..... C'est la section des Gravilliers ! » L'Assemblée nationale, du reste, ne donna aucune suite à cette dénonciation.

Le 22 janvier, convocation pour le 24 janvier, afin de censurer la liste des élus. Mais d'autres complications surgirent : le 26 janvier, la section du Mont-Blanc se plaignit qu'on n'eût pas ajouté aux noms des élus leurs surnom, âge, profession et domicile ; celle de Beaurepaire, 27 janvier, arrêta qu'elle nommerait 12 commissaires, et que les autres seraient invitées à en nommer chacune autant, que ces délégués se réuniraient le mardi, 29 janvier, à 10 heures du matin, à l'Évêché, à l'effet de discuter

---

(1) Les sections de l'Arsenal (Voy. délibération du 13 décembre 1792, Bibl. nat., Lb⁴⁰/1844), des Tuileries, des Gardes-Françaises, pour stimuler les leurs, inscrivent sur un registre *ad hoc* les noms des présents. Voy. plus loin, page 91.

(2) *Moniteur*, séances indiquées.

les notables qui devaient composer le Conseil général et le corps municipal, entendre ceux qui auraient été inculpés, et ensuite, après le rapport des commissaires dans les sections, procéder dans chacune d'elles, conformément à la loi, par assis et levé, à l'adoption des notables. (Arch. Seine, D. 1684). A cette réunion, 55 élus furent rejetés : 8 sections avaient vu leurs notables refusés en bloc, parmi lesquelles la section Beaurepaire, qui avait provoqué la réunion. Quelques unes protestèrent contre ces rejets : les Quinze-Vingts (31 janvier), Poissonnière et 1792 (3 février 1793), Beaurepaire (17 février 1793). Du reste, quelques élections avaient été contestées, et le scrutin épuratoire ne put être fixé qu'au 23 février. D'après le *Moniteur* du 2 mars 1793, 45 sections avaient envoyé leurs procès-verbaux, 3 (le Mont-Blanc, le Panthéon, les Gardes-Françaises) avaient refusé d'émettre leur vœu, et 46 élus avaient été rejetés, appartenant à 30 sections qui furent invitées à désigner 46 membres nouveaux le 19 mars 1793 ; 21 sections élurent d'autres commissaires, 9 s'abstinrent : convoquées de nouveau pour le 21 mars, 4 se soumirent (Champs-Elysées, Quinze-Vingts, Temple, Gravilliers) ; celles de Popincourt et du Panthéon-Français réélurent leurs notables exclus ; enfin celles du Mont-Blanc, des Gardes-Françaises, de l'Observatoire, ne répondirent pas à l'appel.

Mais les séances du Conseil général étaient de moins en moins nombreuses; Chaumette et Hébert avaient signalé aux sections les plus inexacts, et demandé qu'on hâtât les opérations électorales. Pour ne pas perdre de temps, et quoique incomplète, la liste du 19 mars fut soumise (29 mars 1793) au scrutin épuratoire. Le 27 mars, le Conseil général avait arrêté qu'il demanderait à la Convention un article additionnel à la loi, pour fixer aux sections un délai dans lequel elles seraient tenues de faire leurs élections. Peu après, il sollicita et obtint de l'Assemblée nationale le décret du 3 avril 1793, l'autorisant, « dans

les circonstances difficiles où se trouvait la chose publique,
à s'adjoindre, en attendant l'organisation de la nouvelle
municipalité, les citoyens élus pour composer définitivement le conseil de la Commune ». Mais cela ne lui suffit
pas. Le 7 avril, il demanda qu'un délai fût fixé aux sections
pour terminer les élections, et que, ce délai passé, il eût le
droit de nommer lui-même à la place des sections récalcitrantes qui n'étaient plus que quatre (Gardes-Françaises,
Popincourt, Panthéon-Français, Observatoire). Cette
demande fut renvoyée au Comité de législation. Le 20 avril,
le Conseil général déclara qu'il procéderait, le 29 avril, au
« complétement » — provisoire évidemment — du corps
municipal, ce qui n'était pas encore fait le 17 mai.

A ce moment, 20 avril(1), se produit une réclamation de
la section des Champs-Élysées qui proteste contre la permanence tyrannique du conseil provisoire et prie la Convention de décréter que dans les vingt-quatre heures les
assemblées primaires seront convoquées. Convoquées,
elles l'étaient sans cesse, mais sans succès. Le 23 mai, on
leur soumit les noms de trois notables, un élu par la section de l'Observatoire, un autre par celle des Lombards,
le troisième nommé par le département pour celle du
Panthéon, seule récalcitrante. Enfin, après une nouvelle
démarche de la Commune (9 juin), le décret du 10 juin 1793
vint supprimer les entraves de la charte municipale. Les
sections devaient s'assembler le dimanche qui suivrait la
huitaine de la proclamation de cette loi. Faute par elles de
n'avoir pas exécuté toutes les formalités prescrites par le
décret du 21 mai 1790, dans la quinzaine de leur première
assemblée, les sections ou la section en défaut seraient pri-
vées, pour cette fois, du droit d'élire et de concourir à la
rénovation de la municipalité. La Commune était tenue,
dans les vingt-quatre heures, de les dénoncer au Conseil

---

(1) Le procès-verbal de cette séance (20 mai 1793), est conservé à la préfecture de police, pièce 28.

général du département, ou, à son défaut, au directoire du département qui, dans la huitaine de la dénonciation, nommerait à la place des sections, à la majorité des suffrages et portant ses choix sur des notables pris dans le sein de chaque section. Ces choix, pour être définitifs, n'avaient pas besoin d'être soumis à l'assentiment des sections.

Une nouvelle convocation a lieu pour le 30 juin (convocation qui, le 26, fut fixée au 28 juin), à l'effet d'accepter ou de rejeter 5 notables : 14 sections seulement envoient leurs résultats, 34 s'abstiennent, parmi lesquelles celle du Finistère (1), qui motive longuement son abstention. Elles sont une dernière fois convoquées et averties que, passé le 12 juillet, leur silence sera regardé comme une adhésion. Cette mesure amenait la solution, et enfin allaient se terminer les opérations électorales commencées depuis près d'un an ! Les 48 officiers municipaux furent nommés du 17 juillet au 5 août 1793, et ils furent installés le 7 août 1793, en même temps que le Conseil général.

Mortimer-Ternaux, qui retrace assez bien les diverses péripéties du renouvellement de la Commune, ajoute en note (2) qu'à partir d'août 1793 il n'y eut plus d'élections municipales à Paris. « Le Comité de salut public, dit-il, qui tenait dans ses mains tous les pouvoirs, même ceux que la royauté n'avait jamais eus, s'arrogea le droit de révoquer qui bon lui semblait dans le conseil de la Commune, et de pourvoir de sa propre autorité aux vacances qui venaient à s'y produire par mort naturelle ou violente, par révocation ou démission. Avant le 9 thermidor, il avait fait guillotiner six membres du conseil et en avait destitué une vingtaine. »

Est-il bien certain d'abord qu'il n'y ait plus eu d'élections

<hr>

(1) Voy. Barroux, A. S., n° 827.
(2) Mortimer-Ternaux, t. VII, p. 61, note 1.

municipales à Paris à partir du 7 août 1793? Cela paraît
bien étrange, car la toute-puissance du Comité de salut
public n'est point établie dès cette époque. Aussi bien, dès
le 6 septembre 1793, on lit dans les comptes rendus du Conseil général, — qui à peine constitué s'est épuré selon la
mode du jour, — « sur la réquisition du procureur de la
Commune relativement aux dénonciations faites contre
plusieurs membres, le conseil arrête qu'il sera écrit aux
sections et *qu'elles seront convoquées* pour procéder au
remplacement desdits représentants de la Commune »;
et le 7 septembre, « le conseil arrête que X... est exclu
du nombre de ses membres et que sa section sera invitée à
nommer un citoyen pour le remplacer ». A cette même
séance, la section des Gardes-Françaises approuve l'exclusion de ses notables et demande à être convoquée à jour
fixe, pour procéder à leur remplacement. Ces élections
ont-elles eu effectivement lieu? C'est bien probable, pourtant nous n'en avons aucune preuve certaine (1). Quant
à l'accusation portée par Mortimer-Ternaux contre les

(1) Pour la période qui suit celle de l'institution du gouvernement révolutionnaire, voir les comptes rendus du 5 octobre 1793, 22 frimaire (12
décembre 1793), 22 nivôse (11 janvier 1794); voir aussi la note insérée dans
le *Journal de Paris*, 4 floréal (23 avril 1794) : « Les sections sont invitées à
envoyer les procès-verbaux de censure des *membres nommés* en remplacement des démissionnaires. » Le 27 pluviôse an II, la section des Invalides élit un notable ; le 10 germinal an II, elle accepte les membres
proposés pour le Conseil général. Arch. nat., F 7/2510. D'autre part,
nous trouvons dans le registre du Comité révolutionnaire de la section
des Tuileries, 15 floréal an II (4 mai 1794), la lettre suivante : « Citoyen
représentant, membre du Comité de salut public, nous avons déjà
écrit au Comité de salut public pour lui demander, au nom de l'assemblée générale de notre section, le remplacement de deux des membres
du Conseil général de la Commune, les citoyens Froidure et Folloppe mis
en état d'arrestation par la section des Tuileries; nous n'avons obtenu
aucune réponse du Comité, ce qui ne nous surprend pas à cause des travaux dont il est accablé. Cependant, les rapports multipliés qui existent
entre les sections et le Conseil général nécessitent que chaque section y
soit représentée pour l'intérêt général et particulier de tous les citoyens, et
notamment pour les certificats de civisme. Nous croyons devoir vous prier
d'inviter le Comité de salut public à prendre la demande de l'assemblée
générale de notre section en considération, en désignant les deux citoyens
de la section, qu'il croira les plus propres, à la place de notables à la
commune » (Arch. nat., F⁷/2472).

empiétements du Comité de salut public, rien n'est plus inexact, et il suffit, pour s'en convaincre, de lire les décrets du 19 vendémiaire an II (2 octobre 1793), du 14 frimaire an II (4 décembre 1793), du 23 ventôse an II (13 mars 1794) et du 28 ventôse an II (18 mars 1794), qui lui confèrent tous les pouvoirs, dont il usa très régulièrement (1).

V

Quoi qu'il en soit, nous ne retrouvons ces assemblées primaires que le 20 fructidor an III, au moment où elles sont invitées à voter sur la Constitution nouvelle. Un changement profond s'est accompli alors. Après thermidor et la réaction qui suivit, après les glorieuses conquêtes de la République, les formes du gouvernement révolutionnaire subsistaient encore, mais le pouvoir tyrannique, œil toujours ouvert et partout présent qui, nuit et jour, épiait les gestes, scrutait les consciences, prévenant les défaillances, mais détruisant toute liberté, avait disparu avec le danger extérieur qui l'avait amené. La vigilance de la sentinelle pouvait bien se relâcher, puisque l'ennemi était en fuite. Les royalistes, profitant de cette accalmie, l'âme pleine de haine et de colère, sortaient de leurs retraites où la peur les avait retenus, osaient se montrer dans les assemblées de sections et, tant pour assouvir leur vengeance que pour assurer le triomphe de leurs idées, pourchassaient, emprisonnaient les patriotes si redoutés naguère et maintenant traqués de toutes parts,

(1) Après le 9 thermidor an II, quelques sections songèrent à réclamer ce droit d'élection; nous lisons, en effet, dans les rapports de police publiés par Schmidt, à la date du 11 fructidor an II : « Dans le faubourg Antoine, les citoyens se plaignent de ce que la Convention nationale ne laisse pas au peuple le droit de nommer ses magistrats. » Il y eut une adresse à ce sujet de la section du Muséum, lue et adoptée par celle de Montreuil (Schmidt, t. III, 11 fructidor an II).

abandonnés par la Convention même, qu'ils avaient parfois malmenée. Les modérés, les hommes d'ordre étaient maîtres à leur tour dans les réunions : plus de rivaux dangereux dans les discussions; à eux le droit de pétition, à eux les mesures de clémence et de justice, à eux surtout le respect de la légalité. Ils censuraient si durement l'arbitraire des sans-culottes qu'on est en droit d'attendre d'eux une conduite toute différente, d'autant plus que leur tâche est bien aisée : aucune complication fâcheuse au dehors, la victoire suit nos armées. C'est sous un ciel serein et par une mer calme qu'ils prennent la direction de la barque. N'est-ce pas un sujet instructif et digne d'inté-rêt que de les voir manœuvrer?

La Convention, effrayée des progrès royalistes et craignant des élections réactionnaires, avait arrêté, le 5 fructidor an III (22 août 1795), que les assemblées électorales devraient prendre au moins les deux tiers de ses membres pour former le nouveau Corps législatif, et, le 13 fructidor an III (30 août 1795), qu'en cas d'insuffisance du résultat des scrutins de toutes les assemblées électorales pour la réélection de 500 membres de la Convention, ce nombre serait complété par ceux qui auraient été réélus dans son sein. Ces décrets furent chaudement discutés dans les assemblées primaires, toutes unanimes à protester contre cette atteinte à leurs privilèges. La section qui se distingua à cette époque, et prit la tête du mouvement organisé contre la Convention, fut celle de Le Peletier, composée à peu près exclusivement de royalistes. Elle rédigea, l'une des premières, un « acte de garantie (1) », qui fut dénoncé à la Convention par Collombel (de la Meurthe), le 21 fructidor an III (7 septembre 1795). Il tendait à coaliser tous les citoyens de Paris contre le gouvernement; on y parlait au nom de la capitale entière : nous le

---

(1) *Moniteur*, séance du 21 fructidor an III (7 septembre 1795). Au sujet de ces « Actes de garantie », voy. Bibl. nat., mss. fr. acq. nouv. 2687, fol. 88 et suivants, qui en contiennent un bon nombre.

reproduisons parce qu'il servit de modèle à la plupart
de ceux qui furent adoptés.

« Les citoyens de Paris réunis en assemblées primaires,
considérant qu'à l'instant où un peuple ressaisit les droits de
souveraineté dont il avait été dépouillé par une longue
tyrannie, le premier devoir de chacun envers tous est
d'émettre, sans aucune espèce de crainte, son opinion sur les
moyens de salut public. et que le premier devoir de tous envers
chacun est de lui garantir, de toutes leurs forces morales
et physiques, ce droit imprescriptible et inviolable, la liberté
la plus absolue d'opinion ; considérant que le peuple assemblé
pour délibérer sur ses lois et son gouvernement ne peut et ne
doit être influencé par aucune espèce d'autorité ; que les pouvoirs de tout corps constituant cessent en sa présence ;
qu'attaquer en quelque temps que ce soit un seul citoyen
pour son opinion, c'est un attentat à la souveraineté du
peuple ; considérant que tout droit est dérisoire et inutile,
s'il n'est garanti par tous envers chacun ; qu'une expérience
funeste a trop appris avec quelle impudeur les tyrans
savaient se jouer de l'honneur, de la liberté, de la vie des
citoyens ; que tous les crimes, qui ont ensanglanté le sol français depuis les massacres de septembre 1792, sont dus en
partie à la mollesse des gouvernés qui se sont trop légère-
ment confiés à la vertu des gouvernants, et qu'ils résultent
surtout de l'isolement où chacun s'est placé dans la fausse
espérance d'échapper au coup qui frappait son voisin ; considérant enfin que le premier besoin de tout homme en
société est la sûreté de sa personne ; ont arrêté et arrêtent ce
qui suit : tout citoyen a droit d'émettre librement son opinion sur la Constitution présentée à l'acceptation du peuple
comme à l'égard du décret du 5 fructidor concernant la réélection de 500 membres de la Convention et généralement sur
toutes les mesures de salut public. A cet effet, chaque citoyen
en particulier et tous les citoyens de Paris en général sont
placés sous la sauvegarde spéciale et immédiate de leurs
assemblées primaires respectives et des 47 autres assemblées
primaires de cette cité. »

Les mêmes engagements furent pris par toutes les sections qui se déclarèrent en permanence, « ne pouvant confier à personne la surveillance qu'elles devaient exercer elles-mêmes (1) ». Enfin, malgré le décret du 14 fructidor an III (31 août 1795), portant qu'aucun citoyen ne peut être privé du droit d'émettre son vœu dans une assemblée primaire, à moins qu'une loi ne l'en exclue formellement, la section des Arcis (2) décida que ceux qui avaient été incarcérés en raison des troubles de germinal et de prairial, et mis en liberté provisoire, ne jouiraient pas de leurs droits de citoyen, et, à cet effet, le Comité civil fut chargé de donner la liste des surveillés aux personnes qui vérifieraient les cartes à la porte. Elle communiqua ces arrêtés aux 47 autres sections, dont les députations nous apprennent que les mêmes mesures avaient été adoptées partout. La section de Fontaine-de-Grenelle permit cependant aux nouveaux « suspects » de voter sur la Constitution, mais non de nommer les électeurs, ni de prendre part aux délibérations. Jamais n'avait été commise infraction plus grave à une loi plus formelle. Les désarmés étaient nombreux ; ils portèrent leurs plaintes à la Convention, qui reconnut le bien fondé de leurs réclamations, mais ne voulut pas intervenir en leur faveur, pour donner cette nouvelle preuve de la liberté des élections. C'était une faiblesse coupable.

La section des Arcis était l'une des moins violentes, et la Convention y eut quelques défenseurs ; on reconnut qu'elle renfermait des hommes probes et méritants, qu'il était sage de les réélire pour éviter les inconvénients auxquels la Constituante, en se séparant, avait donné involontairement lieu, que les membres réélus auraient intérêt à maintenir une Constitution dont ils étaient les

---

(1) Arch. nat., assemblées générales des Arcis, F⁷/2499.
(2) Arch. nat., assemblées générales des Arcis, F⁷/2499. Nous empruntons nos renseignements surtout à la section des Arcis parce que son registre est le plus complet.

créateurs. Pourtant on ne lui pardonna pas d'avoir fait
« injure au souverain » en n'ayant pas confiance dans son
choix, et l'assemblée, considérant :

« 1. Que le seul exercice des droits de souveraineté que laisse
au peuple une Constitution représentative est la liberté entière,
absolue, illimitée du choix de ses mandataires et des fonctionnaires publics de toutes les classes ;

2. Que tout acte de la loi qui restreint, limite ou modifie
ce droit porte atteinte à la souveraineté du peuple ;

3. Que la Convention nationale n'avait pas le droit de se
déclarer, en totalité ou en partie, portion nécessaire de la
nouvelle représentation nationale ;

4. Qu'en faisant une loi violatrice de ces principes éternels
de l'ordre social et de la liberté publique, la Convention
pouvait mettre les électeurs dans le cas de donner contre le
cri de leur conscience, la conviction de la vérité et l'intérêt
public, leurs suffrages à des représentants indignes de ce
nom ;

5. Que pour mettre les électeurs dans cette situation, il
suffirait qu'il s'en trouvât un seul accusé par l'opinion
publique des crimes, atrocités, qui ont conduit à l'échafaud
les plus estimables républicains ;

6. Qu'en rendant hommage au courage de la Convention
aux journées de thermidor, il est impossible de ne pas y
remarquer plusieurs hommes que la voix publique désigne
comme complices des atrocités du décemvirat de Robespierre ;

7. Que le vœu des Français sera le maintien de la République ;

8. Que si l'Assemblée constituante a fait une faute, c'est
non de s'éloigner, mais de déclarer ses membres inéligibles ;

9. Qu'on n'a pas à craindre le renouvellement total, que
les électeurs désigneront sûrement les membres actuels de la
Convention, qui sont dignes de la confiance du peuple ;

10. Qu'il serait impossible de détruire les éléments de dis-
corde que renfermeraient dans leur sein deux assemblées
composées, pour une partie, de citoyens qui, semblables aux
décemvirs de Rome, aux Appius, se seraient maintenus dans
leur place, et pour l'autre partie, d'individus portés au Corps

législatif par le vœu libre et souverain des délégués du peuple ;

11. Qu'il est prouvé combien la décision sur la réélection des deux tiers est contraire à tous les principes par l'embarras même où la Convention s'est trouvée pour le mode de son exécution, et que ses décrets des 5 et 13 fructidor, attribuant en apparence le choix aux assemblées électorales, en réservent cependant une partie pour elle-même, en s'arrogeant le droit de compléter les 500 que les corps électoraux n'auraient pas élus en entier, réunissant ainsi, par un assemblage monstrueux, le pouvoir constituant, le pouvoir législatif, le pouvoir exécutif et électoral ; »

arrêta que les électeurs qu'elle nommerait choisiraient les représentants au Corps législatif suivant leur conscience et leurs lumières. Cette protestation devait être imprimée, envoyée aux départements et aux armées.

Mais les sections sentirent que les résistances seraient vaines, s'il n'y avait pas d'union, et celle de Le Peletier proposa, 21 fructidor an III (7 septembre 1795), de réunir 48 commissaires, un par section, pour rédiger une adresse « portant déclaration authentique des sentiments qui caractérisent les citoyens de Paris ». L'invitation fut généralement acceptée, mais une assemblée au moins la rejeta. Les citoyens des Arcis (1) déclarèrent qu'instruits par le passé et en souvenir douloureux de la dernière Commune conspiratrice, ils ne pouvaient adhérer à cette proposition, dans la crainte que cette réunion centrale ne vînt à se constituer en assemblée représentative de la Commune de Paris.

La Convention, informée aussitôt de l'arrêté de la section Le Peletier, le cassa immédiatement (2), décrétant, 21 fructidor an III (7 septembre 1795), que les citoyens qui se réuniraient en Comité central, composé de com-

---

(1) Arch. nat., F⁷/2499, 21 fructidor an III (7 septembre 1795).
(2) *Moniteur* du 21 fructidor an III (séance de la Convention).

missaires nommés par plusieurs assemblées primaires,
seraient déclarés coupables d'attentat contre la souveraineté du peuple et la sûreté intérieure de la République, et poursuivis comme tels, à la diligence de l'accusateur public du département où le délit aurait été
commis. On déclarait coupables du même délit ceux qui,
sous prétexte de missions données par une assemblée
primaire, se rendraient d'une commune dans une autre,
ou auprès du corps militaire.

Quand ils eurent connaissance de ce décret, les citoyens
des Arcis (1) se félicitèrent d'avoir aperçu les dangers
d'un Comité central, et, ce qui prouve bien leur modération, chargèrent le président de demander aux Comités
de gouvernement si ledit décret devait suspendre ou
mettre obstacle à l'exécution des arrêtés qu'ils avaient
pris. D'autres, au contraire, maintinrent leurs commissaires (2); mais la plupart des sections se soumirent, et la
réunion n'eut pas lieu; la tentative demeura sans succès.

Il y eut aussi division sur le mode de scrutin à employer. A la section de l'Arsenal (3), on avait décidé que
chaque votant, à l'appel de son nom, ferait son bulletin
en présence de l'un des scrutateurs et présenterait sa
carte de sûreté. A celle des Arcis, on usa du scrutin
secret, pour que chacun pût librement donner son opinion.
Au contraire, la section de Fontaine-de-Grenelle (4) vota
à haute voix. Nous ignorons comment on procéda dans
les autres. Les sections de Paris approuvèrent la Constitution, sauf celle des Quinze-Vingts, où, dit le procès-
verbal de celle des Arcis, dominaient les terroristes, qui
sans doute, voulaient la Constitution de 1793, si souvent
réclamée. Mais les décrets furent unanimement rejetés.

---

(1) Arch. nat., F⁷/2499 (22 fructidor an III).
(2) Arch. nat., F⁷/2509 (Grenelle) : on maintient le commissaire nommé
puis on suspend sa délégation (22 fructidor an III).
(3) Arch. nat., F⁷/2505 (26 fructidor an III).
(4) Arch. nat., F⁷/2509 (27 fructidor an III).

Pourtant la Convention les proclama lois, malgré les protestations des sections parisiennes qui accusaient des fautes de calcul mais, après vérification, durent avouer leurs propres erreurs.

Le choix des électeurs commença le 26 fructidor an III. A la section des Arcis, on procéda par scrutin individuel sur listes de trois noms, le ballottage ayant lieu entre les deux premiers seulement. Pour pouvoir délibérer pendant ces élections, qui devaient durer longtemps, on opéra une sorte de dédoublement. Les scrutateurs s'isolèrent et formèrent un bureau dans un coin de la salle (1). Cette séparation imaginaire cachait mal la vérité, et n'était qu'un hommage rendu à la légalité; du reste, toutes n'avaient pas de pareils scrupules. La section des Amis-de-la-Patrie (2) avait aussi pris même détermination, dès le 29 fructidor an III. Le cinquième jour complémentaire an III, les sections du Pont-Neuf (3) et de Montreuil informent celle des Arcis qu'elles désirent soumettre les élus au scrutin épuratoire des sections, et celle des Gravilliers lui communique une liste de 15 électeurs, en l'invitant à formuler les reproches qu'elle peut avoir à présenter au sujet de ces nominations (4). Mais un membre engage l'assemblée à être circonspecte, lui représentant les dangers qui pourraient résulter de la trop grande facilité à accorder son adhésion. On convient, à ce sujet, qu'à l'avenir, à moins d'urgence, on fera deux lectures, à deux séances différentes, des propositions soumises à la discussion. Les sections du Mail, de l'Arsenal et des Arcis (5) rejettent ce scrutin épuratoire, en faisant observer que chaque section connaît mieux que les autres ses électeurs, et qu'il y aurait danger et injus-

---

(1) Arch. nat., F⁷/2499, 29 fructidor an III.
(2) Bibl. nat., mss. fr., acq. nouv. 2687 fol. 110.
(3) Arch. nat., F⁷/2499, 3ᵉ jour compl. an III.
(4) Arch. nat., F⁷/2499 1ᵉʳ vendémiaire, an IV.
(5) Arch. nat., F⁷/2499, 1ᵉʳ vendémiaire an IV.

tice à accuser dans les assemblées des hommes absents.
On le voit, ce n'étaient que délibérations dans les assemblées primaires, communications d'arrêtés et échanges de propositions.

Le 30 fructidor (16 septembre 1795), la section Le Peletier avait présenté aux 47 autres un projet d'adresse à toutes les assemblées primaires de la République, aux départements, aux armées et à la Convention nationale, qui avait été généralement accepté (1). La Convention nationale résolut de faire cesser ces infractions continuelles à la loi, et rendit le décret du 5 vendémiaire an IV : les présidents et secrétaires des assemblées primaires et électorales qui mettraient aux voix ou signeraient des arrêtés ou autres actes, étrangers aux élections ou à la police intérieure de leurs séances, en seraient responsables. Les sections virent là une nouvelle atteinte à la souveraineté, renouvelèrent leurs arrêtés relatifs à la permanence, jusqu'à l'installation du Corps législatif, ainsi que leurs « actes de garantie » en faveur de leurs membres et de leurs électeurs. La section des Arcis (2) rédigea une longue déclaration contre la Convention et les mesures d'oppression qu'elle avait prises : décrets des 5 et 13 fructidor an III, recensement erroné des votes, peines contre les présidents et secrétaires des assemblées, rassemblement des troupes autour de Paris, etc.

La Convention avait (1ᵉʳ vendémiaire an IV) fixé la clôture des assemblées primaires au 10 vendémiaire. Dans quelques sections, — les Invalides, par exemple, — les élections se terminèrent le 9 vendémiaire (3). Le lendemain, celles de Le Peletier et du Théâtre-Français, toujours en avant, essayèrent encore une fois de constituer

(1) Bibl. nat., mss. fr., acq. nouv. 2687, fol, 141 ; Procès-verbal des Arcis, A. N. F⁷/2499, 3ᵉ jour compl. an III.
(2) Arch. nat., F⁷/2499 (Arcis), 9 vendémiaire an IV.
(3) Arch. nat., F⁷/2510 (Invalides), 9 vendémiaire an IV.

cette unité de direction qui, seule, pouvait, en concentrant les efforts, amener une sérieuse insurrection. Elles proposèrent, malgré le décret du 1ᵉʳ vendémiaire convoquant les assemblées électorales pour le 20 vendémiaire, la réunion immédiate des électeurs.

« Demain (1), 11, à 10 heures du matin, disait la circulaire, les électeurs de toutes les assemblées primaires de Paris se réuniront dans la salle du Théâtre-Français. Les sections qui n'ont pas fini leurs élections y enverront ceux déjà nommés, qu'elles feront accompagner par la force armée. Si on les empêche de se réunir, ils se concerteront pour choisir un autre lieu de rendez-vous. Les assemblées primaires de Paris jurent de ne pas désemparer, jusqu'à ce que le corps électoral soit définitivement installé. »

Vingt-trois sections, dit la députation qui se présenta à l'assemblée de celle des Arcis, ont adhéré à cet arrêté : cette assemblée ne l'en rejeta pas moins. La Convention, le jour même, (11 vendémiaire an IV) enjoignit aux assemblées primaires qui avaient terminé leurs élections, de se séparer aussitôt, et accorda aux autres jusqu'au 15 inclusivement pour y procéder. Il était expressément interdit aux électeurs de se réunir, sous quelque prétexte que ce fût, avant le 20 vendémiaire. Les délibérations qu'ils pouvaient prendre en contravention du présent décret étaient déclarées nulles et attentatoires à la souveraineté du peuple français. La réunion, si elle était formée, devait se séparer à l'instant. La loi se terminait par un appel à l'union et au calme. Les sections des Quinze-Vingts, des Gardes-Françaises, des Thermes, cessèrent leur permanence. Mais, malgré cette loi, quelques électeurs s'assemblèrent au Théâtre-Français. Des officiers de police, escortés d'un petit nombre de dragons, furent chargés de les disperser : la foule les en empêcha. L'émeute s'orga-

(1) *Moniteur*, séance du 11 vendémiaire an IV (3 octobre 1795).

nisa (13 et 14 vendémiaire), et fut comprimée par Barras
aidé de Bonaparte. Les élections ne prirent fin que
le 15 vendémiaire. Le 12, à 9 heures du soir, les Comités
civils firent savoir au directoire du département que 21 sections seulement avaient fait toutes leurs nominations (1).

Les sections étaient vaincues ; mais, pour faire triompher leurs idées, elles n'avaient reculé devant aucune illégalité : persécution des patriotes, exclusion des républicains des assemblées primaires, délibérations et
arrêtés contraires aux décrets, réunions interdites, enfin,
recours aux armes et à la violence. Les sans-culottes, si
abhorrés et si critiqués, ne s'étaient pas autrement conduits dans des circonstances bien plus difficiles, et quand
toute faiblesse eût amené la perte de la République !

VI

Pour en terminer avec les assemblées primaires, nous
devons faire remarquer combien elles furent généralement peu nombreuses. Dès le début, à l'époque où les
citoyens étaient appelés à jouir pour la première fois
d'un droit si précieux, on ne compta jamais plus, parmi
les votants, du neuvième ou du dixième des citoyens
actifs inscrits (2). Elles furent, peut-être, plus délais-
sées encore aux élections d'août 1792, après l'établissement d'une sorte de suffrage universel qui aurait dû singulièrement accroître le nombre des votes exprimés.
14,137 citoyens prirent part à la nomination du maire, à
peine un dixième des électeurs. « 50 à 60 individus composaient seuls des assemblées de quartier, dont la circonscription comprenait 2 à 3,000 citoyens ayant droit de

(1) Arch. nat., A FII/390 (42, 44, 49).
(2) Charavay, *Assemblée électorale de Paris* (1er novembre 1790-15 juin
1791), Quantin, 1890, in-8o (préface, p. VIII, IX, x). Voy. Adresse de la section
de l'Arsenal aux quarante-sept autres sections sur les moyens de rappeler
les citoyens aux assemblées (13 décembre 1792). Bibl. nat., Lb 40/1844 ; et
section de Molière-et-La Fontaine, Bibl. nat., Lb 40/468, sans date.

vote (1) ». Quand on nomma les membres du Conseil général, la proportion diminua encore et descendit à un vingtième. Quelques élus n'avaient été désignés que par 20 et même 15 suffrages. Hébert (Bonne-Nouvelle) avait réuni 56 voix; Chaumette (Théâtre-Français), 53 seulement (2). L'ennui de ne pouvoir exprimer librement son choix, la crainte de déplaire à la « faction », et surtout le dégoût et la fatigue résultant de la fréquence et de la durée des élections, sont les raisons principales de ces abstentions.

A la fin de l'an III, reposée par une longue interruption dans les opérations électorales et délivrée de la frayeur inspirée jadis par les sans-culottes, maintenant désarmés ou emprisonnés à leur tour, la foule revint en masse aux assemblées primaires. Chaque séance compta 400, 500 et 600 présents. A la section des Arcis (3), sur 2,729 citoyens inscrits, 1,368, c'est-à-dire plus de la moitié, votèrent au sujet de la Constitution; il est vrai que le scrutin, ouvert de 7 heures du matin à 10 heures du soir, dura trois jours (23, 24 et 25 fructidor an III).

Il n'y a point lieu, du reste, de regretter outre mesure l'indifférence ou l'apathie montrée à la fin de la Législative par la plupart des électeurs. A Paris même, le peuple n'était pas alors, en majorité, nettement républicain. Si, en 1792 et 1793, la foule s'était résolument rendue aux assemblées primaires, le résultat des élections eût certainement été bien différent, et la Révolution eût été ou détournée de sa voie ou arrêtée dans sa marche.

(1) Mortimer-Ternaux. *Histoire de la Terreur*, t. V, p. 90, 117.
(2) *Ibid.*, t. V, p. 117
(3) Arch. nat., F⁷/2499. Assemblées générales de la section des Arcis (23, 24, 25 fructidor an III).

CHAPITRE III

ASSEMBLÉES GÉNÉRALES

I

Nous avons déjà fait remarquer que, si la Constituante avait supprimé la permanence dont les districts avaient profité, elle n'avait point enlevé aux sections le droit de se réunir pour délibérer. Mais ce qui prouve bien que dans sa pensée ce n'était qu'une concession sans conséquence, c'est le peu de soin qu'elle prit de réglementer leurs assemblées. La loi du 21 mai 1790 en fait à peine mention : « L'assemblée des 48 sections, y est-il dit, devra être convoquée par le corps municipal, lorsque le vœu de huit sections, résultant de la majorité des voix dans une assemblée de chaque section composée de 100 citoyens actifs au moins et convoquée par le président des com-

missaires de la section, se réunira pour la demander. »
Le président des commissaires devait réunir sa section
sur la demande de 50 citoyens actifs. Lorsqu'elles étaient
convoquées, un membre du corps municipal ou un des
notables pouvait assister à l'assemblée de chacune des
sections, mais il ne pouvait ni la présider, ni, par son
absence, la différer.

Voilà seulement ce que stipule la charte municipale
relativement à ces réunions dont les sections allaient user
si largement. Rien qui en limite la durée ou la fréquence,
en circonscrive le domaine ou en détermine le but. Pour
s'en tenir à ces prescriptions vagues, la Constituante dut
croire, évidemment, que la suppression de la permanence
affaiblirait ou même détruirait l'action des sections. Cette
illusion, si elle exista, ne dura pas longtemps. A l'origine,
les assemblées générales ne furent pas trop répétées.
Dans le registre de la section des Postes, le seul qui nous
reste pour les années 1791 et 1792, nous en comptons 50 du
4 décembre 1790 au 25 juillet 1792, époque où fut établie
la permanence (1), et les procès-verbaux du Comité civil
de celle des Piques, l'une des plus actives, nous apprennent, incidemment, que du 16 juin 1791 au 27 septembre 1792 (la permanence existe depuis deux mois) il n'y
en eut que 76 (2). Mais il ne faut pas oublier que pendant six mois (juillet-décembre 1790) les élections avaient
occupé les assemblées primaires, qui ne s'interdirent
point les autres questions (3).

Dès leur formation, en effet, les sections montrèrent
qu'elles entendaient ne rien changer à la tradition établie
par les districts, et continuèrent à s'intéresser, à prendre
part aux affaires. C'est ainsi que, le 26 octobre 1790,

(1) Procès-verbaux des assemblées générales de la section des Postes,
Paris. Arch Seine, D. 1001.
(2) Comité civil de la section des Piques, Arch. Seine, D. 976.
(3) Le président et le secrétaire étaient nommés au commencement de
chaque séance. Le président de l'assemblée générale était appelé président de la section (Arch. Seine, D. 1001, juillet 1792).

quelques-unes d'entre elles demandèrent le renvoi des ministres; le corps municipal les convoqua le 5 novembre 1790, pour délibérer sur cette proposition de la section de Mauconseil, et le 10 novembre 1790, Danton, délégué, vint défendre leur vœu à la barre de la Constituante (1). Or, à cette époque, quelques-unes ne sont même pas organisées. La première assemblée générale de la section des Postes n'eut lieu que le 4 décembre 1790 (2).

Cette ingérence des sections dans la politique, leur initiative à proposer des mesures aux pouvoirs publics, appelèrent l'attention sur elles, et, dans un article du *Moniteur* (3), l'administrateur municipal Peuchet écrivit: « Ce que l'anarchie des districts a produit renaîtra bientôt sous le régime des sections si, passant les limites de leurs pouvoirs, elles s'occupent des délibérations, lorsque la loi de leur existence n'a pu leur attribuer que des fonctions électives »; et, constatant que les arrêtés les plus étranges sortent de ces « congrès oligarchiques », il demande qu'on réprime « cette indiscipline politique » qui amènerait la destruction de tous les droits. A l'appui de sa thèse, il cite un récent arrêté de la section de Mauconseil, invitant les sections à se réunir pour demander à l'Assemblée nationale qu'il ne soit plus délivré de passeport pour l'étranger ou que les sections soient autorisées à faire publier journellement, dans les papiers publics, les noms de ceux qui demanderont des certificats de domicile dont la délivrance précédera de quinze jours celle des passeports.

Peu après, ce premier avertissement n'ayant pas eu d'effet, le même Peuchet, le 18 février 1791 (4), se plaint encore du rôle illégal ou au moins détourné que les sec-

(1) *Moniteur*, séance du 10 novembre 1790.
(2) Arch. Seine, D. 1001 (assemblées générales de la section des Postes).
(3) *Moniteur*, t. VII, p. 85.
(4) Voy. *Moniteur*, t. VII, p. 401.

tions veulent remplir. Il prétend que cet empiètement de pouvoirs ne peut être toléré, et que le bien même, qui peut résulter de leurs travaux, n'est point une raison pour elles de former dans la capitale autant de conseils d'administration, réduisant la municipalité à n'être qu'une sorte de bureau destiné à en compter les suffrages. « Du reste, ajoute-t-il, les pétitions qu'elles présentent comme le vœu public, parce qu'elles ont acquis la majorité des sections, n'émanent parfois que d'un très petit nombre de citoyens. »

Mais ces observations n'étaient pas pour effrayer les sections et les empêcher de jouir du privilège qui leur avait été laissé, et, qu'à l'occasion, elles défendirent énergiquement. En janvier 1790, ayant demandé à la Commune une convocation qui leur fut refusée (31 janvier 1790), parce que leur demande n'était pas conforme aux règles prescrites, elles protestèrent et en appelèrent, suivant la loi, au directoire du département, qui répondit par l'arrêté suivant (1) :

« Le directoire du département, sur les réclamations qui lui ont été adressées par les citoyens de plusieurs sections de la Commune de Paris, contre un arrêté du corps municipal du 31 janvier dernier; vu ledit arrêté ainsi que plusieurs autres pétitions à lui présentées par des citoyens de différentes sections, toutes contenant des plaintes du refus fait par le corps municipal de convoquer l'assemblée générale de la Commune;

Ouï le procureur général syndic; arrête que l'article xxiv de la loi du 14 décembre 1789, l'article xix du titre I et l'article I du titre IV de la loi du 21 mai 1790 seront imprimés à la suite du présent arrêté.

Et attendu qu'il résulte du texte de ces lois que les citoyens ne peuvent, après les élections, rester assemblés, ni s'assembler de nouveau en corps de Commune sans une convocation ordonnée par le corps municipal; que le corps municipal ne

______

(1) Voy. 1er avril 1791, dans le *Moniteur*, t. VIII, p. 34.

peut refuser cette convocation lorsqu'elle lui est demandée par le vœu réuni de huit sections ; qu'un vœu n'est censé légalement exprimé, que lorsqu'il résulte d'une majorité de voix dans l'assemblée de chacune des sections qui demandent cette convocation ; et qu'enfin chacune des assemblées de section n'est réputée compétente pour exprimer ce vœu que sous deux conditions : la première, d'être convoquée par le président des commissaires de la section, requis à cet effet par cinquante citoyens actifs ; la deuxième, d'être composée de cent citoyens au moins ; le directoire arrête :

1. Que chaque procès-verbal d'assemblée de section tenue pour obtenir une assemblée générale de la Commune, doit être signé par le président des commissaires de la section, lequel doit attester qu'il a convoqué ladite assemblée, et qu'il en a été requis par cinquante citoyens actifs ;

2. Que ce procès-verbal doit constater en outre que l'assemblée qui a exprimé son vœu pour la convocation d'une assemblée générale de la Commune, a été composée au moins de cent citoyens actifs ;

3. Que lorsque les procès-verbaux des assemblées de huit sections désignées conformément à la loi, contiennent un vœu pour la convocation générale de la Commune, le corps municipal ne peut refuser cette convocation ; mais que tout procès-verbal d'assemblée de section qui ne porte pas avec lui la preuve expresse et authentique que les conditions exigées par la loi ont été remplies, ne peut obliger le corps municipal à convoquer la Commune ;

4. Qu'en conséquence le corps municipal de Paris a été fondé à se refuser à la convocation générale de la Commune, sur les réquisitions qui lui ont été faites par des citoyens de la section de Fontaine-de-Grenelle et celle du Théâtre-Français et de plusieurs autres, sans que ces réquisitions aient été accompagnées des procès-verbaux, qui constatent que les dispositions de la loi ont été observées. »

Ordre fut donc donné aux commissaires de sections et aux secrétaires greffiers de se conformer à cet arrêté, et nous voyons qu'à partir du 1ᵉʳ avril on indique toujours

7

le nombre des présents, ce qui n'avait pas lieu auparavant (1). On constate, dès l'ouverture de l'assemblée, qu'elle a été demandée par cinquante citoyens actifs, dont on lit même les noms à haute voix, pour que leur qualité de citoyen actif soit reconnue, et on annexe au procès-verbal de la séance une liste d'enregistrement pour attester le nombre des présents (2).

II

Peu après, la Constituante, pleinement instruite de l'attitude que prenaient les sections, compléta la loi du 21 mai 1790 et l'arrêté ci-dessus du département, par le décret des 18-22 mai 1791. Les assemblées de communes ne pouvaient être ordonnées, provoquées et autorisées, que pour les objets d'administration purement municipale ; toute autre délibération ou convocation devait être regardée comme nulle et inconstitutionnelle. Les citoyens de Paris comme ceux des autres villes étaient tenus, pour obtenir le rassemblement de la section ou de la Commune, de former leur demande par une note signée d'eux, et désignant l'objet d'intérêt municipal sur lequel ils voulaient délibérer, sans pouvoir ensuite appeler la discussion sur d'autres objets étrangers à l'ordre du jour. Le nombre des votants devait être indiqué. Les délégués des sections qui se rendaient à la maison commune pour faire le recensement des vœux, ne pouvaient prendre aucune délibération, ni changer le résultat de celles des sections. Dans le cas où elles n'étaient pas d'accord, on devait réduire la proposition de manière à ce que les sections pussent délibérer par oui ou par non, et le résultat définitif était déterminé par la majorité des votants des sections. Les assemblées

(1) Voy. procès-verbaux de la section des Postes, Arch. Seine, D. 1001 (1er avril 1791).

(2) Procès-verbaux de la section des Postes. Arch. Seine, D. 1001, 9 septembre 1791.

étaient tenues de se séparer aussitôt. Il était défendu à un citoyen ou à une réunion de citoyens de rien afficher sous forme d'arrêté ou de délibération, ni sous toute autre forme obligatoire et impérative.

Armé de ce décret, le Conseil général se montra décidé à ne pas souffrir les empiètements des sections. Nous lisons en effet (1), 20 juin 1791 : « Le corps municipal, instruit que la section des Quinze-Vingts s'assemble journellement sur des pétitions faites, et prétendues signées de cinquante citoyens actifs, pour délibérer sur des objets entièrement étrangers aux objets d'administration et d'intérêt purement municipal ; considérant que ces assemblées et délibérations sont nulles et inconstitutionnelles aux termes de la loi du 22 mai 1791 (art. 2, 3, 4), le corps municipal rappelle aux citoyens des Quinze-Vingts les dispositions ci-dessus de la loi. » Et le lendemain, le Conseil général cassait un arrêté très grave de la section du Théâtre-Français (2), « ordonnant au bataillon Saint-André-des-Arts de ne recevoir d'ordre que du Comité permanent de la section, et de faire arrêter tout aide de camp qui se présenterait sur le territoire de la section ». Cet arrêté mettait la force armée dans la seule dépendance de la section ; les autres n'osèrent s'engager dans cette voie malgré la gravité des circonstances (fuite du roi). Voyant que sa tentative usurpatrice n'avait pas été imitée, la section du Théâtre-Français répondit, aux observations qui lui furent faites, « qu'elle n'avait pris cet arrêté que pour le salut public, qui était la suprême loi, mais que les ordres de la municipalité seraient respectés (3) ».

<hr>

(1) Bibl. nat., mss. fr., acq. nouv., 1702, 20 juin 1791.

(2) Arch. Seine, Conseil général de la Commune, registre 19, 21 juin cité par Michelet, t. III, p. 68.

(3) Rappelons, à cette occasion, que, le 18 avril 1791, le directoire du département avait arrêté que les sections seraient convoquées par la municipalité pour délibérer sur la question suivante : « Faut-il, dans les circonstances, prier le roi d'exécuter son premier projet, qui était d'aller à Saint-

La lacune que nous constations au début est maintenant comblée : l'activité des sections est singulièrement modifiée et restreinte. Leurs prétentions doivent se borner à discuter quelques mesures d'administration municipale ; la direction des affaires, les questions de politique générale, qui les passionnaient tant, leur échappent. La loi ne veut voir en elles que des subdivisions de la capitale, qui, indifférentes aux travaux de la Constituante, ne doivent se mêler que de ce qui concerne immédiatement leur commune. Il leur est interdit de s'appliquer à découvrir les menées des royalistes, de surveiller leurs complots, de dénoncer leurs intrigues. Cette révolution que le peuple de Paris a préparée et commencée, il lui faut la voir attaquer, mettre en péril, en silence, d'un cœur froid, et sans intervenir dans la lutte. Si, en théorie, une section de Paris n'était rien de plus qu'une des divisions correspondantes d'une commune quelconque de France, en réalité la différence n'était-elle pas énorme, et pouvait-on sagement exiger la même conduite de l'une et de l'autre? En considération des services qu'avait rendus la grande cité, et de ceux qu'on était en droit d'en attendre encore, il n'était ni juste ni prudent de lui imposer cette réserve à l'égard de la grande œuvre qu'elle avait entreprise, et qui l'attirait d'un violent amour. Certes Paris était bien excusable de sur-

Cloud, ou bien faut-il le remercier d'avoir préféré rester pour ne pas exposer la tranquillité publique? » La convocation fut fixée, par le corps municipal, au lendemain 19 avril 1791. La section du Théâtre-Français déclara que cette question était « captieuse et, par conséquent, messéante envers une ou plusieurs sections primaires de la nation et, en cette qualité, portions intégrantes du souverain, en ce que cette question double n'était cependant qu'une seule et même question, puisque affirmation ou négation, accordée à l'une ou à l'autre, ne tendaient qu'à approuver la résolution de faire partir le roi à main armée » ; et elle arrêta qu'il n'y avait pas lieu de délibérer sur cette double question. (Bibl. nat., L^b ⁴⁰/2153). Celle des Postes avait décidé que le roi serait invité non seulement à ne pas se rendre à Saint-Cloud, mais encore à renvoyer tous les prêtres réfractaires d'auprès de sa personne, qui, seuls, avaient causé et causaient la fermentation qui s'était manifestée par le vœu unanime de tous les citoyens. (Arch. Seine, D. 1001. Assemblée du 19 avril 1791, de 200 présents ; voir aussi D. 874, section des Invalides.

veiller jalousement le dépôt précieux qu'il avait remis à la garde de l'Assemblée nationale, et d'appeler de tous ses vœux, de favoriser de toutes ses forces, l'épanouissement de cette liberté, pour laquelle il avait souffert et combattu.

A la vérité, la nouvelle réglementation et la volonté ferme du Conseil général d'en exiger l'application, parurent ralentir ou du moins détourner l'ardeur des sections. Nous ne comptons que six séances à la section des Postes du 30 mai au 9 septembre 1791 (1); il est vrai que c'est l'époque des élections pour la Législative. Du reste, à cette date, les sections avaient toute raison de se conformer à la loi, car une grave question d'administration municipale sollicitait alors puissamment leur attention. Durant toute la Révolution, l'alimentation de Paris fut le souci constant et l'une des difficultés les plus sérieuses des pouvoirs publics. Il n'était point d'objet qui pût avoir une influence plus grande sur la conduite de la capitale et la marche des affaires. La famine fut plus d'une fois la cause des soulèvements populaires, qui précipitèrent la Révolution ou en modifièrent le cours ; il importait donc au plus haut point de veiller aux subsistances, qui risquaient de manquer pour des raisons diverses, et les sections, à cet égard, sont dignes d'éloges, car elles s'acquittèrent avec zèle de tous leurs devoirs.

Le 7 septembre 1791, une délégation de la section des Lombards vint annoncer à celle des Postes qu'on se plaignait de la mauvaise qualité de la farine achetée par les boulangers (2). Des commissaires de la section Mauconseil reproduisirent la même accusation. Les boulangers, interpellés à ce sujet, répondirent que la municipalité faisait prendre et accaparer les blés des fournisseurs voisins de Paris, qu'il n'en arrivait plus à la halle, qu'elle les obligeait à prendre un sac sur trois de ce blé vieux et de

---

(1) Voy. Arch. Seine, procès-verbaux de la section des Postes. D. 1001 (9 septembre 1791).
(2) *Ibid.*

mauvaise qualité parce qu'il n'avait pas été soigné. L'assemblée de la section des Postes arrêta que la municipalité serait invitée à rendre compte des mesures qu'elle avait prises et à répondre à ces allégations. Les sections Henri-IV, l'Oratoire, les Gravilliers, Bondy, Sainte-Geneviève, la Bibliothèque, le Louvre, Ponceau, la Croix-Rouge, le Palais-Royal, les Lombards, nommèrent des délégués, qui, réunis au point central (les Lombards), demandèrent la convocation des 48 sections, à l'effet de délibérer sur une réclamation à adresser à la Commune, relativement à l'approvisionnement de Paris depuis la Révolution : la réunion fut autorisée pour le 28 septembre 1791.

Ce jour-là, le corps municipal fit parvenir aux sections plusieurs arrêtés concernant ces farines suspectes (1) : les unes seraient vendues aux amidonniers, les autres mélangées de farine de blé nouveau ; des visites auraient lieu chez les boulangers, auxquels on retirerait celles qui paraîtraient mauvaises. Ces mesures ne satisfirent point les sections, et elles chargèrent leurs délégués de vérifier la véracité du rapport fait au corps municipal par M. Filleul, administrateur au département des subsistances, et, dans le cas où il y aurait lieu à inculpation contre quelque individu que ce pût être, à se procurer les titres authentiques attestant les manœuvres des délinquants. Les commissaires se réunirent de nouveau, mais le corps municipal annula, le 10 octobre 1791, les délibérations qu'ils avaient prises. La gravité de la décision des sections, les dangers qui pouvaient naître de ces réunions de commissaires munis de pleins pouvoirs n'échappèrent à personne, et en blâmant leur conduite, le 18 octobre 1791, Peuchet fit paraître les réflexions suivantes dans le *Moniteur* (2) :

(1) Procès-verbaux de la section des Postes. Arch. Seine, D. 1001 (28 septembre 1791).

(2) *Moniteur*, t. X, p. 139. Voy. aussi dans Robiquet : *Le Personnel municipal de Paris pendant la Révolution*, l'annulation des délibérations illégales des sections, 10 octobre et 26 octobre 1791, pages 631 et suivantes.

« L'Assemblée (constituante) voulut qu'elles (les sections) ne se considérassent que comme fragments ou portions de la Commune, incapables d'exercer d'autre autorité que celle d'élire des représentants, et d'exercer des fonctions subalternes de police locale ; elle ordonna même que ces pouvoirs seraient soumis à des formes qui en empêcheraient l'abus, et laisseraient aux sections les moyens de se rendre utiles, sans devenir importunes par des sollicitations déplacées, ou même dangereuses par un zèle mal entendu. L'objet de leurs délibérations fut fixé à des soins purement attachés au service de la capitale et à l'exécution des lois de police, qui leur est confiée. Cette organisation sage et utile n'a point également plu à toutes les sections, et il s'en est trouvé d'ambitieuses qui, confondant les principes et les choses, ont provoqué des délibérations sur des objets étrangers à leurs devoirs. Le corps municipal à dû opposer le respect et la force de la loi à ces écarts d'habitude ou de l'ignorance particulière... C'est ce qui résulte de son arrêté du 10 de ce mois. Plusieurs commissaires, nommés par les sections, s'étaient réunis et constitués en assemblée, pour délibérer sur les subsistances et émettre un vœu public à cet égard. Le corps municipal a vu dans cette démarche des inconvénients de plus d'une espèce : d'abord, une assemblée de commissaires ainsi constituée serait devenue une occasion de tiraillement, un sujet de rivalité, une cause de division entre elle et le corps municipal. D'un autre côté, la loi du 22 mai 1791 porte « que les commissaires ainsi nommés par les sections se rendront à la maison commune pour y comparer et constater les délibérations prises dans chaque section sans que les commissaires puissent prendre aucune délibération ni changer sous aucun rapport le résultat de celles prises par chacune des sections. C'est conformément à ces principes que le corps municipal à déclaré illégales et nulles les délibérations prises par les commissaires de sections, constitués en assemblée. »

Les sections ne se soumirent point aussitôt. A deux reprises, le 15 et le 20 octobre 1791, l'assemblée de celle des Postes (1) maintint les pouvoirs de ses délégués, les

(1) Voy. procès-verbaux de la section des Postes, Arch. Seine, D. 1001, 15-20 octobre 1791.

invitant à se retirer par devers le département, si le maire ne donnait pas une réponse favorable, et même à en appeler à la Législative, si c'était nécessaire. Cette fois du moins elles se renfermaient bien dans leur domaine et exerçaient un légitime droit de contrôle ; on ne pouvait reprendre que le procédé. Du reste, pendant la fin de l'année 1791, elles ne sortirent point des limites de leurs fonctions et se consacrèrent exclusivement aux objets qui concernaient seulement la capitale. Michelet a écrit quelque part (1) : « Dans les registres des trois sections du faubourg Saint-Antoine, il y a bien moins de politique que de charité. » Cela était général et surtout vrai au commencement de 1792.

III

Mais à ce moment, la situation de la France se complique. Léopold, mort le 1ᵉʳ mars 1792, et que les émigrés et les princes possessionnés en Alsace n'avaient pu décider à la guerre, avait été remplacé par un jeune homme de vingt-quatre ans, François II, moins attaché à la paix. Le 1ᵉʳ avril, la cour de Vienne refusait avec dédain de diminuer ses armements : la guerre était déclarée le 20 avril et ses débuts malheureux avaient leur contre-coup à Paris, où l'on devinait l'intelligence qui existait entre la Cour et l'ennemi.

Sous la double menace du danger intérieur et extérieur, les sections songent à organiser la résistance. Ce qu'il leur faut, pour y parvenir, c'est le droit de libre réunion ; aussi essaient-elles tout d'abord de faire rétablir la permanence, supprimée par la loi du 21 mai 1790. Le club des Jacobins l'avait demandée (5 décembre 1791 et 2 février 1792). Le 28 mai 1792 des députations de la section

(1) Voy. Michelet, t. VI, p. 233.

du Théâtre-Français et de deux autres, Croix-Rouge et Fontaine-de-Grenelle, demandent l'autorisation de se constituer en état de surveillance permanente. La Législative renvoie la pétition au Comité de législation (1). Les sections des Lombards, du Luxembourg, de Mauconseil, adressent même réclamation (30 et 31 mai 1792). Même requête le 10 juin, de la section du Louvre, le 17 juin, de celle de la Croix-Rouge (2); même réponse encore, mais avec mention honorable. A ce moment, le veto royal, opposé aux décrets du 27 mai contre les prêtres insermentés, et du 8 juin pour la formation d'un camp sous Paris (mesure longuement débattue dans les sections), le renvoi des ministres girondins, avaient excité les esprits. Déjà. on avait projeté de fêter l'anniversaire du serment du Jeu-de-Paume. Ce projet reçut des circonstances une signification plus révolutionnaire. Les sections des Quinze-Vingts, de Popincourt, des Gobelins et d'autres, décidèrent d'aller en armes présenter des pétitions au roi et à l'Assemblée nationale, et en même temps de planter un arbre de la liberté sur la terrasse des Feuillants. Il était défendu de présenter des pétitions en armes. Petion, qui favorisait le mouvement, après avoir usé de ruse avec le directoire du département, finit par légaliser un acte irrégulier (3). On ne peut guère dire que le 20 juin fut l'œuvre des sections : peu y avaient pris part. Celles des Tuileries, de Bonne-Nouvelle, des Gravilliers, de Fontaine-de-Grenelle, de la Croix-Rouge, de la rue Poissonnière, approuvèrent dans des adresses la conduite de la municipalité (4). Les citoyens des Postes, le 23 juin, désapprouvèrent ce qui avait été fait, déclarant que Petion et Romainvillier, commandant général, avaient perdu la

---

(1) *Moniteur*, t. XII, séances indiquées ; voy. aussi, 20 juin (les faubourgs), 25 juin (faubourg Montmartre), 8 juillet (Gravilliers), 19 juillet (Lombards).

(2) Pétition de la section de la Croix-Rouge, Bibl. nat., Le 332X, n° 43.

(3) Voy. Mortimer-Ternaux, *Histoire de la Terreur*, t. I, p. 160-161.

(4) M. Tourneux, t. II, n° 6012.

confiance publique (1). On arrêta d'envoyer deux députations, l'une au roi, pour exprimer l'indignation de la section, et l'autre à la Législative, pour demander vengeance contre les fauteurs et les instigateurs du mouvement. Mais cette journée montra aux révolutionnaires ce qu'on pourrait obtenir par la violence.

Les sections n'abandonnaient point le dessein de faire établir la permanence : bien plus, elles l'établissaient en quelque sorte elles-mêmes. La loi du 11-12 juillet 1792, déclarant que la patrie était en danger, avait décrété la permanence des corps constitués; mais les sections ne purent profiter de cette disposition, parce qu'elles ne s'étaient jamais considérées comme des corps constitués, n'ayant ni une autorité bien définie, ni des attributions spéciales, et c'est à cela qu'elles avaient dû l'avantage de pouvoir présenter des adresses et pétitions collectives.

Mais l'exemple était contagieux, et, le 24 juillet, à la section des Postes (2), on arrêta de rédiger une adresse au Corps législatif en prenant pour base : 1° la permanence des sections ; 2° la suspension du pouvoir exécutif pendant le temps de la guerre (le 10 août s'annonce); 3° la convocation des assemblées primaires ; 4° la suppression des états-majors, etc.; et l'assemblée, à « cause des dangers de la patrie, s'ajourna aux mardi, vendredi et dimanche de chaque semaine », jusqu'à ce que la Législative en eût autrement ordonné. L'arrêté ne risquait pas d'être cassé, car la cause était gagnée. Le lendemain, en effet, 25 juillet 1792, sur la proposition de Thuriot, l'Assemblée nationale décréta enfin la permanence des sections. Cette mesure, consignée le 31 juillet sur les registres du département et le 3 août sur ceux de la municipalité, passa presque inaperçue, dit Mortimer-Ternaux (3). Elle fut

---

(1) Arch. Seine, D. 1001, procès-verbaux de la section des Postes, 23 juin 1792.
(2) *Ibid.*, 24 juillet 1792.
(3) Mortimer-Ternaux, t. II, Permanence des sections.

aussitôt appliquée dans les sections (le 27 juillet à celle des Postes).

Ainsi, deux ans après leur création, sous l'empire des plus grands périls, quand la loi « mettait tout citoyen en état de surveillance permanente (1) », les sections obtinrent enfin le droit de se réunir librement, chaque jour, pour s'occuper des affaires publiques. On avait vainement tenté de les en écarter, la nécessité des circonstances les y ramenait. Il faut toutefois bien s'entendre ici : permanence ne veut point dire séance perpétuelle, ni même réunion ininterrompue du matin au soir. C'est faute de l'avoir compris ou vérifié que Taine (2), par exemple, a pu écrire que « les gens occupés et rangés ne pouvaient venir tous les jours et toute la journée aux séances ». Il ne s'agissait point de cela. En temps ordinaire, les assemblées commençaient à 5 ou 6 heures du soir (3), et il était procédé aussitôt à l'ordre du jour par les membres présents, quel qu'en fût le nombre ; elles se terminaient généralement avant 11 heures (4). Ce n'est que dans les cas exceptionnels (nuit du 9 au 10 août, par exemple) que l'assemblée, décidant qu'elle ne désemparerait pas avant la fin des troubles, prolongeait sa séance jusqu'au résultat des événements.

C'est ce que prouve bien le décret du 3 septembre 1792. Sur la plainte de Camus, que le président de sa section exigeait, pour convoquer l'assemblée, une réquisition légale de cinquante citoyens, le Corps législatif, considérant combien il importe, dans les circonstances présentes et toutes les fois que les sections sont en permanence, de faciliter et de rendre prompt, autant qu'il est possible, le rassemblement des citoyens, décide que lorsque les sections sont en permanence, si l'assemblée n'est

---

(1) Proclamation royale du 20 juillet 1792.
(2) Taine, t. II, Permanence des sections.
(3) Procès-verbaux des Postes, D. 1001, 31 juillet-5 août 1792.
(4) *Ibid.*

pas tenante, le président de la section sera tenu de convoquer les citoyens, sur la demande qui lui en sera faite par un seul d'entre eux.

Un autre changement s'accomplit à cette époque dans les réunions. On sait que la Législative avait décrété (1ᵉʳ juillet 1792) que les séances des corps administratifs seraient publiques. Les sections s'empressèrent d'établir, de leur propre autorité, la publicité de leurs assemblées. Elles firent placer des tribunes que remplirent chaque soir des citoyens passifs, des femmes et des enfants. Cette innovation eut de graves conséquences. Mortimer-Ternaux (1) prétend que le même personnel d'émeutiers se transportait, sur l'ordre des chefs, tantôt dans un quartier, tantôt dans un autre. Il est possible, en effet, que la curiosité attirât des spectateurs bruyants et amateurs de troubles dans les sections où l'on pressentait de violentes délibérations, et il est certain que l'attitude des tribunes, qui pouvait être préparée et étudiée, devait influer sur les résolutions prises par l'assemblée. Les femmes mêmes (2), quittant les places qui leur avaient été assignées, se mêlèrent parfois aux citoyens actifs. Il arrivait aussi que, la salle étant trop petite, on priait les enfants et les femmes de se retirer (3).

IV

Ce qui entravait et retardait l'action des sections, c'était le manque d'un centre commun où elles pussent prendre directement et immédiatement connaissance de leurs arrêtés et délibérations réciproques. Pour se les communiquer, elles étaient obligées d'envoyer des commissaires munis de pouvoirs qu'ils déposaient sur le bureau, en se

(1) Mortimer-Ternaux, t. II, p. 199.
(2) *Ibid.*, t. II, p. 426 (Popincourt, 9-10 août 1792).
(3) Arch. nat., F⁷/2509 (Fontaine-de-Grenelle, 30 brumaire an III).

présentant dans une assemblée. Le plus souvent, on admettait ces députés aux honneurs de la séance, et la proposition qu'ils avaient apportée était immédiatement discutée en leur présence. Mais comme les sections ne se réunissaient pas forcément le même jour, il en résultait des retards considérables, et les inconvénients n'auraient pas été moindres après l'établissement de la permanence.

Dès le 27 mars 1791 (1), nous trouvons une circulaire de la section de Fontaine-de-Grenelle, demandant l'institution d'un Comité de réunion des commissaires de sections. « Faute d'un lieu de rendez-vous, on court, y dit-on, sans se trouver. » Et un an plus tard (21 février 1792), les citoyens de Sainte-Geneviève (2) invitent les autres sections à envoyer des commissaires au collège de Navarre, pour la création d'un Comité de réunion, ou bureau de correspondance des sections. Faisant droit à ces réclamations, évidemment fort répétées et devenues sans doute plus générales, le Conseil général, pour faciliter leur entente et accélérer leurs communications, leur accorda un bureau central de correspondance. Le procureur de la Commune les en informa par la lettre suivante (3) :

« Le corps municipal, Messieurs, vient d'arrêter qu'il serait établi au parquet de la Commune un bureau central de correspondance entre les sections de Paris, je m'empresse de vous faire part de cette résolution.

Dans le moment où la permanence des sections vient d'être décrétée par l'Assemblée nationale, il est important qu'elles aient un centre de réunion, où elles puissent faire parvenir promptement, et d'une manière sûre, le résultat de leurs délibérations et arrêtés. La nécessité de l'établissement de ce bureau central se fera aisément sentir; plusieurs sections l'ont depuis longtemps réclamé; les communications seront, par ce

(1) Arch. Seine, M. Barroux, 639.
(2) *Ibid.*, M. Barroux, 672.
(3) Bibl. nat., L^{b40}/1290.

moyen, promptes et assurées; la malveillance, l'incivisme ou la négligence ne pourront, par ce moyen, rien soustraire à la connaissance des citoyens. Il en résultera pour la Commune une grande économie, car alors les sections pourront se dispenser de faire imprimer leurs arrêtés, lorsqu'elles seront assurées qu'ils parviendront exactement aux autres sections.

Chaque section pourra, en nommant un commissaire, soit par semaine, soit par mois, avoir tous les jours connaissance de ce qui aura été fait dans les quarante-sept autres sections, et leur faire également connaître ses arrêtés. Un préposé sera chargé du soin d'enregistrer toutes les pièces que l'on fera parvenir dans ce bureau, d'en donner un reçu aux commissaires des sections, et d'en faire copies pour être remises à chacun d'eux. Les citoyens qui auront quelques écrits concernant les affaires publiques, ou même relatifs à des intérêts particuliers, à faire passer aux sections, pourront les remettre à ce bureau, qui les leur fera parvenir d'une manière certaine.

Signé : MANUEL.

Nota. — Ce bureau sera ouvert tous les jours, depuis 9 heures du matin jusqu'à 3 heures après-midi, et le soir, depuis 7 heures jusqu'à 9 heures. Il sera établi dans les bâtiments du Saint-Esprit, au 2ᵉ étage, par le 1ᵉʳ escalier, près le passage qui communique à la maison commune.

Suit l'arrêté :

Municipalité de Paris. Par le maire et les officiers municipaux. Extrait du registre des délibérations du corps municipal. Du vendredi 27 juillet 1792, an IV de la liberté.

Le procureur de la Commune ayant exposé que les sections désiraient depuis longtemps l'établissement d'un bureau de correspondance, qui serait pour elles un moyen de communication active et rapide; qu'un établissement de cette nature, utile en tous les temps, devenait nécessaire au moment où la loi constituait les sections en état de permanence, et qu'il convenait qu'il fût placé dans la maison commune et sous les yeux du ministère public, spécialement chargé de veiller à l'intérêt commun;

Le conseil municipal a arrêté qu'il serait établi, sous la direction et la surveillance immédiate du procureur de la Commune, un bureau central de correspondance entre les 48 sections, et il a chargé le procureur de la Commune de proposer le nombre de commis qui devra être attaché à ce bureau et la détermination de leur traitement. »

Signé : PETION, maire;
ROGER, secrétaire général.

Michelet (t. IV, p. 283) et Mortimer-Ternaux (t. II, p. 137), qui se rendent parfaitement compte de l'importance de cet arrêté, le datent du 17 juillet 1792, et l'empruntent sans doute à Buchez et Roux (t. XVI, p. 251). C'est une erreur. Outre l'inscription « 27 juillet 1792 » qu'il porte en titre, les expressions deux fois répétées « au moment où la loi constituait les sections en état de permanence », prouvent que la mesure dont il s'agit a suivi et non précédé cette permanence (25 juillet 1792). Ce n'est que le 31 que nous en trouvons mention dans les procès-verbaux de la section des Postes, où l'on ne connaît officiellement l'arrêté que le 2 août. Il eût été connu bien plus tôt, s'il avait été pris le 17. Mais d'où vient cette erreur et comment ne l'a-t-on pas aperçue ? Buchez et Roux ont transcrit exactement l'arrêté municipal, mais avec cette variante « au moment où la loi constituait les *fontions* en état de permanence ». Que signifie cela? Évidemment les auteurs ont, ou recopié ou fait une faute de texte, et nous sommes surpris que la sagacité de Michelet et de Mortimer-Ternaux n'ait pas été éveillée par une expression aussi vague et peu claire, qui ne peut être qu'une altération du vrai sens donné par la lettre que nous avons reproduite surtout pour rectifier cette méprise. C'est donc à tort encore que Mortimer-Ternaux indique (1) que l'un des premiers soins de ce bureau de correspondance fut de presser la nomination des commissaires chargés de la rédaction de l'adresse à l'armée, proposée par la section du Marché-des-Innocents, le 6 juillet, et qui se réunirent les 24, 25 et 26 juillet 1792 à la maison commune.

Cette création d'un bureau central fut une grande force pour les sections ; elles n'étaient plus isolées et pouvaient concerter leurs efforts. Tenues très exactement au courant de tout ce qui se passait dans les assemblées, elles recevaient une direction de cette réunion commune, qui formait, à vrai dire, un Comité central permanent et pouvait devenir une sorte de pouvoir exécutif. Toute motion hardie était aussitôt répandue partout, commentée, exagérée, et, le plus souvent, adoptée. A cette période aiguë de la crise, au plus fort de l'élan, une espèce de rivalité s'empara des sections ; chacune voulait faire mieux ou plus que sa voisine ; toutes aspiraient à la palme civique, qu'elles se disputaient par la vigueur de l'attaque, l'imprévu ou l'habileté des manœuvres ; il n'y eut point vertige, mais entraînement. Nous l'avons déjà constaté. Le 25 juillet 1792 (2), la section du Louvre demande pour tous le droit de citoyen actif ; le 27, celle du Théâtre-Français, qui regretterait d'être devancée, l'accorde, de sa propre autorité, aux habitants de sa circonscription. De même, le 23 juillet, celle de Fontaine-de-Grenelle propose la déchéance de Louis XVI ; le 31 juillet, celle de Mauconseil fait un pas de plus, et, ajoutant à l'audace, déclare le roi déchu. Sans nul doute, l'émulation eut quelque part dans ces délibérations, dont la hardiesse et la gravité forment progression.

Ce qui contribua beaucoup aussi à accélérer le mou-

(1) Mortimer-Ternaux, t. XVI, p. 251. — M. Robiquet, dans le *Personnel municipal de Paris pendant la Révolution*, p. 499 et 500, date aussi l'arrêté du 17 juillet 1792.

(2) Voy. Préfecture de police, procès-verbaux du Louvre.

vement révolutionnaire, ce fut l'autorisation donnée par la Commune aux sections de former une réunion de commissaires à l'hôtel de ville. Ceci n'a rien de commun avec le bureau central, où l'on ne devait point délibérer, et qui n'était qu'une agence de renseignements. Si, plus tard, il devint l'occasion et le lieu des réunions des commissaires, ce fut par tolérance et abus. La première assemblée de commissaires qui se tint à la mairie, eut lieu les 23, 24 et 26 juillet 1792 ; on y élut un président, un secrétaire et on y rédigea un procès-verbal (1). La Commune ne s'opposa pas à cette conduite, et laissa s'établir chez elle, à côté et en dehors d'elle, une nouvelle puissance sans règle ni garantie, qui ne pouvait tendre qu'à la remplacer. Ces commissaires, nommés tout récemment et pour un but bien défini, avec des pouvoirs déterminés, qu'ils étendaient au besoin, étaient, ou du moins se croyaient, bien plus qualifiés pour parler au nom de Paris que des conseillers municipaux élus depuis longtemps, sans mission précise et à ce moment devancés par l'opinion publique.

Ainsi donc, imprévoyance ou maladresse du Conseil, faiblesse d'un pouvoir qui ne sait maintenir son autorité, soit par timidité, soit qu'il ait conscience de l'inutilité de la lutte, voilà autant d'éléments de succès pour les sections ; mais ce qui suscite et précipite leur triomphe au 10 août, c'est plus encore la grandeur et l'imminence du péril. A cette époque enfiévrée, sous la menace d'une catastrophe prochaine où France et institutions pouvaient périr, en présence de la trahison, certaine pour tous, du pouvoir exécutif, l'énergie des sections, l'audace de leurs chefs, ne pouvaient reconnaître ni respecter aucune limite, s'effrayer d'aucun obstacle, hésiter devant aucune résolution. La sagesse n'a plus de place quand disparaît toute mesure. A qui se débat contre la mort, défend-on la violence du désespoir suprême, et, ridicule pédagogue, prê-

(1) Voy. Mortimer-Ternaux, t. II, p. 389.

che-t-on la prudence et la légalité? En jugeant ces hommes, il faut se rappeler les circonstances dans lesquelles ils vivaient. Le 20 juillet, la patrie avait été proclamée en danger : on sait avec quel appareil solennel et lugubre, au grondement des canons du Pont-Neuf et de l'Arsenal, ce décret fut colporté dans tous les quartiers de Paris. L'impression, extrêmement profonde, était toute fraîche encore, quand huit jours plus tard paraissait le manifeste du duc de Brunswick. A cette insolence, répondit un immense cri de colère, de haine, de vengeance, qui s'échappa des cœurs fortement secoués et fut le prélude des graves événements qui allaient se succéder.

V

La Commune avait convoqué les sections pour le 24 juillet, à l'effet de délibérer sur la proposition de celle de Fontaine-de-Grenelle (déchéance du roi). Quarante-sept (1) d'entre elles avaient adhéré à cet arrêté et toutes nommèrent des commissaires qui recensèrent les vœux et rédigèrent l'adresse à l'Assemblée nationale. Présentée le 3 août à la Législative, l'adresse fut renvoyée sans discussion à la Commission extraordinaire, ce qui mécontenta la population parisienne.

La section de Mauconseil, nous l'avons dit, avait déclaré que le roi était déchu et qu'une démonstration armée obtiendrait le 5 août cette déchéance effective (2). Cette déclaration (3) fut dénoncée à l'Assemblée nationale dans la séance du 4 août. Plusieurs sections, 14 d'après Mortimer-Ternaux, l'avaient approuvée (4). Pendant que la Commission des 21 l'examinait, les citoyens des Gravilliers

<hr>

(1) Voy. Mortimer-Ternaux, t. II, p. 393 et suiv.
(2) Bibl. nat., L^b 40/465.
(3) Voy. Buchez et Roux, t. XVI, p. 247 et 248.
(4) Mortimer-Ternaux, t. II, p. 178 et suiv.

vinrent dire : « Législateurs, nous vous laissons encore
l'honneur de sauver la patrie ; mais, si vous refusez, il
faudra bien que nous prenions le parti de la sauver nous-
mêmes. » La section de Saint-Marceau avait promis à celle
de Mauconseil de se joindre à elle, en armes, le 5 août.
Celle de Poissonnière (1), à la suite de l'intervention de
la Commune demandant qu'on ne s'armât pas, et qu'on
attendît le résultat de la délibération de la Commission
extraordinaire, avait décidé de prendre part à la manifestation, mais sans armes. La section des Quinze-Vingts (2),
après la visite d'Osselin, revint le 4 sur la détermination,
prise le 3, de se réunir le 5 à celle de Mauconseil, et arrêta
qu' « elle *patienterait en paix et en surveillance* jusqu'au jeudi suivant (9 août), 11 heures du soir, pour attendre le prononcé de l'Assemblée nationale ; mais que, si
justice et droit n'étaient pas faits au peuple par le Corps
législatif, une heure après, à minuit, le tocsin sonnerait,
la générale serait battue, et tout *se lèverait à la fois* ».

Dans quelques sections, la proposition avait divisé
l'assemblée et causé du désordre : à celle des Postes,
par exemple, le président avait dû lever la séance sans
aller aux voix (3). Mais 2 seulement protestèrent contre
la pétition : l'Arsenal (dans la députation de laquelle
figurait Lavoisier), et qui, du reste, le lendemain, rapporta
son arrêté, et Le Peletier. Brissot, qui habitait dans cette
dernière, expliqua, à cette occasion, « qu'elle était divisée
en deux parties : une, respectable, qui offrait un grand
nombre de patriotes, de ces hommes que l'on désigne
sous le nom de sans-culottes ; l'autre, gangrenée, com-

---

(1) Préfecture de police, procès-verbaux, Poissonnière, p. 199. (Il a été
donné communication par une députation d'une lettre de M. le maire aux
48 sections pour les inviter à ne point aller demain à l'Assemblée nationale, comme l'avait proposé celle de Mauconseil, ou du moins de satisfaire à la loi, en y allant sans armes. La section Poissonnière a l'intention
de ne pas s'y rendre en armes.)

(2) Voy. Buchez et Roux, t. XVI, date indiquée.

(3) Procès-verbaux de la section des Postes. Arch. Seine, D. 1001.

posée de financiers, agents de change, agioteurs. C'est de ce dernier foyer de la contre-révolution qu'était sortie la réclamation (1) ».

L'Assemblée nationale, sur la proposition de Vergniaud, avec beaucoup de ménagement dans la forme, annula l'arrêté de la section de Mauconseil, l'invitant au calme et à la modération. Ce décret fut transmis par le directoire du département à la Commune, avec ordre de le faire publier à son de trompe et, pour que l'effet en fût plus grand, d'en entourer la proclamation de tout l'appareil désirable. Mais l'autorité du directoire sur le Conseil général était illusoire ; la Législative, en levant la suspension de Petion (13 juillet 1792), y avait porté le dernier coup ; aussi le Conseil déclara-t-il qu'il n'y avait pas lieu de suivre les formes prescrites par le directoire du département. Néanmoins, la décision de l'Assemblée nationale ne fit qu'irriter les esprits. Le lendemain, 5 août, la section de Mauconseil vint protester contre le blâme qui lui avait été adressé (2). Deux jours après, 7 août 1792, elle adressait l'arrêté suivant à toutes les sections du département (3) :

« Vos frères de la section Mauconseil sont toujours éveillés sur les dangers de la capitale ; ils voient, avec indignation, un petit nombre d'hommes lâchement cruels, méditer de sang-froid le sac de la première ville du royaume. Pour déjouer l'exécution de leurs sinistres projets, l'assemblée arrête qu'invitation sera faite par des commissaires aux quarante-sept autres sections d'adhérer à la proposition suivante : nommer, dans chaque section, six commissaires moins orateurs qu'excellents citoyens, qui, par leur réunion, formeraient un point central à l'hôtel de ville ; que les fonctions de ces commissaires seraient de s'entendre avec la municipalité sur les moyens d'entretenir le calme et la tranquillité, sans pouvoir, cepen-

(1) Mortimer-Ternaux, t. II, p. 180.
(2) *Ibid.*, t. II, p. 190.
(3) *Ibid.*, t. II, p. 410.

dant, s'immiscer, d'aucune manière, dans les fonctions municipales; que l'objet principal de leur réunion serait de communiquer... les arrêtés de leurs sections respectives, et d'en poursuivre l'exécution auprès de la municipalité. »

Cette proposition réservait, en apparence, les droits de la Commune qu'elle cherchait à rassurer, mais n'était point sincère. Le 9 août 1792, les sections des Gravilliers, de Montreuil, des Quinze-Vingts, de Bonne-Nouvelle, des Innocents, des Gobelins, des Tuileries, informent la section Poissonnière qu'ils sont tous debout, « qu'à minuit, le souverain se lèvera pour reconquérir ses droits ». Au dire des citoyens des Quinze-Vingts, 30 sections avaient adhéré au mouvement (1). Lulier fait décider l'envoi de 6 commissaires à l'hôtel de ville : 3 pour aviser aux moyens de sûreté, 3 pour entretenir la communication entre la Commune et l'assemblée. Les autres sections furent invitées à procéder de même.

Les citoyens des Quinze-Vingts désiraient faire, de leur local ordinaire, le centre de la réunion des commissaires. Par un arrêté du 4 août (2), ils avaient prié les sections de leur envoyer chacune deux commissaires ; mais le 9, à 11 heures du soir, s'apercevant que l'on n'a pas répondu à leur appel, ils nomment trois délégués pour se rendre à la maison commune, et se joindre à ceux des autres sections. Ils les prennent sous leur sauvegarde et déclarent qu'ils ne recevront plus d'ordres que des commissaires de la majorité des sections réunies (3).

D'après la liste dressée par M. Mortimer-Ternaux, 28 sections envoyèrent des commissaires avec des pouvoirs illimités (4). Cette assemblée siégea dans une salle

(1) Mortimer-Ternaux, Section Mauconseil, t. II, p. 411.
(2) *Ibid.*, t. II, p. 231.
(3) Buchez et Roux, t. XVI, p. 407.
(4) Voy. dans Mortimer-Ternaux les noms des 20 sections qui n'envoyèrent pas de délégués, t. II, p. 446.

voisine de celle où était réuni le Conseil général, peu nombreux, par suite de l'absence de beaucoup de délégués. Un des députés de Fontaine-de-Grenelle annonça à sa section, le 10 août, à 6 heures du matin, que le peuple s'était porté en foule à l'hôtel de ville et avait invité les commissaires à prendre provisoirement l'administration de la Commune ; que dans « cette situation impérieuse, ils avaient écouté la voix toute-puissante d'une grande portion du souverain », et, s'étant constitués représentants de la Commune, avaient supprimé la municipalité, cassé le commandant général et élu Santerre, « dont la nomination avait été confirmée par les transports de joie du peuple (1). Les sections qui avaient adhéré à l'arrêté de celle des Quinze-Vingts donnèrent ordre à leur bataillon de marcher sur les Tuileries (2). La section Poissonnière se montra ici la plus hardie : elle cassa et remplaça les officiers du bataillon Saint-Lazare (3).

Ce fut donc une de ces assemblées illégales que la Commune avait laissé former, admises chez elle et prises sous sa protection, qui la chassa et s'installa à sa place. Plus prudente et plus énergique, la Commune eût pu, peut-être, retarder sa perte ; toutefois, dépassée par l'opinion des sections qui étaient à la tête des mouvements révolutionnaires, il lui fallait, ou, comme au 20 juin, prendre les devants et diriger l'insurrection pour assurer son salut, ou, si elle n'en avait ni l'envie, ni le courage, céder à une pression devenue très forte et se retirer docilement.

Mais, pendant que leurs commissaires s'emparaient du pouvoir, que faisaient les sections ? que se passait-il dans leurs assemblées générales ? Il nous reste le procès-verbal

______

(1) Procès-verbal de la section de Fontaine-de-Grenelle, 6 août, cité par Mortimer-Ternaux, t. II, p. 416.

(2) Voy. Mortimer-Ternaux, t. II, p. 238.

(3) Voy. procès-verbaux de la section Poissonnière, Arch. Préfecture police, fol. 200.

d'une de celles qui prirent le plus de part à cette révolution, page d'autant plus intéressante à connaître que Mortimer-Ternaux (1), qui la cherchait, signale son absence du registre des procès-verbaux de cette section. Nous l'avons retrouvée à la Préfecture de police, parmi les débris qui ont échappé à l'incendie : nous sommes donc le premier à la reproduire (2) :

« Ce jourd'hui, 9 août 1792, an IV de la Liberté, huit heures du soir, les citoyens de la rue Poissonnière, réunis en assemblée générale permanente dans l'église Saint-Lazare, à l'effet de délibérer sur les moyens de sauver la chose publique et notamment sur l'intention manifestée par la section des Quinze-Vingts dans ses arrêtés des 4 et 7 de ce mois. L'assemblée ne voulant rien donner au hasard, et ne suivre, en cette circonstance, que l'impulsion de la prudence et du patriotisme, a nommé MM. (quinze noms) pour commissaires, à l'effet de se transporter, sur-le-champ, aux sections des Gobelins, du Théâtre-Français, des Quinze-Vingts, des Gravilliers, des Lombards, de Mauconseil, de Croix-Rouge, de Fontaine-de-Grenelle, des Innocents, des Tuileries, de Sainte-Geneviève et de la Halle-au-Blé, assister à leurs délibérations et en apporter le résultat à la présente section...

... M. le président annonce à l'assemblée qu'il vient de recevoir de M. le maire une lettre (3) dont le secrétaire va faire lecture. Lecture faite de ladite lettre, en date du 9 de ce mois, portant en substance invitation au calme et à la tranquillité, l'assemblée a arrêté qu'elle attendrait le vœu des autres sections pour délibérer. Une députation de la section de Bondy est venue inviter ses frères de la section Poissonnière à faire des patrouilles aux barrières et leur faire part que son intention était de se réunir à la section des Quinze-Vingts. Une députation de la section Sainte-Geneviève est venue

---

(1) Mortimer-Ternaux, t. II, p. 425, dit, à propos de la section Poissonnière : « La feuille de la séance du 9 au 10 août manque. »
(2) Préfecture de police, procès-verbaux des sections, fol. 200.
(3) Voy. Buchez et Roux, t. XVI, p. 402.

pareillement apporter son vœu, qui est que, d'après la lecture
de la lettre de M. le maire, elle suspendait (*sic*) toute détermination sur cet objet. Les commissaires près la section du
Théâtre-Français ont rapporté qu'elle persistait dans ses divers
arrêtés précédemment pris et qu'elle marcherait à minuit avec
ses frères de la section des Quinze-Vingts. Les commissaires
pareillement envoyés à la section des Gravilliers ont rapporté
qu'elle était dans la même intention. Ceux près de la Fontaine-
de-Grenelle ont pareillement rapporté que ladite section
préférerait plutôt mille morts au supplice d'être en opposition
avec ses frères des faubourgs Saint-Antoine et Saint-Marcel et
qu'elle marcherait toujours à côté de ces intrépides patriotes.
La section des Tuileries a pareillement arrêté que le cas
arrivant, elle marcherait en section armée et non en bataillon,
que néanmoins elle attendra le retour de ses commissaires
près des Quinze-Vingts, pour prendre sa dernière détermination. Il a été ensuite donné communication de la section
des Gobelins, laquelle déclare que, persistant dans ses précédents arrêtés, elle va s'armer et marcher.

A minuit sont arrivés les commissaires près la section des
Quinze-Vingts, lesquels ont rapporté l'arrêté pris par ladite
section à 11 heures du soir, duquel il appert qu'elle vient de
nommer trois commissaires pour se rendre à la maison commune, qu'elle invitait (*sic*) les quarante-sept autres sections à
faire de même et que, pour sauver la chose publique, elle ne
prendrait (*sic*) ordre que de ses commissaires.

La section de la Croix-Rouge a pareillement fait passer
l'arrêté qu'elle venait de prendre, par lequel elle déclarait
qu'elle venait de nommer trois commissaires pour se rendre
à la maison commune. Les sections de Mauconseil, des Inno-
cents-Sainte-Opportune, Saint-Jacques-la-Boucherie et des
Lombards ont pareillement fait passer leurs arrêtés, par lesquels
en déclarant (elles déclaraient) qu'étant intimement unies
de cœur et d'esprit à celle des Quinze-Vingts, elles allaient
s'armer et marcher ensemble.

L'assemblée, considérant l'urgence des circonstances et que
le moment était venu où le peuple, reprenant ses droits de
souveraineté, devait penser à se sauver lui-même, en conséquence (*sic*) elle a nommé MM. Fare, Pelletier, Lhermina

pour commissaires, à l'effet de se rendre, sur-le-champ, à la maison commune et coopérer, conjointement avec ceux des autres sections qui s'y trouveraient, à aviser aux moyens de sauver la patrie, leur donnant à cet égard toute autorité nécessaire.

L'assemblée, considérant encore que la municipalité ayant ordonné un rappel à 1 heure du matin, elle ne voulait pas marcher sous des chefs qu'elle n'avait pas nommés, a déclaré qu'elle cassait tous les officiers composant le bataillon de Saint-Lazare, et a nommé, sur-le-champ, d'autres officiers sous les ordres desquels elle entendait marcher. Procédant ensuite à cette nomination, elle a nommé M. Prévot pour commandant en chef, M. Perret commandant en second et MM. Duchenel, Moncelle, Baudier et Mille pour capitaines, leur donnant tout pouvoir de disposer de la force armée de la section pour le plus grand bien de la chose publique; les autorisant à se faire remettre le dépôt des munitions de guerre et d'en faire entre les citoyens les distributions qu'ils jugeraient convenables. (On distribue, en en prenant note, des fusils qui se trouvaient par hasard à l'assemblée.)

Les fédérés des Basses-Alpes, étant à la caserne de la rue Poissonnière, sont venus se présenter à l'assemblée et lui offrir leurs bras et leur patriotisme, en lui observant qu'ils étaient au désespoir de ne pas avoir d'armes pour seconder et défendre leurs frères, les Parisiens; que d'un autre côté, ils sont exposés dans la caserne qu'ils habitent à toutes les manœuvres hostiles des malveillants; qu'en conséquence ils supplient l'assemblée de prendre à leur égard une détermination fixe. L'assemblée, délibérant sur ces deux propositions, arrête qu'ils viendront sur-le-champ habiter la caserne de Saint-Lazare; que là, il leur sera distribué les armes que l'on pourra se procurer, à l'effet de les faire contribuer à la défense commune.

A 3 heures du matin, l'assemblée, apprenant que la générale battait dans tout Paris, a donné l'ordre de la faire battre, sur-le-champ, dans son arrondissement, afin de réunir sous les drapeaux de la liberté le plus de citoyens qu'il sera possible. Ensuite elle a nommé MM. Bocquet, Tochon, Cauchin et Barilly, à l'effet de se rendre sur-le-champ à la maison commune, y prendre les ordres des commissaires qui y sont réunis et les rapporter à la section.

A 4 heures du matin, l'assemblée, ayant appris que les diverses sections de Paris étaient déjà sous les armes et se disposaient à marcher, pour combattre les soutiens du despotisme, a arrêté que, sur-le-champ, elle se retirait sur la place de Saint-Lazare pour se former en ordre de bataille et aller se réunir à ses frères du faubourg Saint-Antoine ; que cependant elle autorisait son président et son secrétaire à assurer un comité permanent, pour surveiller les armements, donner les ordres de sûreté qu'ils jugeraient nécessaires et leur faire passer ceux qu'ils jugeraient convenables.

En conséquence, nous, De Vaudichon et Pinard, nous sommes retirés à la chambre du Comité de la section Poissonnière pour remplir les fonctions qui venaient de nous être déléguées. Où étant, nous avons vu partir le bataillon pour se rendre au faubourg Saint-Antoine, lequel nous a laissé cependant cinquante hommes pour la garde des barrières et cinquante pour garder le chef-lieu. Est arrivé M. Cauchin, rapportant de la maison commune que les commissaires de la majorité des sections réunies avaient pris, pour mesures de sûreté, les suivantes : 1º qu'ils s'étaient emparés de tous les pouvoirs que la Commune avait précédemment délégués ; 2º qu'ils venaient d'ôter à l'état-major, en le cassant, l'influence malheureuse qu'il avait eue jusqu'ici sur le sort de la liberté ; que ces divers moyens ne peuvent (*sic*) être mis en usage qu'autant que la municipalité, qui ne peut agir que d'après les formes établies, serait provisoirement suspendue de ses fonctions ; qu'en conséquence, ils avaient arrêté que le Conseil général de la Commune demeurerait provisoirement suspendu ; que cependant M. le maire, le procureur syndic de la Commune et les seize administrateurs continueront leurs fonctions sous leur surveillance..... A 9 heures, M. Torchon a rapporté que, sur la proposition de l'un des commissaires de la section Poissonnière, ils avaient confirmé, en tant que besoin, la nomination des officiers militaires nouvellement élus par ladite section, en invitant les quarante-sept autres à suivre cet exemple..... »

De Vaudichon, *président ;* Pinard, *secrétaire.*

Mortimer-Ternaux, qui s'efforce de prouver que la révolution du 10 août 1792 ne fut l'œuvre que de quelques agitateurs, dit (1), à propos du procès-verbal de la section des Quinze-Vingts, portant que 13 sections ont approuvé sa proposition, qu'il a pu constater, en consultant les registres de ces sections, que le fait était *faux*. Il se fonde, pour établir cette assertion, sur ce que les procès-verbaux ne font pas mention de cette adhésion. Ce n'est pas une preuve bien certaine. Lui-même a écrit (2) au sujet de la section des Gobelins : « Rien ne constate la nomination des commissaires envoyés à l'hôtel de ville ; il n'est pas douteux. néanmoins, qu'elle les envoya » ; et, page 436 (Croix-Rouge) : « Rien ne constate qu'elle ait adhéré à l'arrêté de Mauconseil ». Or, il est plus que probable que cette section, qui « s'était toujours montrée ultra-révolutionnaire », avait suivi le mouvement. Ces deux inexactitudes ou lacunes. dont l'une est manifeste, auraient pu rendre Mortimer-Ternaux moins affirmatif, s'il n'avait été quelque peu prévenu.

Du reste, en parcourant le « résumé général des délibérations des 48 sections de Paris, à l'occasion du 10 août (3) », on s'aperçoit que le même écrivain ne relève une *incertitude* que pour les 2 sections de Montreuil et de l'Arsenal (4), qui ne désignèrent point de commissaires en assemblée générale, et dont les députés furent choisis par quelques citoyens, après la réunion. Si nous complétons l'une par l'autre les listes d'adhésion fournies par les procès-verbaux des citoyens des Quinze-Vingts et de Poissonnière, nous trouvons que 19 sections envoyèrent des commissaires le 9 août à l'hôtel de ville ; chiffre reproduit dans le procès-verbal de celle de l'Arsenal (5). Mortimer-Ternaux a donc tort.

(1) Mortimer-Ternaux, t. II, p. 228, note 1.
(2) *Ibid.*, t. II. p. 439.
(3) *Ibid.*, t. II, p. 417 et suiv.
(4) *Ibid.*, t. II, p. 413 (Arsenal).
(5) *Ibid.*, p. 414 (Arsenal).

Il commet aussi une erreur, quand il emprunte au procès-verbal de la section de Fontaine-Montmorency la délibération de celle de Poissonnière, relative aux massacres de septembre. On y fait dire à cette dernière section : « Tous les conspirateurs de l'État, actuellement renfermés dans les prisons d'Orléans et de Paris, seront mis à mort avant le départ des citoyens qui volent à la frontière. Les prêtres réfractaires, les femmes et les enfants des émigrés seront placés, sans armes, aux premiers rangs de l'armée qui se rend sur la frontière, pour que leurs corps servent de rempart aux bons citoyens qui vont exterminer les tyrans et leurs esclaves. » Nous avons retrouvé le texte original du procès-verbal et voici ce qu'il contient (1) :

« Un membre a représenté que le danger imminent où se trouve la patrie ne résulte pas seulement de l'entrée des troupes ennemies sur le territoire français, mais bien de ce nombre de malveillants que renferme la capitale, de ces conspirateurs surtout, détenus dans les prisons, dont le jugement est retardé sous différents prétextes; que les citoyens qui vont partir pour les frontières, ne pouvant et ne voulant pas laisser derrière eux des ennemis qui, ne trouvant de courage que dans leur perfidie, ne manqueraient pas, après le départ des bons citoyens pour les frontières, d'aller faire l'ouverture des prisons pour porter, dans tout Paris, la désolation et la mort; qu'il n'y avait d'autre moyen à prendre pour éviter ce danger et augmenter le zèle des citoyens pour partir aux frontières *que de faire faire sur-le-champ une justice prompte* de tous les malfaiteurs ou conspirateurs détenus dans les prisons (répété trois fois), que de faire marcher, en tête des forces à opposer à l'ennemi, les prêtres insermentés, les femmes et les enfants des ennemis dont les corps serviraient de rempart aux troupes citoyennes. »

Bien qu'il n'y ait pas une différence très sensible entre les deux textes, nous pensons cependant que cette me-

(1) Procès-verbaux de la section Poissonnière. Préfecture de police, fol. 204 (Mortimer-Ternaux signale l'absence de cette feuille du registre).

sure est assez grave pour être connue dans ses vrais termes. Au sujet des mutilations des registres des sections, Mortimer-Ternaux (1) prétend que ce sont les auteurs des arrêtés, qui « ont voulu effacer les traces de leur honte ». Pas toujours, car s'il en avait été ainsi, nous n'aurions pas retrouvé ces deux feuillets qui, placés dans un carton spécial, sans doute, ont échappé à la destruction; en tout cas, quelle que fût leur place, ils avaient été rendus à l'administration.

VI

Les exécutions sanguinaires de septembre n'avaient été approuvées que par quelques furieux des sections Poissonnière et du Luxembourg. Dès le 3 septembre, la Législative rendit un décret obligeant la municipalité, le Conseil général, les présidents des sections, le commandant général de la garde nationale et les commandants de section, à se rendre à l'Assemblée nationale pour y prêter individuellement le serment de maintenir de tout leur pouvoir la liberté, l'égalité, la sûreté des personnes et des propriétés, et de mourir, s'il le fallait, pour l'exécution de la loi. Le même serment devait être prêté entre les mains des présidents de sections par tous les citoyens. Des commissaires de la Législative allèrent porter ce décret dans toutes les sections; partout, ils furent bien reçus; aux Postes, Cambon fut accueilli avec enthousiasme (2).

On songea à s'unir pour prévenir le retour de pareils malheurs, qu'on redoutait pour le 20 septembre

----

(1) Mortimer-Ternaux, t. II, p. 200, en note.
(2) Arch. Seine, D. 1001, 3 septembre 1792. Cette même section avait, la veille, envoyé trois députations successives pour « arracher à la mort » deux citoyens « qui sont exposés à se trouver enveloppés, quoique innocents, dans le sort qu'éprouvent les autres prisonniers ».

1792 (1). La section de l'Abbaye, « toute frémissante encore du massacre », selon l'expression de Michelet (2), proposa aux autres de former entre elles une confédération pour se garantir réciproquement leurs propriétés et leurs vies. Chaque citoyen porterait toujours avec lui une carte délivrée par sa section sur certificats des voisins ; il devrait la présenter à toute réquisition des corps de garde, piquets ou patrouilles, tenus de la réclamer à tout passant et de mettre en état d'arrestation quiconque ne l'aurait pas. En cas d'oubli, les citoyens seraient conduits à leur section pour s'y faire reconnaître. Dès qu'un citoyen muni d'une carte réclamerait des secours pour lui ou sa propriété, tous les habitants de la maison, de la rue, du quartier, de la section, de la ville devraient y voler (3).

C'est au même sentiment d'humanité qu'obéirent les sections du Mail (4), du Marais, des Lombards en prenant sous leur protection les signataires des pétitions des 8,000 et des 20,000, souvent menacés de mort : on demanda qu'on fît brûler l'original des fameuses listes déposées à l'Assemblée nationale. La Commune, dans sa séance du 4 septembre, sur la proposition d'oublier l'incivisme de ces pétitionnaires et de les regarder comme des frères, passa à l'ordre du jour, motivé sur « ce qu'il est bien dans le cœur de tous les citoyens de conserver les propriétés et de défendre les personnes, mais non pas de fraterniser aveuglément avec des hommes qui propageaient le royalisme de tout leur pouvoir, non plus que de donner dans un tolérantisme qui pourrait perdre la

(1) Buchez et Roux, t. XVIII, p. 33.
(2) Michelet, t. V, p. 133.
(3) Voy. *Patriote français*, 11 septembre 1792. — *Moniteur*, 12 septembre 1792, n° 256.
(4) L'assemblée générale de la section du Mail prit, le 4 septembre 1792, un arrêté portant qu'elle se rendait garante envers les citoyens de la violation qui pourrait avoir lieu, dans l'étendue de son territoire, soit des personnes, soit des propriétés (Arch. Seine, D. 949).

chose publique (1) ». Le 6 septembre, la section du Mail revint à la charge ; le Conseil général maintint sa première décision.

La Législative décréta, le 8 septembre 1792, que l'original de ces listes serait brûlé et invita les citoyens qui auraient des listes imprimées à les anéantir (2) ; puis, le 19 septembre 1792, elle prescrivit de nouvelles mesures de sûreté et de tranquillité publiques, appliquant, en quelque sorte, les projets des sections.

La fin de 1792 et le commencement de 1793 furent, en grande partie, consacrés aux élections dont nous avons parlé dans le précédent chapitre. Une certaine effervescence se produisit dans les sections après l'échec de Dumouriez dans le Nord (20 février-5 mars 1793). Le 8 mars, sur le rapport de Delacroix et de Danton, qui revenaient de leur mission auprès de Dumouriez, la Convention crut devoir envoyer des commissaires (3) dans les sections, pour les instruire de l'état de la Belgique et inviter les citoyens à voler aux frontières. La Commune (4) adressa (8 mars) une proclamation aux habitants, se déclara en permanence (10 mars), et engagea les sections à suivre son exemple.

Paris, dit Michelet (5), « semblait amorti », « les assemblées générales y étaient à peu près désertes » mais, à cette occasion, il se « retrouva ». L'assemblée irrégulière (6) des délégués des sections, qui se tenait le plus souvent à l'évêché, et qui, en octobre 1792, à l'ouverture de la Convention, avait pris une initiative extrêmement violente (droit contesté à la Convention de faire des lois), et que Couthon avait blâmée aux Jacobins, essaya

---

(1) Procès-verbaux de la Commune du 10 août p. 92 et 98.
(2) Plus tard la Commune en ordonna la réimpression (en décembre 1792). Mortimer-Ternaux, t. V, p. 560, et Bibl. nat., Lb 40/226.
(3) Voy. Aulard. *Actes du Comité de salut public*, date indiquée.
(4) Buchez et Roux, t. XXV, p. 13.
(5) Michelet, t. VI, p. 353 et suiv.
(6) *Ibid.*, p. 359 et 81.

de créer un mouvement contre l'Assemblée nationale. Un des meneurs dont elle était composée, Varlet probablement, est l'auteur d'une motion hardie qui fut adoptée par la section des Quatre-Nations, après avoir été vainement présentée à celle des Gravilliers (1). Nous la connaissions par le discours de Vergniaud à la Convention (12 mars 1793); elle figure parmi les débris de procès-verbaux de la Préfecture de police (2), dans le compte rendu de la séance de la section du Théâtre-Français.

Ce compte rendu nous apprend que cette section s'était déclarée en insurrection, avait autorisé son Comité de surveillance *à lancer des mandats d'arrêt* contre les citoyens qui lui « paraîtraient suspects pour leur opinion contraire à la Révolution », et pris sous sa sauvegarde les patriotes de sa circonscription. La section Poissonnière avait demandé que les députés brissotins fussent arrêtés, celle de Mauconseil également (3). La section de la Cité s'était aussi déclarée en état d'insurrection permanente, ce qui voulait dire, d'après ses explications au Conseil général, « permanence armée (4) ». Enfin, les citoyens des Quatre-Nations avaient pris l'arrêté célèbre : « Républicains, voulez-vous êtes libres? voulez-vous sauver la patrie?... » Mais le lendemain, ils rapportèrent cet arrêté et, le 16 seulement, la section du Théâtre-Français rédigea une adresse à la Convention, disant : « qu'attaquer son inviolabilité et méditer la perte d'un de ses membres, c'était l'attaquer tout entière, c'était conspirer la ruine du peuple français ».

« Cependant, citoyens, dimanche, 10 courant, l'assemblée générale du Théâtre-Français, dite de Marseille, en état de

____

(1) Michelet, t. VI, p. 360.
(2) Préfecture de police. Théâtre-Français, fol. 265.
(3) Michelet, t. VI, p. 381.
(4) Buchez et Roux, t. XXV, séance du Conseil général, 10 mars.

permanence, vit paraître, dans son sein, de ces hommes dénaturés, indignes d'être Français, puisqu'au lieu d'aimer la patrie ils ne veulent que déchirer douloureusement son sein ; une délibération vexatoire, sanguinaire, contraire à la justice éternelle, a été frauduleusement insérée dans le registre. L'assemblée n'était alors composée que de dix-huit à vingt membres... Aujourd'hui, l'assemblée, composée de la majorité de ses membres, a barré ledit arrêté dont la plus longue existence souillerait le patriotisme dont les pages de son registre sont remplies. »

Ce procès-verbal montre comment on profitait du moment où la plupart des citoyens se retiraient de la réunion, pour enlever un vote et arracher une adhésion compromettante. Ce n'était point pourtant manque de précautions de la part des sections. La police des assemblées fut en effet l'objet constant de leurs préoccupations. Elles varièrent, accumulèrent les mesures, pour prévenir les troubles ou rétablir l'ordre. A celle des Postes (1), le 27 juin 1792, on nomme quatre censeurs placés aux quatre coins de la salle, pour inviter les perturbateurs à sortir. Le 31 juillet, on décide que ceux qui voudront protester contre un arrêté seront tenus de signer leur protestation ; et le 31 août, on arrête : 1° qu'un membre ne pourra parler qu'après avoir obtenu la parole ; 2° qu'il ne pourra parler plus de trois fois sur le même objet ; 3° que celui qui enfreindra les deux articles précédents sera rappelé à l'ordre par le président, la première fois sans être désigné, la deuxième fois nominativement, la troisième fois avec censure, la quatrième fois avec exclusion, si l'assemblée le juge à propos. On convient enfin de dresser la liste de tous ceux qui demanderont la parole et d'entendre alternativement les orateurs pour et contre Le lendemain, on exige, à l'entrée, la carte de citoyen actif ; le 8 août, on invite l'officier du poste du bataillon

(1) Procès-verbaux de la section des Postes (Arch. Seine, D. 1001, 27 juin 1792).

Saint-Eustache à placer, pendant la tenue des séances permanentes, deux sentinelles en surveillance dans l'église, à partir de 10 heures du soir.

Mais ces mesures, bonnes pour une assemblée modérée et peu divisée, ne suffisaient plus à une époque où chaque section était formée de deux camps, absolument hostiles, qui, de force à peu près égale, se disputaient la majorité. Pendant trois mois, en effet, va s'engager sans trêve ni merci la lutte entre les Girondins et les Montagnards.

Dès le 28 mars, sur la proposition des citoyens des Droits-de-l'Homme, 27 sections nomment des commissaires, pour s'occuper sans relâche « des moyens de sauver la République de l'abîme dans lequel la faction calomniatrice et liberticide, et des généraux perfides veulent engloutir la chose publique et la liberté ». Réunis à l'évêché, ils forment « l'assemblée centrale de salut public, correspondant avec les départements, sous la sauvegarde du peuple ». Chaumette explique au Conseil général qu'ils se sont rassemblés là, parce qu'il n'y a pas de place à la maison commune et leur fait obtenir des frais de bureau (1).

Le 2 avril, cette assemblée illégale est dénoncée à la Convention par la section du Mail, qui retire les pouvoirs de ses commissaires, ainsi que d'autres sections. Barère félicite la députation et ajoute : « Une nouvelle tyrannie tend à s'élever, c'est celle d'un Comité central, appelé de salut public, qui correspond avec les départements, et qui, s'établissant à côté de la Convention nationale, seul centre de la République, semble vouloir lutter contre elle. Les sections de Paris, n'ont pas le droit d'usurper cette souveraineté nationale, n'ont pas le droit de former ce Comité central, » et la Convention déclare : 1° que la section du Mail a bien mérité de la patrie ; 2° que le maire de Paris sera mandé à sa barre pour rendre compte de ce

____

(1) Buchez et Roux, t. XXV, p 236.

qu'il sait relativement au rassemblement des commissaires de sections à l'évêché ; 3° qu'elle emploiera la plus grande fermeté pour abattre la nouvelle tyrannie qui s'élève. Chaumette vint annoncer que les commissaires avaient été désavoués et leurs arrêtés cassés. La section des Droits-de-l'Homme elle-même dit qu'on s'était mépris sur ses intentions (1).

La conspiration était cette fois étouffée ; mais ce n'était que partie remise. Le 3 avril, arrivent à Paris deux graves nouvelles : celle de l'arrestation de Camus et de ses trois collègues, et celle de la proclamation de Dumouriez, prévenant les administrateurs du Nord qu'il marche sur la capitale : on juge de l'émotion qu'elles y causèrent. A ce moment se discerne bien l'action exercée par les Jacobins sur les sections : du club part en quelque sorte l'inspiration qui dirige leurs délibérations, l'étincelle qui met le feu aux poudres. Robespierre (2) y dit : « N'allez point offrir vos bras et votre vie, mais demandez que le sang des scélérats coule, que tous les bons citoyens se réunissent dans leurs sections et viennent, à la barre de la Convention, nous forcer de mettre en état d'arrestation les députés infidèles (3). »

Ces conseils furent entendus des sections les plus avancées. Le 4 avril, celle du Théàtre-Français (4) annonce qu'elle va marcher contre l'ennemi et aussi contre les traîtres ; celle des Gravilliers propose de faire partir d'abord les signataires des pétitions des 8,000 et des 20,000 ; celle des Quatre-Nations demande que l'on mette en arrestation les membres de l'Assemblée constituante qui ont voté l'inviolabilité du tyran, et les membres de la Législative qui ont voté l'impunité de La Fayette. Le

---

(1) *Moniteur*, séance du 2 avril 1793.

(2) *Journal du Club des Jacobins*, nᵒˢ 388, 389, cité par Mortimer-Ternaux, t. VII, p. 38.

(3) La société des Jacobins envoie des circulaires aux sections (Voy. compte rendu de la réunion, F⁷/2494, 31 mai 1793).

(4) *Moniteur* (à ces dates).

8 avril, la section Bonconseil veut poursuivre, dans toutes ses manifestations, le complot de l'infâme Dumouriez. « Ce n'est pas seulement dans ses légions que le traître avait des complices. Le peuple n'est-il pas fondé à croire qu'il en avait jusque dans votre sein? ne peut-il pas accuser ceux qui voulurent sauver le tyran, ceux qui par leurs calomnies contre la ville de Paris et les sociétés populaires voulaient armer les départements contre cette ville? La voix publique vous indique les Brissot, les Gensonné... »

Le 9 avril, les citoyens de la Halle-au-Blé font circuler une pétition analogue dans les 47 autres sections. Enfin, le 15 avril, des commissaires des sections de Paris, ayant à leur tête Pache et Hébert, demandent à présenter une pétition qui a reçu l'adhésion de 35 d'entre elles et l'assentiment du Conseil général, et tendant à expulser 22 membres de la Convention. Buzot fit rendre le décret suivant (1): « La Convention nationale décrète que la pétition annoncée au nom de la majorité des sections de Paris sera entendue; qu'après sa lecture, les pétitionnaires seront tenus de la signer individuellement et qu'elle sera ensuite renvoyée aux sections, afin que tous ceux qui l'ont faite, ou qui y ont donné leur adhésion, soient tenus d'y apposer leur signature individuelle dans leur section respective. » En conséquence, le 17 avril, sur la proposition de Chaumette, le Conseil général renvoya la pétition aux sections récalcitrantes, pour une nouvelle délibération. A la séance du 18 avril (2), Vergniaud revint sur cette question, releva la maladresse de la Convention en signalant la façon dont les signatures étaient recueillies :

« Les rédacteurs et leurs amis, dit-il, se répandent au même instant dans les sections de Paris. Chaque émissaire dit à la

(1) Mortimer-Ternaux, t. VII, p. 145, note 1.
(2) *Moniteur*, séance du 18 avril 1793.

section où il se présente : « Voici une pétition qu'il faut
signer. — Lisez-la. — Inutile, elle est déjà adoptée par la
majorité des sections. » Ce mensonge réussit auprès de quelques-unes d'entre elles, où plusieurs signent de bonne foi sans
lire. Dans plusieurs on lit et on se contente de passer à l'ordre
du jour. Qu'arrive-t-il? Les intrigants et les meneurs demeurent jusqu'à ce que les bons citoyens se soient retirés. Alors,
maîtres de la délibération, ils décident qu'il faut signer la
pétition et ils signent. Le lendemain, quand les citoyens arrivent à la section, on leur présente la pétition à signer et on se
prévaut, contre eux, de la délibération prise la veille. S'ils
veulent faire quelques observations, on leur répond par ces
mots terribles : « Signez, ou point de certificat de civisme. » Et
comme sanction à cette menace, plusieurs sections, où règnent
en maîtres les rédacteurs des listes de proscriptions, décident
que l'on changera les cartes civiques et refusent d'en accorder
de nouvelles à ceux qui ne veulent pas signer la pétition. On
ne s'en tient pas à ces manœuvres, on aposte, dans la rue, des
hommes armés de piques pour forcer les passants à signer. »

A la suite de ce discours, la Convention, revenant, en
quelque sorte, sur son opinion, improuva la pétition qui
lui avait été présentée le 15 avril 1793.

VII

Si les patriotes avaient recours à de tels procédés pour
assurer le succès de leurs arrêtés, c'est que des luttes violentes se livraient alors dans les sections. Plus nombreux, les modérés, aristocrates et girondins, avaient
réussi à se rendre maîtres des assemblées générales.
Pour ressaisir l'influence, un furieux effort fut fait par les
sans-culottes au commencement de mai 1793. Ils organisèrent, entre les sections voisines, une véritable alliance,
espèce de société de secours mutuel, qu'on constate dans
plusieurs procès-verbaux de cette époque. C'est ainsi que
le 5 mai une députation de Bonconseil ayant annoncé à

la Convention qu'elle jurait de maintenir l'intégrité de l'Assemblée nationale, le soir même les patriotes firent appel aux amis des quartiers voisins « en vertu d'un procès-verbal de réunion des Lombards et de Bonconseil, en date du 12 avril 1793, par lequel les deux sections s'étaient promis et juré union, fraternité et assistance, dans tous les cas où l'aristocratie voudrait anéantir la liberté (1)».

Les Lombards envoyèrent, ainsi que les Amis-de-la-Patrie, quantité de citoyens justement alarmés des troubles occasionnés par les malveillants, pour porter aide et assistance. Ensuite on députa 12 commissaires dans les autres sections pour leur faire part de l' « arrêté fraternel qui liait les sections des Lombards, de Bonconseil et des Amis-de-la-Patrie, demander à toutes la même fraternité, donner l'accolade de paix au président de chaque section et jurer assistance et secours pour terrasser les perturbateurs de l'ordre public (2) ».

En même temps, on informe la Commune des difficultés de la situation (3); les administrateurs de la police viennent avec de la force armée dans les sections agitées, en expulsent les modérés, fauteurs des désordres, les arrêtent, puis les relâchent sur l'intervention de la Convention. Mais les sans-culottes des Quatre-Nations, de Molière-et-La-Fontaine, du Pont-Neuf, de la Réunion... étaient dépossédés du pouvoir : le mouvement devenait réellement inquiétant (4).

Le 6 mai 1793, sur la proposition de Chaumette, et « pour réparer les malheurs qui affligent les amis de la République », la Commune arrêta (5) que, tant que les dangers de la patrie dureraient, tous les corps administratifs, les autorités constituées, les présidents des

---

(1) Mortimer-Ternaux, t. VII, p. 218.
(2) Même mesure à la section des Postes (Voy. Schmidt, t. I, p 22).
(3) Buchez et Roux, t. XXVI, p, 359 et suiv.
(4) « Dans presque toutes les sections les chaises ont été cassées. » Schmidt, t. I, p. 189.
(5) Buchez et Roux, t. XXVI, p. 369.

sections, ceux des Comités révolutionnaires et civils seraient invités à se rassembler en présence des citoyens, deux fois par semaine, le jeudi et le dimanche matin, dans un lieu assez vaste pour y délibérer sur les mesures à prendre en commun, en vue du maintien de l'ordre et du salut de la République. Tout membre du Conseil qui chercherait à y semer la division serait dénoncé aux sections et retiré d'un poste où il pourrait être dangereux. Un Comité de surveillance serait formé à la Commune pour correspondre avec les 48 Comités révolutionnaires de Paris. Enfin, « tant que le patriotisme ne dominerait pas dans les assemblées de sections », pour y augmenter le nombre des vrais amis de la République, le Conseil général et les autres corps administratifs ne tiendraient pas de séance le dimanche soir et les jours d'élections.

Deux jours après, à la Convention (8 mai 1793), Robespierre (1) disait : « L'aristocratie a osé lever la tête dans ces derniers temps. Je demande que tous les gens suspects soient gardés en otage et mis en arrestation ; que pendant les jours de crise, les intrigants qui affluent dans les sections en soient sévèrement chassés par les patriotes ; que la classe estimable et industrieuse puisse y assister journellement, et qu'à cet effet, chaque fois qu'un artisan emploiera un jour de son travail à porter les armes ou à assister à une assemblée politique, il reçoive une indemnité. »

La politique était l'une des causes des luttes violentes qui se livraient dans les sections ; ce n'était pas la seule. A ce moment, en effet, de graves opérations avaient lieu dans leurs assemblées générales, qui procédaient au recrutement des volontaires pour la Vendée. L'importance des mesures qui furent prises exige que nous entrions dans quelques détails.

(1) Mortimer-Ternaux, t. VII, p. 221. Michelet dit à tort (t. VII, p. 92) que cette motion eut lieu le 13 mai.

On sait (1) que le département de l'Hérault avait, le 27 avril 1793, présenté à la Convention une pétition tendant à décréter une « levée par indication du sort », et dont les dépenses seraient couvertes par un emprunt forcé. Toutes les sections de Paris adhérèrent à cet arrêté qui fut, aussi, bien accueilli par l'Assemblée nationale. Le contingent de la capitale ayant été fixé à 12,000 hommes, on se mit aussitôt à l'œuvre.

La Convention voulut se tenir au courant de ce qui se passait : le 8 mai, sur la proposition de Thuriot, elle décréta que des commissaires pris dans son sein se transporteraient dans les sections, pour y « recueillir l'esprit qui les animait et reconnaître les moyens qu'elles avaient adoptés pour fournir leur contingent et former une masse de fonds destinés à lever cette armée ». Le lendemain, 9 mai, les commissaires dirent « que partout ils avaient vu éclater l'énergie du patriotisme et l'amour le plus exalté de la liberté (2) », et firent voter la loi suivante : « La Convention nationale, ayant abandonné au civisme des sections de Paris le mode de leur recrutement particulier, approuve les différentes mesures que chaque section a cru devoir prendre. » Chaque bataillon devait partir dès qu'il serait complet et organisé. Les dispositions de la loi du 26 novembre 1792 s'étendaient aux citoyens qui périraient en combattant les rebelles, et cet article ne devait en aucune manière « atténuer ou annuler les engagements pris envers leurs citoyens par les sections respectives ». Le Conseil exécutif fournirait aux citoyens de Paris les effets d'armement et d'équipement qu'il aurait, et, attendu que le contingent devait être complété sous trois jours, « la Convention s'en rapportait pour le

---

(1) *Moniteur*, séance du 27 avril 1793.

(2) Le 13 mai, la section du Finistère se plaignit de n'avoir pas été visitée. (Voy. à ce sujet les explications données par les commissaires à cette même séance dans le *Moniteur*).

surplus au zèle des bons citoyens des corps administratifs et des sections de Paris ».

Il faut remarquer ici comment, grâce aux difficultés du moment et à l'impuissance où est l'Assemblée nationale de suffire à toutes les tâches et d'embrasser tous les détails, s'étendent les pouvoirs des sections. La loi les autorise à opérer en toute liberté leur recrutement, c'est-à-dire, non seulement à désigner ceux qui doivent former le bataillon requis, mais encore à fixer les sommes qu'elles jugent nécessaires pour amener les enrôlements, rémunérer ceux qui partent et indemniser leurs familles.

Combien il était téméraire, dans des circonstances si graves, de faire abandon de tels privilèges à des sections dont on ne pouvait ignorer les prétentions ambitieuses et qui, conscientes de leur force et du besoin qu'on avait de leur concours, se sentaient invitées à agir en pleine indépendance, à s'affranchir de toute tutelle (1) !

Des sommes considérables furent ainsi engagées : on promit jusqu'à 400, 500 livres à chaque volontaire, sans compter ce que devaient toucher les parents, ni ce que coûtait l'équipement (2). C'est ainsi que le 13 mai 1793, la

(1) Les sections se montrèrent bien vite peu disposées à renoncer au privilège accordé. Le 15 mai 1793, celle de l'Ile-Saint-Louis, délibérant sur un arrêté pris la veille par le Conseil général et ordonnant communication des contributions volontaires, déclare cet arrêté « attentatoire aux droits du peuple » et défend à son président et à ses commissaires de se rendre à la réunion indiquée et de communiquer le registre de ses contributions (Bibl. nat., Lb 40/1837).

(2) La section de Popincourt promit 100 livres au départ, 400 livres au retour et 20 sous par jour à la femme et aux enfants. Celle des Lombards, 15 livres par mois à la femme, 7 livres 10 sous à chaque enfant et 6 sous par jour aux volontaires (Arch. Seine, D. 890). La section des Gravilliers avait voté 200 livres pour chaque volontaire; ce chiffre fut porté à 250, le 21 mai, sur leur réclamation (F7/2486, Arch. nat.). Celle des Piques, 400 livres (F7/2475, 19 août 1793). Les engagements envers les volontaires ne datent pas seulement de mai 1793; dès décembre 1792 on trouve des comptes de sommes promises par les sections (D. 976, Arch. Seine, 19 décembre 1792). Voy. à ce sujet les *Procès-verbaux de la Commune de Paris*, 3 septembre 1792, p. 85-87. Voy. aussi l'arrêté de l'assemblée générale permanente de la section de Bondy, déclarant, le 9 mars 1793, que tout citoyen français qui s'enrôlera pour secourir les Belges et Liégeois, sera

section du Panthéon demanda à la Convention de lui avancer 150,000 livres. Cette somme est accordée, mais elle devra être remboursée, dans le délai d'un mois, par les citoyens qui composent cette section, d'après un mode de contribution arrêté et convenu entre eux. Elle était remise à la section sur la « soumission solidaire de 20 membres, notoirement solvables de ladite section, de rembourser cette somme dans le délai fixé ». Ce même jour, 70,000 livres étaient mises à la disposition de la section des Tuileries, et pendant les mois de mai et juin, presque à chaque séance, de pareils prêts furent faits aux sections sous les mêmes réserves.

Pour rembourser ces emprunts, les sections firent des collectes, levèrent des impôts sur les riches. Nous avons retrouvé à la préfecture de police (1) le mode de contribution qui fut adopté par celle des Lombards : « L'impôt, y est-il dit, sera commun à tous les citoyens de la section dont les salaires publics ou les revenus fonciers et industriels excéderont 1,200 livres de revenu annuel ; il aura pour base le revenu connu ou présumé de chaque citoyen, suivant le tarif qui sera fixé et soumis à l'assemblée générale par la commission (commission de 20 membres nom-

---

vêtu et armé par « la chose publique » ; que les femmes, enfants, pères et mères des citoyens peu fortunés seront nourris et leurs loyers acquittés aux frais des citoyens de la section ; qu'à cet effet, les propriétaires et fonctionnaires salariés de la section seront invités à s'imposer eux-mêmes, et que si la soumission n'est pas suffisante, l'assemblée fixera elle-même le montant de la cotisation (Arch. Seine, D. 784).

(1) Préfecture de police, pièce 174 des Registres des procès-verbaux des sections (5 septembre 1793). Le 20 floréal an II (9 mai 1794), la section de Marat adresse à ses habitants un appel de fonds, leur rappelant les engagements contractés envers les défenseurs sortis de son sein et leurs parents peu fortunés. « Jusqu'à présent, nous avons payé par des collectes et offrandes volontaires : la persuasion a suffi ; cependant, les besoins augmentent... les obligations atteignent 150,000 livres... C'est par des collectes que nous pouvons satisfaire à nos engagements, la section se propose de donner le tableau de ses recettes et dépenses, pour prouver l'emploi des deniers et la sagesse de ses délibérations » (Bibl. nat., L^b 40/1954). Cette section était jalouse, on le voit, de sa bonne gestion. Déjà, le 13 janvier 1793, elle avait fait une protestation en faveur de Momoro, accusé de déprédation dans les fonds de la section (Bibl. nat., L^b 40/2157).

mée par les citoyens cautions, auxquels se joignaient six
commissaires désignés par l'assemblée générale). On arrêtait ensuite la proportion à établir selon les différentes
catégories de citoyens : rentiers, industriels, commer-
çants, ecclésiastiques, célibataires, pères de famille, etc.;
c'était une sorte d'impôt progressif (1).

La loi du 18 fructidor an II (4 septembre 1794), assimi-
lant les défenseurs de la patrie, enrôlés par les sections, à
ceux qui jouissaient des secours ou indemnités accordés
par la loi du 13 prairial an II (1ᵉʳ juin 1794), portait que
les communes ou sections qui leur avaient promis une
condition plus avantageuse seraient tenues de parfaire
l'excédent et y fourniraient, par les moyens qu'elles avaient
employés jusqu'à ce jour, conformément au décret du
9 mai 1793. Celle du 13 frimaire an III, relative aux
comptes à rendre par les différents Comités de sections,
ajoutait (article 14) qu'il serait pourvu par un rôle supplémentaire et par des sous additionnels aux besoins que les
communes ou sections pourraient avoir, pour se conformer à la loi du 18 fructidor an II.

A la longue, les sections durent éprouver des difficultés
à se procurer toutes les sommes qu'elles avaient promises : c'est du moins ce que semble indiquer l'arrêté
ci-dessous du Comité des finances (2) du 9 germinal an III
(29 mars 1795) : « Le Comité des finances, vu les diverses
questions présentées par les sections de Paris, sur les
moyens de satisfaire aux engagements qu'elles ont contractés envers les citoyens qui se sont enrôlés pour la
défense de la patrie, et sur l'exécution des lois des 9 mai

(1) Voy. dans Buchez et Roux, t. XXVI, p. 399 et 400, la progression
établie le 3 mai 1793 par le Conseil général pour l'emprunt de 12 millions.
Le 25 juin 1793, le Comité révolutionnaire de la section Faubourg-du-
Nord se plaint que, ayant imposé le citoyen Santerre, fabricant, de
900 livres, il a refusé de payer cette somme et même de recevoir les
lettres que le Comité lui a adressées à ce sujet. Le Comité de salut public
du département maintient l'imposition de 900 livres que ledit Santerre devra
acquitter dans trois jours (Arch. nat., BB ³/81, 25 juin 1793 et p. 61).
(2) Bibl. nat., mss, fonds fr., acq. nouv. 2687, fol. 54.

1793, 18 fructidor an II, et 13 frimaire an III ; considérant que les engagements sont à la charge des sections ; arrête, qu'il ne peut être accordé aucune avance de fonds pour l'acquit de ces engagements. » Les sommes nécessaires devront être imposées par un rôle supplémentaire sur les contribuables, qui sera soumis au département et rendu exécutoire par son approbation.

VIII

Nous avons tenu à donner, sans interruption, tous les renseignements que nous possédions sur cette question fort intéressante, qui montre la liberté accordée aux sections dans leur recrutement et l'autonomie dont elles jouirent relativement aux impôts à prélever sur leurs citoyens. Il nous faut maintenant revenir au commencement de mai 1793. Grâce à l'ensemble des mesures dont il a été parlé, les patriotes finirent par l'emporter dans les sections et poursuivirent leur dessein de purger la Convention.

Dans un de ses rapports, l'observateur Dutard renseigne ainsi son ministre Garat(1) : « Dans presque toutes les sections, ce sont les sans-culottes qui occupent les comités de surveillance ; ce sont eux aussi qui occupent le fauteuil, qui ordonnent l'intérieur de la salle, qui disposent les sentinelles, établissent les censeurs et les reviseurs. Cinq ou six espions, habitués de la section, soldés à quarante sous, y sont depuis le commencement jusqu'à la fin de la séance ; ce sont des hommes à tout entreprendre....... La faction vient de former un Comité central des commissaires des 48 sections qui doivent se réunir à l'évêché pour correspondre avec toutes les sections et la Commune de Paris. » L'existence de ce Comité fut dénoncée (18 mai)

(1) Schmidt, t. I, p. 222 et suiv.

à la Convention par Barère (1), qui en avait été instruit par des citoyens de la section de l'Oratoire.

Un arrêté de la Commune (13 mai) (2) ordonnait que le désarmement et l'arrestation des gens suspects seraient dévolus au maire et à l'administration de police, et que le mode en serait discuté en secret. En exécution de cet arrêté, les administrateurs de la police convoquèrent des délégués des Comités révolutionnaires. La réunion eut lieu le 19 mai, à l'hôtel de ville. Les députés de 35 ou 37 sections y étaient présents. On décida d'abord qu'on ne tiendrait pas de registre de délibérations ; aussi ne sait-on que vaguement ce qui y fut résolu, probablement l'arrestation de quelques membres de la Convention. Le lendemain, Pache, qui présidait, s'opposa à ce que l'on continuât la discussion de mesures aussi graves ; la séance du 21 n'eut pas lieu : il ne s'y était trouvé que 13 commissaires. Dès lors, ce « Comité central révolutionnaire » se concerta à l'évêché avec le Comité central des commissaires des sections.

Le 23 mai, la section de la Fraternité, dont le président avait été chassé du Comité central révolutionnaire, le 19 mai, parce qu'il prenait des notes, dénonça le complot formé contre le salut public dans les assemblées des 19 et 20 mai 1793. Le lendemain 24 mai, celle de la Butte-des-Moulins renouvela cette dénonciation. Sur le rapport de Viger, la Convention décréta que les assemblées générales des sections devraient être levées tous les soirs à 10 heures et que mention en serait faite sur le procès-verbal. Le président était responsable de l'exécution de cette prescription. Aucun étranger à la section ne pouvait prendre part aux délibérations ; enfin, dans le cas où les sections avaient des communications à se faire, leurs commissaires respectifs ne pouvaient être admis, qu'après avoir

(1) *Moniteur*, séance du 18 mai 1793.
(2) Schmidt, t. I, p. 220.

justifié des pouvoirs qui leur avaient été remis. Le département avait rendu un règlement d'après lequel il était défendu d'apporter aux assemblées des armes ou des bâtons : on devait donner à la porte par écrit ses nom, prénoms et surnoms (1).

La commission extraordinaire des Douze, créée le 18 mai, demanda aussitôt aux sections communication de leurs registres contenant les arrêtés pris depuis un mois (2). Quelques-unes refusèrent : le Faubourg-Montmartre, l'Unité, la Cité. Dobsent, le président de celle-ci, et le secrétaire furent arrêtés (24 mai). Ces arrestations faites la nuit illégalement, celle d'Hébert, amenèrent des réclamations des sections et la cassation de la commission extraordinaire (27-31 mai).

Nous n'avons pas l'intention de raconter les événements des 31 mai et 2 juin. Nous rappelons seulement que le club de l'évêché nomma un Comité d'exécution de 6 membres, qui s'entendit avec Dobsent. La Cité proposa la nomination de deux délégués par section, qui, avec des pouvoirs illimités, délibéreraient à l'évêché, sur les moyens de sauver la République (29 mai). 33 sections furent représentées. Leurs 66 commissaires, le 31 mai, suspendirent et réintégrèrent le Conseil général, et nommèrent Hanriot commandant de la force militaire de Paris. Un Comité révolutionnaire central composé, au dire de Pache, de 25 membres, 10 nommés par les commissaires de l'Évêché et 15 adjoints par la réunion convoquée par le département, le 31 mai aux Jacobins (3), s'installa à l'hôtel de ville et organisa l'insurrection. La générale fut battue, le tocsin sonna dans toutes les sections ; on promit 40 sous (31 mai), puis 6 livres (1ᵉʳ juin) à ceux qui s'armeraient. Une délégation de la Commune présenta, sans succès, une pétition à l'Assemblée natio-

(1) Michelet, t. VII, p. 122.
(2) Mortimer-Ternaux, t. VII, p. 266.
(3) *Ibid.*, t. VII, p. 369.

nale le 1ᵉʳ juin (1), demandant l'arrestation de 27 Girondins : la force armée en cernant la Convention, l'amena, le lendemain, 2 juin, à accorder tout ce qu'on exigeait d'elle.

IX

La victoire des Montagnards ne rétablit pas la tranquillité dans les assemblées : les Girondins, toujours nombreux, ne désarmèrent pas, et on s'y battit avec la même ardeur. Pour se prolonger après 10 heures, elles se constituaient, à cette heure, en sociétés patriotiques et continuaient leurs séances bien avant dans la nuit (2). « Chaque discussion n'est pas une dissertation, mais un combat (3). » « Pourtant, il est d'observation certaine que, dans les sections les plus enragées de Paris, le modérantisme y domine si fortement que les modérés l'emportent à chaque fois qu'ils veulent s'en donner la peine. Si tous les marchands de vins et rôtisseurs de Paris fermaient boutique à la fois, les garçons qu'ils ont chez eux étrangleraient tous les factieux (4). »

Aussi les sans-culottes s'entr'aident; à la section du Luxembourg, le 4 juin, on apprend qu'une députation de celle du Théâtre-Français, composée de plus de 100 membres se dispose à venir dans l'assemblée; les uns racontent qu'ils sont armés, d'autres opinent pour qu'on ne les reçoive pas. Ils entrent et disent qu'ils ne viennent point, ainsi que des malveillants avaient voulu le faire entendre, avec une force armée, mais qu'ils

---

(1) Séance du soir qui n'avait pas été provoquée par le Comité de salut public malgré la promesse qu'il en avait faite à Marat et à Pache. Une centaine de membres seulement étaient présents (Mortimer-Ternaux, t. VII, p. 373). Le mouvement sérieux n'eut lieu que le lendemain.

(2) Thiers, t. I, p. 525.

(3) Schmidt, t. I, p. 377.

(4) Schmidt, t. II, lettre 155, 23 juin.

viennent prêcher l'union, la paix et la fraternité... On annonce que la cour du séminaire est remplie de députés de différentes sections, « ce qui fait pâlir les aristocrates ». On introduit des commissaires du Conseil général, qui qualifient l'assemblée de la veille de contre-révolutionnaire. Les arrêtés de la séance précédente sont rapportés et on décide que les patriotes des sections qui viendront dans celle du Luxembourg pour fraterniser auront voix délibérative, « comme partie intégrante de la même commune (1) ».

La lutte devint si chaude et le danger si grand pour les patriotes, que Marat, en juin (2), demanda à la Convention de supprimer cette permanence qu'il avait autrefois défendue (6 janvier 1793) contre les attaques des Girondins. Il représenta que les riches intrigants et les malveillants y accouraient en foule, tandis que les journaliers, ouvriers et artisans, ne pouvaient s'y rendre pour réprimer les menées criminelles des ennemis de la liberté.

La mesure était souhaitée même des sections : « Les aboyeurs de la faction paraissent désirer l'abolition de la permanence ; ils s'en expliquent même et disent que l'aristocratie y remplit partout les assemblées, qu'il n'est plus possible d'y rien faire (3). »

(1) Bibl. nat., L^b 40/1933. Voy. aussi Préfecture de police : Champs-Elysées, 9 juin 1793, fol. 27 ; Fédérés, juillet, fol. 144. Déjà le 20 mai 1793, un citoyen de la section des Droits-de-l'Homme avait demandé et l'assemblée avait arrêté à l'unanimité et comme principe indivisible de la sans-culotterie, que partout où une ou plusieurs sections se trouveraient réunies à une autre, les sections réunies ne formeraient qu'une même et seule assemblée, et que les délibérations seraient communes à toutes (Arch. Seine, acq. nouv.).

(2) *Moniteur*, t. XIV, 766. Au Comité de salut public du département, on fit aussi la proposition de demander la fin de la permanence (19 juin 1793) ; mais à l'unanimité le Comité passa à l'ordre du jour. Un mois plus tard, le 12 juillet 1793, il arrêta d'envoyer une adresse aux sections pour les engager à fixer le nombre de leurs assemblées à trois par semaine « pour des raisons qui seront motivées dans ladite adresse » (Arch. nat., BB 3/81, 19 juin et 12 juillet 1793).

(3) Schmidt, t. II, p. 170, 24 juin. Ce n'était pas cependant l'opinion de tous. Nous lisons, en effet, dans Schmidt, t. II, p. 190 : « Les sans-culottes demandent que la responsabilité pèse sur tous les fonctionnaires publics,

C'était le moment des grandes résolutions, car toutes
les difficultés s'aggravaient et n'étaient point à Paris
seulement. La guerre civile se déchaînait sur toute la
France. Lyon le 25 mai, Marseille le 2 juin, Bordeaux
le 7 juin, s'étaient déclarés en insurrection. La Corse
s'était révoltée, la Vendée était en feu, et Mayence
et Valenciennes capitulaient le 1ᵉʳ août 1793.

Danton (1), le 7 septembre 1793, reprenant la théorie sou-
tenue par Robespierre au 8 mai, demanda qu'une indemnité
fût allouée aux sans-culottes nécessiteux qui assisteraient
aux assemblées. Le 9 septembre 1793, sur la proposition de
Billaud-Varenne, la Convention, pour ramener le calme
dans la capitale, décréta : 1º qu'il n'y aurait désormais
dans les sections de Paris que deux séances par semaine,
le dimanche et le jeudi ; 2º que les citoyens qui n'avaient
d'autres ressources pour vivre que le travail journalier
de leurs mains pourraient réclamer une indemnité de
quarante sous par séance. Elle ne devait être payée
qu'à ceux qui étaient présents à toute la séance, ouverte à 5 heures et terminée à 10 heures.

La somme nécessaire au paiement de cette indemnité
était perçue sur les contributions en sous additionnels et
avancée par le Trésor public ; en conséquence la Trésorerie
nationale tenait à la disposition du ministre de l'intérieur
jusqu'à concurrence de la somme de 120.000 livres, qui
pouvait être avancée à la municipalité de Paris. Des
commissaires nommés dans les sections certifieraient
l'état des besoins des citoyens compris dans l'article II
et constateraient la présence dans les séances. Les percepteurs des contributions directes de Paris acquit-
teraient, chacun dans leur arrondissement, le montant

ministres et Convention même ; par là, on viendra à bout d'épurer ce parti,
qui a toujours choisi et nommé les généraux qui nous ont trompés. C'est
pour que nous ne portions plus sur leur conduite un œil d'observation
qu'ils ont supprimé nos assemblées. »
(1) *Moniteur*, 5 septembre et 9 septembre 1793.

de l'indemnité, sur les certificats remis par les commissaires des sections. La somme répartie sur les sous additionnels serait versée dans le Trésor public.

Il semble que cette solution, réclamée à plusieurs reprises par les chefs des démocrates, aurait dû satisfaire pleinement au moins le parti avancé ; il n'en fut pas tout à fait ainsi. La section des Droits-de-l'Homme(1), sous l'influence de Varlet, refusa cette indemnité. Le faubourg se piqua d'honneur. Les citoyens des Quinze-Vingts dirent : « Nous avons fait la Révolution sans intérêt et nous continuerons de même. » Aux Jacobins (2), un membre annonça que la section du Contrat-Social, dont il faisait partie, et celle de la Halle-au-Blé demandaient le rapport du décret : « Les sans-culottes, dirent des citoyens, ont fait et maintiennent gratis la Révolution. » Sentex, Terrasson, Chabot se déclarèrent opposés à ce vœu ; car, si on le réalisait, les riches seuls pourraient assister aux assemblées de sections.

Naturellement les aristocrates blâmèrent aussi la loi au nom de la morale, soutenant que c'était avilir le peuple que de lui donner 40 sous pour l'accomplissement de ses devoirs civiques. Plus tard, on a prétendu que l'application de cette mesure avait donné lieu à de criants abus : les ouvriers (3), dit-on, se rendaient en grand nombre à l'ouverture des séances, se faisaient inscrire, puis sortaient aussitôt pour « boire bouteille » et ne reparaissaient qu'à la fin de la réunion, avec des dispositions au désordre, nullement au courant des discussions et appuyant bruyamment les propositions les moins sages. Après le 9 thermidor, Cambon (4), à la Convention, accusera les sections de dilapidations : « Depuis trois

---

(1) Arch. Préfecture de police, procès-verbaux des Quinze-Vingts, 12 et 13 septembre 1793, cités par Michelet, t. VIII, p. 290.
(2) Aulard, *La Société des Jacobins*, t. V, p. 405.
(3) Taine, t. III, p. 300, note 2.
(4) *Moniteur*, 4 fructidor an II (21 août 1794).

mois, dit-il, on apporte à la Trésorerie des rôles qui se montent à 1,203, 1,204, 1,205 livres, quand il n'y a jamais plus de trois cents personnes présentes et même que toutes ne sont pas payées (1). » Et il ajoute que ceux qui reçoivent l'indemnité sont des gens qui gagnent jusqu'à 20 francs par jour dans les ateliers de la République, et que les vrais nécessiteux sont seuls oubliés.

Nous essaierons tout à l'heure de répondre aux accusations de Cambon, assez vagues du reste ; mais *a priori* on peut être surpris qu'il y ait eu tant d'exagération dans les dépenses, car un arrêté du corps municipal du 1ᵉʳ octobre 1793 invita les sections à rédiger, pour prévenir les gaspillages, un règlement au sujet de l'exécution de la loi du 9 septembre 1793. Nous avons retrouvé, à la Préfecture de police, celui qui fut adopté par l'assemblée générale des Gravilliers. Il est divisé en deux parties :

1º *Moyens de constater quels sont les citoyens qui ont droit à l'indemnité.*

L'assemblée générale a nommé 8 commissaires, qui formeront le Comité dit des indemnités et se réuniront au moins trois fois par décade et régulièrement le lendemain de chaque séance de la section. Ils feront connaître les jours, heure et lieu de leurs réunions, et feront publier pendant trois jours le présent règlement, pour inviter les citoyens ayant droit à l'indemnité à se conformer aux règles prescrites par l'assemblée générale. Celui qui voudra jouir de ce droit devra faire certifier, par le capitaine et le lieutenant de sa compagnie, qu'il n'a pour vivre que le travail de ses mains. En cas de refus, le capitaine indiquera, sur une liste, les motifs de son refus et remettra cette liste au secrétaire de l'assemblée générale, au Comité civil. Ce Comité pourra ou confirmer ou annuler le refus, mais devra à son tour soumettre la liste

____

(1) Thiers trouve sans doute ces chiffres insuffisants ; il dit qu'on payait 1,200 membres, tandis qu'il n'y en avait que 300. Les présents répondaient pour les absents, et l'on se rendait alternativement ce service (t. II, p. 102).

de ses refus à l'assemblée générale, qui statuera définitivement. Muni de ce certificat, le citoyen se fera inscrire par le Comité des indemnités sur un registre *ad hoc* numéroté par compagnies. Le Comité ajoutera, sur la carte d'entrée du citoyen, du côté peint en rouge : Comité des indemnités, le numéro de sa compagnie et celui de son inscription sur le registre le secrétaire signera cette note.

2° *Moyens de constater la présence non interrompue des citoyens pendant toute la durée de la séance.*

Chaque citoyen ayant droit à l'indemnité devra se présenter entre 5 ou 6 heures ; s'il arrive plus tard, il perdra ses droits pour la séance. Dès 5 heures, à la porte d'entrée, deux des membres du Comité se feront représenter les cartes d'entrée rouges de tous les citoyens indistinctement. Quand ils en trouveront une timbrée du Comité des indemnités, ils demanderont au porteur sa carte de sûreté et vérifieront son signalement. S'il est exact, ils remettront au citoyen ces deux cartes et en outre un billet de présence, timbré de la griffe de la section, et signé des deux commissaires de service, et sur lequel seront écrits la date de la séance, le nom de famille de celui à qui il sera destiné, et son numéro d'inscription. Ce billet ne sera valable que pour la séance indiquée.

Les deux commissaires dresseront une liste à trois colonnes : la première contiendra les noms de ceux qui auront reçu des billets de présence, la deuxième le numéro de leur inscription, la troisième les observations. A 6 heures, ils cesseront de distribuer les billets de présence et veilleront, jusqu'à la fin de la séance, à ce que ceux qui en ont reçu ne s'absentent pas plus d'une demi-heure au maximum. Pour pouvoir exercer strictement cette surveillance, ils ne laisseront sortir personne, sans se faire présenter la carte d'entrée. Lorsqu'ils en rencontreront une timbrée du Comité des indemnités, ils retireront le billet de présence du porteur, en notant l'heure de la sortie, sur la liste ci-dessus indiquée. S'il rentre avant une demi-heure, son billet lui sera rendu et on constatera l'heure de cette rentrée. S'il reste plus long-temps absent, il sera rayé de la liste et perdra son droit à l'indemnité pour cette séance. Pour éviter trop de com-plications, il était défendu aux ayants droit de sortir pour quelque cause que ce fût entre 5 et 6 heures, à moins toutefois qu'ils ne fussent chargés d'une mission publique, et, dans ce cas, les commissaires en prenaient note.

On se présentait deux fois par mois au Comité pour le paiement de l'indemnité contre le reçu des billets de présence. Si une fraude était découverte par un citoyen quelconque, elle devait être signalée à l'assemblée géné-rale, qui, dans sa sagesse, fixait la peine à infliger.

Ce contrôle rigoureux, s'il a été régulièrement fait, a dû empêcher les abus, ou du moins les réduire considéra-blement. Il faut aussi remarquer que dans les assemblées générales, fréquentées depuis qu'elles étaient rares (à la section des Invalides (1), l'une des moins peuplées, le 20 germinal an II (9 avril 1794), le trésorier des indigents est élu par 172 votants, et le 19 floréal an II (8 mai 1794), 308 membres prennent part au choix du président), les assistants, dont beaucoup ne recevaient rien, et dont plusieurs étaient hostiles à cette rétribution, durent exer-cer une surveillance active sur la façon dont elle était accordée. Mais il y a plus : la loi du 13 frimaire an III (3 décembre 1794) obligea tous les citoyens, autorités constituées ou agents qui, en vertu d'un ordre, mandat ou délibération, avaient perçu ou reçu en dépôt, depuis le commencement de la Révolution, des sommes, effets

----

(1) Procès-verbaux de la section des Invalides. Arch. nat., F⁷/2510, 20 germinal et 19 floréal an II. Voy. Schmidt, Sections de Guillaume-Tell, assemblée nombreuse, t. II, p. 159 (15 mars) ; de Marat, grand mouvement, t. II, p. 160 ; des Arcis, nombreuse et bruyante ; du Contrat-Social, très nombreuse, t. II, p. 194.

ou marchandises provenant des recettes extraordinaires (taxes, par exemple, collectes volontaires) à en fournir le compte, à Paris, aux commissaires nommés *ad hoc* dans chaque section. Ces commissaires devaient prendre toutes les informations nécessaires à cette vérification, et les citoyens étaient invités à leur fournir tous les renseignements qu'ils pouvaient avoir à ce sujet. Si l'on se rappelle que nous sommes à une époque où la réaction prend sa revanche, on comprendra que les comptes, rendus par les sans-culottes malmenés, durent être examinés très sévèrement.

Nous avons découvert deux de ces comptes généraux (1), dans lesquels figurent naturellement les indemnités accordées pour l'assistance aux assemblées. Dans celui du Théâtre-Français nous lisons : « Il paraît, d'après les renseignements qui nous sont venus à ce sujet, que cette indemnité a fait, pour notre section, depuis le 15 septembre 1793 jusqu'au 30 thermidor an II (17 août 1794), une somme totale de 11,774 livres. » A la suite sont annexées les listes des onze paiements mensuels effectués : elles varient de 824 à 1,198 livres. Dans la section du Mont-Blanc (2), le total s'est élevé à 8,352 livres et on ne relève que 20 livres d'erreur dans le compte rendu. En observant que, dans les 11 mois écoulés, il y a eu, à raison de 2 par décade, un minimum (car il a pu y en avoir d'extraordinaires) de 66 assemblées générales, on calcule aisément qu'à la section du Théâtre-Français une moyenne de 89 citoyens recevaient l'indemnité; à celle du Mont-Blanc, cette moyenne n'atteignait pas 64, vraisemblablement le tiers des présents, ce qui n'était point excessif à une époque de misère.

(1) Bibl. nat., mss. fr., acq. nouv., 2707, fol. 237 et suiv. (Théâtre-Français).

(2) Bibl. nat., mss. fr., acq. nouv., 2707, fol. 247; 2657, fol. 247 (Mont-Blanc).

X

Néanmoins cela constituait une grosse dépense, hors de proportion avec les services que ces assemblées rendaient. C'est pourquoi, le 4 fructidor an II (21 août 1794), sur la motion de Bourdon, la Convention rapporta le décret du 9 septembre 1793, et décida, en même temps, que les assemblées générales n'auraient plus lieu que les décadis. Il y eut une protestation inutile pour obtenir le rétablissement des deux séances par décade (1).

Les sections, en effet, n'avaient plus cette belle ardeur des premiers jours : déçues dans leur espérance d'arriver à une situation meilleure par la politique, dépossédées par le gouvernement révolutionnaire de la plupart des droits dont elles avaient joui précédemment, elles commençaient à se lasser de tant d'efforts stériles, et se montraient peu sensibles aux événements qui ne les atteignaient pas directement dans leur vie matérielle. Elles ne conduisaient plus, mais suivaient docilement leurs Comités, dont les membres ne dépendaient que des Comités de salut public et de sûreté générale de la Convention. La politique se faisait en dehors d'elles, dans les sociétés sectionnaires, dont nous parlerons plus loin. On en vint même jusqu'à leur défendre de s'intituler assemblées primaires : le 20 floréal an II (9 mai 1794), une lettre de l'agent national de la Commune les prévint que, sous un gouvernement révolutionnaire, il n'y avait point d'assemblées primaires et que toutes leurs réunions devaient être appelées assemblées générales, quel qu'en fût

____

(1) Schmidt, t. II, p. 239. Voy. aussi Arch. nat., F⁷/2510, assemblées générales de la section des Invalides, 10-20 vendémiaire an III : pétitions analogues des sections de Montreuil, de Montmartre. Celle des Marchés fait même proposition : Arch. nat., F⁷/2509, assemblées de la section Fontaine-de-Grenelle, 10 vendémiaire an III.

l'objet (1). C'était leur rappeler que l'abdication était complète.

Pourtant, au commencement de 1794, à l'occasion de la chute des Hébertistes, une certaine animation régna dans quelques sections. Le 14 ventôse an II (4 mars 1794), le club des Cordeliers avait décidé que la déclaration des Droits de l'homme, inscrite sur un tableau placé dans la salle des séances, serait voilée « jusqu'à ce que le peuple eût reconnu ses droits sacrés par l'anéantissement de la faction ». Cette mesure était un appel à la révolte et présageait, dit-on, un nouveau 2 juin. Le moment était fort opportun : la disette sévissait cruellement sur Paris, malgré la création de l'armée révolutionnaire (5 septembre 1793). La Commune avait dû fixer à une livre de viande par décade la ration de chaque personne.

L'appel des Cordeliers fut entendu, mais il y eut division dans les sections ; chacune avait son esprit de parti ; l'une était pour Hébert, l'autre pour Danton ; celle-ci pour les Cordeliers, celle-là pour les Jacobins ; on craignait que ce désaccord n'allumât la guerre civile. Le 21 ventôse an II (11 mars 1794), celle de la Montagne arrête qu'une députation de 24 de ses concitoyens se transportera, le lendemain, à la Convention, pour lui exprimer « l'indignation qu'elle a ressentie en apprenant que les Droits de l'homme, espoir des malheureux, consolation de l'homme de bien, ont été voilés et que l'on a osé manifester la volonté coupable de faire lever le peuple en masse pour assouvir des vengeances particulières, pour forcer la Convention nationale à frapper un parti que l'on n'aperçoit nulle part..., que, pénétrée des sentiments de patriotisme et de justice qui animent les représentants du peuple, la section de la Montagne s'en repose entièrement sur eux du soin de punir, avec cette sévérité

____

(1) Voir Arch. nat.. F⁷/2510. assemblées générales de la section des Invalides, 20 floréal an II.

dont elle a donné tant d'utiles exemples, les intrigants assez hardis pour oser encore former des conspirations(1). »

Les Hébertistes furent arrêtés dans la nuit des 23-24 ventôse an II (13-14 mars 1794). A peu près toutes les sections approuvèrent ces arrestations ; toutefois, la conduite de deux au moins inspirait des inquiétudes, celles de Mucius-Scœvola et de Marat. Ce jour-là, leurs assemblées furent très tranquilles et personne n'y parla en faveur des conspirateurs ; mais le lendemain, 15 mars 1794, il y eut un grand mouvement dans la section de Marat : quelques citoyens proposèrent d'aller en masse à la Convention demander l'élargissement des prisonniers ; la discussion fut violente, et le calme ne se rétablit que par l'arrestation de douze ou quinze meneurs (2).

Si faible qu'il soit, c'est bien le dernier effort d'indépendance qui se manifesta dans les assemblées générales. Peu à peu, une épuration scrupuleuse et outrée en chassa le moindre élément révolutionnaire, en opposition avec les idées du jour. C'était le remède à la mode, toujours efficace, pour guérir les dissidents. « C'est pour la troisième fois, dit un membre de la Société populaire des Lombards, que nous passons au scrutin épuratoire ; il faut espérer qu'à présent les Jacobins nous regarderont comme leurs frères ; nous avons chassé les intrigants ; le premier de nous qui tergiversera sera de suite chassé comme un scélérat (3). » La section de Maison-Commune faisait passer la liste de ceux qui avaient été rejetés au Comité de salut public avec les mots : « Non assidus à leurs devoirs (4). »

<hr>

(1) Voir Schmidt, t. II, 11 mars 1794.

(2) *Ibid.*, 14, 15 et 16 mars 1794. — « Les discours de Saint-Just, lu dans le temple de la Raison, ci-devant église Saint-Augustin, a été écouté avec la plus grande attention ; on y a vu des citoyens des deux sexes (*sic*) verser des larmes. A présent, disaient les sans-culottes, nous n'aurons plus de confiance dans tous ces braillards qui n'étaient occupés qu'à faire des motions insidieuses » (20 mars 1794).

(3) Schmidt, t. II, p. 170 (19 mars 1794).

(4) *Ibid.*, t. II (20 mars 1794).

Ainsi amputées, les assemblées générales devinrent incapables de résistance et se prêtèrent à tout ce qu'on exigea d'elles. Voici ce qu'écrit, le 29 mars 1794, un des observateurs répandus dans Paris pour renseigner le gouvernement : « Dans la salle du Tribunal révolutionnaire, trois citoyens, après s'être montré leurs cartes de Sociétés populaires, parlèrent des mesures de rigueur qui étaient à l'ordre du jour dans leurs Sociétés respectives, et si l'un disait : « Nous avons chassé déjà 80 membres douteux », l'autre annonçait que dans la sienne on était sur le point d'en chasser 100. L'un, qui était de la section des Piques, disait que quelquefois il ne se trouvait à l'assemblée générale que 10 membres de la Société, qu'ils suffisaient pour faire trembler le reste de l'assemblée. « Lorsqu'un citoyen de la section, ajoutait-il, fait une proposition qui ne nous convient pas, nous nous levons tous et nous crions que c'est un intrigant et un signataire. C'est ainsi que nous imposons silence à ceux qui ne sont pas dans le sens de la Société. » Un des interlocuteurs a dit que la Société de Maison-Commune était composé d'une grande quantité de maçons, à qui l'on faisait faire tout ce qu'on voulait (1).

Pendant plusieurs mois, leurs réunions sont sans intérêt. On y fait la lecture des Droits de l'homme, des lois nouvelles, des harangues les plus applaudies à la Convention, on y donne connaissance des listes de passeports, de certificats de civisme et de résidence qui ont été demandés ou accordés, et enfin, à défaut d'autre objet, on y est réduit à écouter des discours d'enfants dont quelques-uns n'ont que trois ans et demi (2)!

Michelet a donc raison de dire qu'à cette époque les assemblées de sections étaient mortes et que tout le pouvoir était passé à leurs Comités révolutionnaires, qui,

(1) Schmidt,, t. II, p. 201 (29 mars 1794).
(2) Arch. nat., F⁷/2509 et 2510. Assemblées générales des sections de Fontaine-de-Grenelle et des Invalides, aux dates indiquées.

eux-mêmes, nommés par l'autorité, n'avaient pas grande vie non plus. Le 9 thermidor ne parvint pas à les tirer de cette apathie. Paris resta neutre, dit le grand historien, parce que « depuis cinq mois la vie publique y était anéantie », et il voit une des causes de l'indifférence des sections pour Robespierre, dans ce fait que les Comités révolutionnaires renouvelés par le Comité de salut public leur étaient opposés (1).

La mort de Robespierre amena la perte de ses anciens fonctionnaires et partisans. La réaction triomphe dans les assemblées générales, où l'on ne s'occupe, en nivôse, pluviôse et ventôse an III, que de rechercher et blâmer les actes des Comités révolutionnaires destitués en fructidor an II. Les royalistes ne cachent même pas leur secrète intention. A la section des Arcis, une femme s'écrie : « Vive Louis XVII ! » et dans la salle on avait placardé : « A bas les Jacobins, les révolutionnaires ! vive Louis XVII ! » Plusieurs citoyens disaient qu'il était temps que cela finît, qu'on était mieux quand on avait un roi et qu'il en fallait un (2). Profitant de la haine dont on était animé contre les anciens terroristes, les royalistes obtiennent de la Convention un décret (20 pluviôse an III) ordonnant de faire disparaître les bustes de Marat et de Le Peletier des lieux publics et des salles de réunion. Quelques citoyens aperçurent le danger de la voie où l'on entrait. Une députation de la section des Quinze-Vingts à celle de Montreuil disait qu'après avoir renversé les bustes de Marat et de Le Peletier on en viendrait à la Convention et à tous les patriotes ; elle demandait la Constitution démocratique tout entière. Après une discussion violente, la minorité décida de se joindre à la section des Quinze-Vingts (3).

La Constitution de 1793, beaucoup de républicains la

(1) Michelet, t. IX, p. 325 et 395.
(2) Schmidt, t. II, p. 251 et 263.
(3) *Ibid.*, p. 283.

désiraient certainement encore, et la réclamèrent jusqu'au dernier moment; mais cette question politique, quelle qu'en fût l'importance, le cédait alors à la question sociale. Il fallait vivre avant tout, et la pénurie de subsistances était telle qu'à tout instant on pouvait craindre la famine. De tous côtés on réclamait du pain, et c'est uniquement la faim qui créa les mouvements de germinal et de prairial an III (1). L'insurrection fut cette fois réprimée, grâce à l'armée et aux royalistes, et suivie d'une terrible réaction.

Le vide se fit alors dans les assemblées générales. « En général (2), d'après diverses lettres qui sont entre les mains du département, il paraît que la plupart des assemblées sont rarement occupées d'objets importants, et le peu de personnes dont elles sont composées annonce assez que la majeure partie des citoyens les regardent comme inutiles. » Devenues tout à fait royalistes, les sections essayèrent, en fructidor an III, de reprendre leur ancien rôle ; nous avons raconté, dans le chapitre précédent, ce qui s'y rapporte. Il nous reste à signaler les quelques changements qui s'étaient introduits dans leurs assemblées.

Le 9 thermidor an II (27 juillet 1794) (3), la Convention avait défendu de les convoquer sans autorisation des Comités de gouvernement. Le 8 germinal an III (28 mars 1795), leurs séances furent fixées de 1 heure à 4 heures de l'après-midi, et un arrêté du Comité de sûreté générale les autorisa à se réunir tous les jours pour le désarmement des sans-culottes, de 1 heure à 7 heures du soir. Cette autorisation fut retirée le 9 prairial. Déjà, le 4 prairial an III (23 mai 1795), il avait été défendu d'y recevoir des femmes. Enfin, le 17 vendémiaire an IV (9 octobre

---

(1) Schmidt, t. II, p. 308, 309, 310, 312, 343 (Voy. p. 319 : le beurre vaut 12 livres le demi-kilogramme, les œufs 8 sous pièce, etc.).

(2) Schmidt, t. II, p. 395.

(3) *Moniteur*, t. XXI, p. 341.

1795), la Convention décréta que les assemblées de section n'auraient plus lieu à l'avenir, et que ceux qui les convoqueraient, présideraient ou y rempliraient les fonctions de secrétaires, seraient poursuivis et punis.

CHAPITRE IV

COMITÉS CIVILS

I

Les sections, avons-nous dit, n'étaient point que des circonscriptions électorales ; elles formaient, en quelque manière, des subdivisions administratives que l'on pourrait comparer, toute différence gardée, aux arrondissements actuels de Paris, avec une indépendance et une autonomie beaucoup plus grandes. A la tête de chacune d'elles, en effet, était placé un Comité civil et permanent, qu'elles élisaient et qui servait d'intermédiaire entre la municipalité et la section. Il subsista tant qu'elles durèrent, et ses fonctions avaient été déterminées par la loi du 21 mai 1790.

Composé de 16 membres, il surveillait et secondait au besoin le commissaire de police, veillait à l'exécution des ordonnances, arrêtés ou délibérations, sans y apporter aucun obstacle ou retard ; le commissaire avait voix consultative à ses assemblées. Il donnait aux administrateurs, au corps municipal, au Conseil général, au maire, au procureur de la Commune et à ses substituts tous les éclaircissements, instructions et avis qui lui étaient demandés. Il nommait un président, se réunissait tous les huit jours et plus souvent, si c'était nécessaire. Chacun des commissaires était de service, chez lui, pendant vingt-quatre heures, à la disposition de ceux qui pouvaient en avoir besoin et répondait aux demandes qui lui étaient faites. Ce Comité pouvait être chargé par l'administration du département de Paris de la répartition des impôts dans sa section. Il recevait chaque soir du commissaire de police un rapport sommaire et écrit sur les événements de la journée.

Les 16 commissaires de section étaient nommés par l'assemblée populaire, parmi les citoyens éligibles de la section, sur bulletin de liste de six noms. Ils prêtaient serment, entre les mains du président, de bien et fidèlement remplir leurs devoirs. La moitié d'entre eux sortaient chaque année; mais la première sortie ne devait se faire, par la voie du sort, qu'à l'époque des élections ordinaires, en 1791. La loi faisait donc de ces Comités des surveillants et des auxiliaires des commissaires de police, des agents exécutifs des arrêtés administratifs, des correspondants éclairés de la municipalité, qu'ils devaient renseigner sur toute question relative à leur quartier.

Les registres de leurs procès-verbaux devaient être tenus par le secrétaire greffier du commissaire de police. Il nous en reste plusieurs que nous avons parcourus à peu près complètement. La lecture n'en est ni très variée ni bien intéressante. La longue répétition des mêmes mesures et des mêmes opérations, sans influence immédiate sur la direction des affaires générales, finit par être fatigante. A l'aide des documents que nous en avons extraits, nous essaierons de montrer comment fonctionnèrent ces petites administrations.

Leur première séance eut lieu après les élections municipales, vers la fin du mois de novembre, le 20 à la section des Postes (1), le 23 à celle de Fontaine-Montmorency (2), le 27 à celle du Faubourg-Montmartre. Ici le président du Comité est élu pour trois mois et ne peut être réélu qu'après un pareil intervalle; ailleurs il n'est nommé que pour un mois, après lequel il est rééligible. Dans la plupart des sections, les réunions ont lieu le jeudi, à 6 heures du soir. Nous n'en avons compté que 64 du 20 novembre 1790 au 8 novembre 1791 (3), mais nous savons qu'elles pouvaient être multipliées si les circonstances l'exigeaient. C'est ainsi qu'au 21 juin 1791, au moment du départ du roi, sur l'invitation de la Commune, ces Comités se constituent en permanence, et celui de la section des Postes se réunit tous les jours, jusqu'au 27 juin 1791. A la section des Piques (4), le 20 novembre 1792, on décide que trois commissaires seront à l'avenir de service chaque jour, de 8 heures du matin au soir, et le 11 décembre 1792, on établit la permanence, qui dura pendant la plus grande partie des années 1793, 1794 et 1795.

Si, dès le début, les assemblées n'ont été qu'hebdomadaires, il n'en faut pas conclure que les Comités n'eurent que peu ou point d'occupations : une énumération sommaire de quelques-uns de leurs travaux nous fera voir la diversité et le nombre des objets qui attirèrent leur sollictiude.

C'était le président du Comité civil qui, sur la demande de cinquante citoyens actifs, convoquait la section. Plus tard, à une époque que nous ne pouvons pas bien préciser, mais probablement vers le milieu de 1792, ce soin fut remis au président de la section, c'est-à-dire au président de l'assemblée générale. Un décret du 13 janvier 1791 stipula qu'il y aurait toujours un ou plusieurs

---

(1) Arch. Seine, Comité civil de la section des Postes, 20 novembre 1790. — 26 juillet 1792, D. 1000.
(2) *Ibid.*, D. 817, 23 novembre 1790.
(3) *Ibid*, D. 1000 (Postes).
(4) *Ibid.*, D. 976, 20 novembre 1792.

commissaires civils dans l'intérieur des spectacles avec pleins pouvoirs de requérir la garde extérieure : ceux de la section du Palais-Royal furent invités à choisir les spectacles où ils voudraient bien se rendre chaque soir. En avril 1791 (1), les Comités visitent les chambres des hôtels garnis de leur ressort; le 3 mai 1791, le département de police leur demande un état des institutrices des écoles publiques (2), et, le 16 mai 1791, après la lecture de l'arrêté du département et de la délibération du corps municipal, relativement aux emplacements à choisir dans chaque section, pour y établir le rassemblement des personnes qui voudront faire le commerce d'argent, le Comité de la section des Postes décide que ce rassemblement aura lieu sur la place et en face du portail de Saint-Eustache, que le bureau sera ouvert à partir du mercredi 1er juin, de 9 heures du matin à 2 heures du soir, et que pendant ce temps, le commissaire de service restera au Comité pour connaître le cours journalier de l'argent, et le faire savoir à la municipalité.

L'effervescence causée par la fuite à Varennes ajoute à ces travaux : le 21 juin 1791, on délègue deux membres pour rapporter de l'Assemblée nationale, de deux heures en deux heures, ce qui y sera décrété et faire part des nouvelles reçues touchant le voyage du roi ; le même jour, deux autres commissaires sont chargés de se rendre à l'hôtel de ville, conformément à un arrêté du corps municipal, prescrivant à chaque Comité de section, d'en-

---

(1) Arch. Seine, D. 1000.

(2) Arch. Seine, D. 641. Le décret du 29 frimaire-5 nivôse an II (19-25 décembre 1793), sur l'organisation de l'instruction publique, plaçait les instituteurs et institutrices sous la surveillance immédiate de la municipalité ou section. En conséquence, un arrêté de la Commune du 15 germinal an II (4 avril 1794) portait que les sections nommeraient une Commission de 6 membres ou plus pour surveiller les écoles primaires. (Préf. de police, papiers des sections, fol. 136.) Cette Commission était sans doute prise dans le Comité civil de la section, car le 8 germinal an III (12 mars 1795), une lettre du président du département de Paris demande au Comité civil de celle de la place Louis XIV l'état des écoles primaires et le nombre des instituteurs. Arch. Seine, D. 948.

voyer, jusqu'à nouvel ordre, deux députés à la ville pour communiquer aux sections les délibérations qui y seront prises. C'est pour les récompenser de leur zèle à répondre à cette invitation que le Conseil général, remerciant les sections de leur exactitude, arrêta, le 24 juin 1791 (1) :

« 1° Que MM. les présidents et commissaires des sections auraient désormais, dans l'intérieur de la salle où il tenait ses séances, des places qui seraient incessamment indiquées ; 2° qu'à cet effet, il serait envoyé par le maire, à chacun des 48 Comités, deux billets qui seraient toujours représentés par les deux commissaires nommés pour assister alternativement aux assemblées du Conseil général ; 3° que les Comités seraient avertis par le secrétaire greffier des jours où le Conseil général tiendrait ses séances. »

Déjà, le 17 juin 1791, pour assurer la célérité et l'exactitude des envois, les commissaires avaient été priés par la municipalité (2) de fixer une adresse permanente, et informés, en même temps, qu'ils devaient porter, lorsqu'ils étaient en fonction, à défaut des marques extérieures qui pouvaient les faire reconnaître, l'extrait du procès-verbal de leur nomination, pour le présenter, dans toutes les occasions, aux commandants des postes et à tous les autres chefs de la force armée (3).

A la suite d'une pétition proposée par les sections de Beaubourg, 6 juin, et du Louvre, 7 juin 1791, les Comités civils furent chargés de distribuer les assignats de cent sols, pour en empêcher l'accaparement. Ce sont eux aussi, qui délivrent les certificats de résidence exigés par le décret du 24 juin 1791, et, à cet effet, ils doivent

1) Procès-verbaux du Conseil général, copies authentiques. Bibl. nat. mss. fr. 11707 (24 juin 1791).

(2) Comité civil, section de Fontaine-Montmorency, Arch. Seine, D. 817 (28 juin 1791).

(3) Par une pétition du 6 juin 1792, la section Notre-Dame demande une marque distinctive pour les commissaires civils. (Bibl. nat., L^b ^{40}/2064.) On dut leur donner une médaille, comme aux commissaires révolutionnaires ; voir ci-dessous.

s'assurer de la résidence du requérant, et en faire une déclaration signée de deux commissaires et contresignée du secrétaire greffier. Enfin, sur les instructions de la Commune, ils apposent et lèvent les scellés, opèrent des saisies, et, 20 juillet 1791, font le recensement des habitants (1). Quelques-unes de ces opérations nous paraissent rentrer plutôt dans le domaine du commissaire de police; eux-mêmes pensaient ainsi, et voyant tout ce qu'on exigeait d'eux, les commissaires de la section de la Place-Louis-XIV, écrivirent au maire, le 13 août 1791 (2) : « Nous avons souvent peine à déterminer quelles sont nos fonctions et celles du commissaire de police, et désirons bien ardemment qu'elles soient distinguées d'une manière nette et précise, afin que chacun de nous remplisse exactement ses devoirs. »

Mais ce n'était là, en quelque sorte, que la partie administrative de leurs attributions : d'autres questions sollicitaient leur attention. La loi du 21 mai 1790 ne leur avait pas assigné de fonctions de bienfaisance et on peut en être surpris, car dès cette époque les besoins étaient grands à Paris; aussi les nouveaux commissaires tournèrent-ils tout de suite leur activité de ce côté. A leur deuxième séance, ceux de la section des Postes délèguent quatre d'entre eux pour s'entendre avec ceux des autres sections de la paroisse Saint-Eustache, convoqués par le curé, et prendre toutes les mesures propres à soulager les indigents. Les Comités ont un trésorier des pauvres qui, à chaque réunion, rend compte de ses recettes. Ces distributions de secours, argent, bons de pain, de viande, etc., cette sinistre misère, cette faim, mauvaise conseillère, à combattre, sont l'un des soucis les plus constants des Comités et constituent l'une des difficultés les plus sérieuses qu'ils aient à résoudre.

(1) Voy. Comité civil de la section des Postes aux dates indiquées. Arch. Seine, D. 1000.

(2) Comité civil, place Louis XIV, Arch. Seine, D. 948 (13 août 1791).

A l'origine. ils unissent leurs efforts à ceux des commissions de bienfaisance établies dans chaque paroisse ; mais cette double direction dans un même service dut présenter des inconvénients et amener des erreurs, oublis ou doubles emplois. C'est pour remédier à ces abus qu'une délibération de la Commission administrative de bienfaisance. séante à l'hôtel de ville, en date du 27 octobre 1791 (1), décida que les Comités de bienfaisance des sections (ce qui n'était vraisemblablement qu'une sous-commission du Comité civil) (2) pourraient continuer, concurremment avec ceux des paroisses, à délivrer des secours aux pauvres ou cesser leurs distributions et verser le reliquat de leur caisse à la commission de la paroisse. Le Comité civil de la section des Postes arrêta : 1° que les commissaires des pauvres cesseraient, vendredi 11 novembre 1791, de délivrer des secours ; 2° qu'ils établiraient le compte de leur gestion en recettes et dépenses, se réservant le montant des bons dont ils étaient encore débiteurs, et qu'ils verseraient le surplus dans la caisse de la commission de bienfaisance de Saint-Eustache, qui leur en donnerait décharge. On prévint cette commission que le Comité ne s'immiscerait plus en rien dans la distribution des secours aux pauvres.

Ainsi, correspondance assidue avec la municipalité, exécution de ses arrêtés, appositions et levées de scellés, recensements de la population, visites dans les hôtels meublés, délivrance des divers certificats, conversion des assignats en monnaie de cuivre, enfin participation très active au soulagemeut des malheureux, voilà ce que nous remarquons dans la première partie de l'existence des Comités civils.

---

1) Voy. Comité civil de la section des Postes (29 octobre 1791). Arch. Seine. D. 1000.

(2) Du moins les Comités civils s'occupaient aussi des distributions de secours. Le 3 avril 1791, le Comité de la Place Louis-XIV écrit au procureur syndic qu'il est seul dans la section à s'occuper d'assistance publique (Arch. Seine, D. 948).

On sait que la Commune du 10 août suspendit de leurs fonctions (11 août 1792) (1) les Comités de sections, juges de paix, secrétaires greffiers et commissaires de police. Mais dès le lendemain, des députés de l'hôtel de ville furent envoyés dans les sections, pour les inviter à former un Comité permanent composé de douze membres, qui remplirait provisoirement les fonctions attribuées aux juges de paix, commissaires de police et aux Comités de sections. Le 13 août 1792 (2), on procède, à la section des Postes à cette nomination, en observant, selon les instructions des commissaires de l'hôtel de ville, qu'aucun des fonctionnaires suspendus n'a le droit de se présenter, et que chaque citoyen peut s'opposer à l'élection de tout membre dont il a reconnu l'incivisme. Peu après, le 15 août 1792, la Commune arrêta que les Comités des 48 sections seraient formés de 18 membres. Les deux membres qui auraient obtenu le plus de voix seraient, le premier, juge de paix, et le second, greffier du juge de paix. Les seize autres feraient partie du Comité et choisiraient parmi eux un président et un secrétaire à renouveler tous les quinze jours. Ce Comité était investi de tous les pouvoirs qui lui étaient attribués antérieurement, ainsi que de tous ceux accordés aux juges de paix par le code de police correctionnelle : ce juge de paix ne conservait que des fonctions civiles, suivant sa première institution. Les six personnes qui ensuite avaient le plus de voix étaient assesseurs du juge de paix. La nomination de tous ces membres devait se faire par appel nominal, à haute voix, et à la pluralité absolue des suffrages. A partir de ce moment existent, à côté d'eux, établis sur l'ordre de la Commune, d'autres Comités, dits de surveillance,

---

(1) Voy. *Procès-verbaux de la Commune de Paris*, publiés par la Société de l'histoire de la Révolution française, Paris, 1894, in-8°.
(2) Comité civil de la section des Postes. Arch. Seine, D. 1000 (13 août 1792).

dont nous parlerons plus loin, et qui les aideront dans une partie de leur tâche.

II

Quelques-uns de ces Comités civils cherchèrent-ils, à la suite des services qu'ils avaient rendus, à opposer leur autorité à celle de l'assemblée générale qui les avait élus ? Nous ne savons, mais on le croirait à lire le règlement sévère et de forme violente voté par la section des Gravilliers (1), le 13 octobre 1792, et emprunté (preuve que les sections se copiaient quant aux détails de leur organisation) à celle de la République, qui l'avait adopté le 30 septembre 1792. Il était en tout cas destiné à ramener les Comités à l'obéissance, s'ils s'en étaient écartés, et à leur rappeler en termes un peu durs leur dépendance étroite à l'égard des sections. Le voici :

« L'assemblée générale, usant enfin de ses droits, qu'elle conjure les sections au nom de la patrie, de ne jamais oublier, et s'appuyant sur des bases invariables, arrête celles qui doivent régir son Comité civil ainsi qu'il suit :

1. Les commissaires nommés par l'assemblée générale sont révocables à volonté.

2. Mandataires de l'assemblée, ils recevront ses ordres pour les exécuter.

3. Il leur est défendu de prononcer sur aucune affaire, quelque importante qu'elle soit, sans en référer à l'assemblée générale, qui, seule, a le droit de prononcer.

4. Il est enjoint au Comité de ne jamais prendre aucun arrêté, même provisoire; il peut émettre son vœu, là doivent se borner ses fonctions.

5. Il n'y aura jamais au Comité moins de deux commissaires et un suppléant.

(1) Préfecture de police : procès-verbaux des sections, Gravilliers, fol. 86.

6. Sa mission est d'être chargé de tous les détails d'administration de police; une surveillance active doit constamment l'occuper.

7. Tous les effets en litige portés par devers eux (*sic*), tous les objets d'administration et de sûreté doivent être sous leur sauvegarde et leur responsabilité.

8. Comme l'ordre prévient les abus, qu'il facilite et éclaire toutes les opérations, le Comité aura différents registres.....

9. Le registre le plus essentiel est celui où doivent être couchés tous les arrêtés, de quelque part qu'ils viennent.

10. Chaque feuille du registre aura cinq colonnes : sur la première, sera couché le numéro; sur la deuxième, le jour précis où on aura reçu les arrêtés; sur la troisième, l'énoncé, et plus souvent l'extrait de la loi ou des arrêtés; sur la quatrième, le jour de l'envoi qui en aura été fait au secrétaire de l'assemblée; sur la cinquième, le jour qu'ils auront été renvoyés au comité, qui (ne) pourra les enliasser qu'ils ne soient revêtus de la signature du président, afin de s'assurer qu'ils ont été lus et qu'on a pu les discuter.

11. Le registre des procès-verbaux de l'assemblée générale exige la plus scrupuleuse exactitude, à cause de différents arrêtés qu'il sera nécessaire de rappeler souvent ou de consulter.

12. Tous les huit jours, au moins, une commission déléguée par le Comité rendra compte à l'assemblée de tout ce qui peut l'intéresser.

Si le Comité pouvait, par un oubli involontaire ou tout autrement, laisser ignorer à l'assemblée les arrêtés ou des faits qui doivent mériter son attention, les citoyens qui en seraient instruits seront tenus, au nom de la Commune, de les dénoncer. »

Ces prescriptions montrent combien les sections étaient jalouses de leur autorité et comment elles entendaient qu'il n'y fût pas porté la moindre atteinte; mais, en fait, les Comités civils restèrent ce que la loi les avait faits : représentants, mandataires des sections dont ils dépendaient par leur origine, mais aussi administrateurs recevant leur mot d'ordre de la Commune, dont ils devaient exécuter les arrêtés, même contre la volonté de l'assemblée générale. Du reste leurs fonctions ne furent point modifiées, comme le témoigne l'examen rapide des procès-verbaux du Comité de la section des Piques (1) du 7 novembre 1792 à juillet 1793 : apposition et levée de scellés, surveillance des ouvriers qui travaillent au camp sous Paris, inspection des rues pour y maintenir l'ordre et la propreté, apurement des comptes présentés par les chefs d'atelier, paiement des frais de section, vérification des demandes des pères, mères et femmes dont les fils ou maris sont aux frontières et qui ont droit à des indemnités d'après la loi du 26 novembre 1792, répartition entre les ouvrières des ouvrages à confectionner pour l'armée, délivrance des certificats de civisme, de résidence, des passeports, visites domiciliaires, assistance aux distributions de pain et de viande, rapports hebdomadaires à la municipalité sur les farines reçues par les boulangers, enfin correspondance très active au sujet des renseignements les plus divers que peut réclamer la Commune.

S'il y a une différence à noter, c'est que, plus les besoins s'étendent, plus les dangers augmentent, plus aussi se développent et se multiplient les opérations de ces Comités, malgré le fonctionnement simultané et régulier des Comités de surveillance (avril 1793) et des Comités de bienfaisance (1ᵉʳ septembre 1793). Toutefois il est curieux d'observer que, s'en tenant purement à leurs attributions administratives, ces Comités civils ne s'immiscèrent point dans la politique. Du moins, aux journées de mai et de juin 1793, nous ne trouvons pas dans leurs registres la moindre allusion aux événements si importants de cette époque. Au 9 thermidor an II pourtant, réunis aux Comités révolutionnaires, ils prennent

---

(1) Comité de la section des Piques. Arch. Seine, D. 976.

parti pour la Convention ou la Commune : c'est qu'alors les assemblées générales sont mortes et sans influence.

III

La toute-puissance des Comités révolutionnaires, à la fin de cette même année, fit déchoir les Comités civils au second plan ; jusqu'au 7 fructidor an II, ils n'eurent plus que des fonctions subalternes ; toutefois il ne faut pas oublier que, lorsque les circonstances deviennent difficiles et quand il s'agit de prendre des mesures graves, les deux Comités se réunissent pour en délibérer en commun. Le 4 avril 1793 (1), les Comités de la section de la Réunion arrêtent « qu'ils s'entendront ensemble sur les affaires de sûreté, et qu'à cet effet le Comité révolutionnaire se transportera provisoirement au-dessus du corps de garde de la rue Beaubourg. » A la section de l'Unité, on fait quelques changements dans le local pour faciliter les communications entre les Comités. A celle des Piques (2), le 19 avril 1793, ils arrêtent ensemble le moyen de faire rentrer les fonds de la section, et (7 septembre 1793) se mettent d'accord sur la façon de répondre à la lettre de Lulier, procureur syndic du département, enjoignant d'apposer les scellés chez tous les banquiers, agents de change, hommes d'affaires. Dans presque toutes les sections, nous les trouvons réunis, au 9 thermidor an II, pour attendre les ordres du gouvernement (3).

Il est possible pourtant que cette entente n'ait pas été toujours parfaite et qu'il se soit produit parfois de petits conflits de jalousie. Ainsi au 1ᵉʳ ventôse an II, le

---

(1) Comité révolutionnaire de la section de la Réunion. F⁷/2494. Arch. nat.
(2) Arch. Seine, Comité civil des Piques, D. 976.
(3) Arch. nat., F⁷/4432. Affaire du 9 thermidor.

Comité révolutionnaire de la section du Temple (1) refuse un peu durement de communiquer avec le Comité civil, alléguant que de telles relations sont interdites par le gouvernement révolutionnaire. Le 14 ventôse an II, après la lecture d'un arrêté du Comité civil contenant les plaintes portées par deux des siens contre un membre du Comité révolutionnaire, ce dernier invita chacun de ses membres à surveiller le Comité civil et à signaler « les reproches qui pourraient lui être adressés dans l'exercice de ses fonctions, notamment dans la distribution de la viande. »

Après la réduction des 48 Comités révolutionnaires à 12 (1 pour 4 sections), le 7 fructidor an II (24 août 1794), les Comités civils recouvrèrent leur ancienne importance. Le décret du 11 fructidor an II (28 août 1794), réorganisant la Commune de Paris, portait :

Art. 17. « Le Comité civil de chaque section nommera un de ses membres pour exercer les fonctions d'agent national dans les actes relatifs aux mariages et divorces, dans lesquels la présence de l'agent est nécessaire.

18. Le Comité civil de chaque section dressera une liste d'émigrés, qu'il enverra au département. Les certificats de civisme et de résidence continueront d'être délivrés par les sections et visés tant par les Comités révolutionnaires que par le département.

19. Les Comités civils des sections correspondront immédiatement avec les Comités de la Convention et avec les Commissions exécutives nationales ».

L'article 1er de la loi du 14 vendémiaire an III (5 octobre 1794) chargea les Comités civils de Paris de délivrer les certificats de civisme, et le Comité de sûreté générale arrêta, le 3 prairial an III (2) (18 juin 1795), que les pétitions présentées par les individus désarmés, en exécution de

---

(1) Arch. nat., F⁷/2487 (1er ventôse an II).
(2) Arch. Seine, Comité civil de la section des Champs-Elysées, D. 794 (22 messidor an III).

la loi du 1er prairial an III, seraient communiquées au Comité civil de la section du pétitionnaire, qui joindrait ses observations auxdites pétitions.

Mais ce que l'on rencontre à toute page de leurs registres à cette époque, ce sont des délibérations sur les subsistances et l'approvisionnement de Paris. Cette question était toujours aussi instante que délicate ; elle forçait, par les conséquences qu'elle pouvait avoir, l'attention de toutes les autorités, et elle était le point de rencontre et comme le domaine contesté des divers Comités de la section. Si, malgré les empiétements des Comités révolutionnaires, la ligne de démarcation était toujours nette et apparente entre leurs attributions et celles des Comités civils, il n'en était pas de même entre les fonctions de ces derniers et celles des Comités de bienfaisance. Il nous est d'autant plus permis de ne pas apercevoir bien distinctement cette séparation que les intéressés eux-mêmes, après un long exercice, ne savaient pas encore à quoi s'en tenir à ce sujet.

Le 19 floréal an III (8 mai 1795), le président du Comité civil de la section de Guillaume-Tell (1) proposa, à une réunion commune, pour éviter toute rivalité, d'établir respectivement les droits de chacun, et il fut convenu que les cartes de pain et de viande seraient signées et délivrées par les commissaires de bienfaisance, et que deux membres des Comités civils et de bienfaisance iraient alternativement chez les bouchers inspecter la distribution de la viande. Mais le 25 floréal an III (14 mai 1795), la discussion s'étant renouvelée, on maintient provisoirement l'arrêté précédent, et on charge une commission de rédiger une série de questions à soumettre au Comité de législation ; puis l'ordre du travail du Comité civil est ainsi fixé :

____

(1) Arch. Seine, Comité civil de la section de Guillaume-Tell, D. 948 (19 floréal an III et suivants).

2 membres, X. X., délivreront les certificats de résidence ;

2 membres, X. X., s'occuperont des subsistances ;

2 membres, X. X., enregistreront les passeports.

Les 6 autres délivreront les passeports et régleront
les objets de détail de l'intérieur, de manière que tous
les jours il y ait au moins deux membres présents à
poste fixe au Comité, où doivent aussi se trouver tous
ceux qui ne sont pas retenus au dehors.

Le 29 floréal an III (18 mai 1795), on prend connaissance de la série des questions à adresser au Comité de
législation, mais malheureusement, le procès-verbal ne
donne pas cette liste, ni ceux qui suivent, les réponses
qui y furent faites. Dans la pratique, les deux Comités,
ne voulant rester étrangers ni l'un ni l'autre à cet
objet, se partagèrent la besogne. C'est ainsi que le
23 prairial an III (1) (11 juin 1795), on décida, dans la
section Poissonnière, que les bons de viande pour les
femmes en couches seraient délivrés par le Comité civil,
et que ceux qui seraient accordés aux malades seraient
donnés par le Comité de bienfaisance.

Malgré cette entente et cette division de la besogne,
les commissaires ne pouvaient suffire à leur tâche. Le
25 ventose an II (15 mars 1794), le Comité civil de la section des Invalides (2) prie l'assemblée générale de désigner 6 adjoints qui l'aideront dans ses travaux pénibles
et une lettre de la Commission de police administrative(3)
(20 pluviose an III) autorise, en vertu d'un arrêté du
Comité de salut public du 14 pluviôse an III (2 février
1795), les Comités civils et de bienfaisance à nommer
des commissaires en dehors d'eux pour surveiller les bou-

(1) Arch. Seine, Comité civil de la section Poissonnière, D. 987 (23 prairial an III).

(2) Arch. nat., procès-verbaux de l'assemblée générale de la section des
Invalides, F⁷/2510 (25 ventôse an II).

(3) Arch. Seine, Comité civil de la section Poissonnière, D. 987 (20 pluviôse), et Bibl. nat., mss. fr. acq. nouv., 2601, fol. 91.

langers, en tel nombre qu'il sera nécessaire : ces commissaires dresseront les procès-verbaux de toutes les contraventions et les enverront à la Commission de police (1).

Veut-on se faire une idée exacte de la besogne qu'occasionnaient ces distributions de pain seulement, qu'on lise l'arrêté suivant de la section de Maison-Commune (2) en date du 21 juillet 1793 :

« 1. Tous les boulangers de la section délivreront le pain trois fois par jour aux mêmes heures : la première délivrance se fera à 5 heures du matin; la deuxième à 8 heures; la troisième à 10 heures.

2. Ils n'ouvriront leurs boutiques qu'au moment de la délivrance, ne pourront y introduire personne, ni délivrer de pain par d'autres portes que celle de leurs boutiques.

3. Il sera commandé chaque jour et jusqu'à nouvel ordre une garde de cinquante-deux hommes, destinée uniquement à protéger les distributions de pain.

4. Cette garde se rassemblera à la caserne à 4 heures précises du matin, et sera à la disposition des commissaires civils et de surveillance, qui s'y rendront à la même heure.....

6. Les cinquante-deux hommes seront divisés en treize pelotons de quatre hommes chacun; chacun des treize pelotons se rendra avec deux commissaires de section, chez celui des treize boulangers qui lui sera désigné; chaque volontaire sera placé par les commissaires aux endroits désignés.

7. La distribution se fera conformément à l'arrêté de la municipalité, sous la surveillance des deux commissaires, qui, pour être respectés, porteront un ruban tricolore au bras gauche; l'un desdits commissaires s'occupera de l'ordre qui devra régner parmi les citoyens, et l'autre constatera le nombre de pains prêts à être délivrés. »

(1) Arch. Seine, Comité civil de la section du Mail, D. 948 (5 ventôse an III) : il en nomme 21.

(2) Bibl. nat., Maison-Commune, L^b 40/1944. Voy. aussi sections du Mont-Blanc et de Grange-Batelière, L^b 40/1980.

IV

Si l'on songe que de pareilles opérations avaient lieu chez les bouchers et les épiciers, on se représentera aisément cette partie du travail des Comités, qui n'était point la moins absorbante de leurs fonctions. Les Comités civils consacraient, on n'en peut douter, la plupart de leur temps au service de leurs concitoyens. Cependant, tandis que la présence aux assemblées générales était payée 40 sous aux ouvriers pauvres (5 septembre 1793), et que les membres des Comités révolutionnaires touchaient 3 livres (5 septembre 1793) et 5 livres (8 novembre 1793), les commissaires civils ne recevaient aucune indemnité, au commencement de l'année 1794. Nous avons vu dans un chapitre précédent qu'un arrêté municipal (1) du 18 janvier 1791 accorda 1,200 livres à chaque Comité civil pour les frais de bureau. Cette somme fut jugée insuffisante et il y eut quelques réclamations : celui de la section des Thermes-de-Julien (2) réclama dans une lettre à la municipalité une augmentation de 300 livres. Les citoyens de celle des Postes (3) (24 novembre 1791) demandent aussi un supplément. C'est surtout pendant la permanence que l'allocation ne suffit plus. La Commune le reconnut, et, le 2 avril 1793, un arrêté (4) accorda le paiement d'une somme de 3,000 livres pour acquitter les frais que les sections auraient pu contracter depuis le mois d'août 1792. Les sections dont les commissaires de police et les secrétaires greffiers avaient été

(1) Procès-verbaux du Conseil général, 9 octobre 1790-18 novembre 1791. Copies authentiques. Bibl. nat., mss. fr., acq. nouv., 11707, fol. 172.
(2) Bibl. nat., Comité de la section des Thermes-de-Julien, mss. fr. acq. nouv., 2698, fol. 40.
(3) Procès-verbaux de la section des Postes. Arch. Seine, D. 1001.
(4) Procès-verbaux du Comité civil de la section des Piques. Arch. Seine, D. 976.

suspendus, devaient recevoir le traitement de ces fonctionnaires depuis l'époque de leur suspension jusqu'à celle de la réélection. Enfin, à compter du 1er janvier 1793, la somme allouée à chaque section pour les dépenses annuelles était portée à 1,500 livres au lieu de 1,200. Cet arrêt fut modifié par celui du 25 avril 1793 (1), qui accordait 300 livres de supplément aux commissaires de police dont le service n'avait pas été interrompu depuis le 1er août, et une augmentation de 400 livres pour chaque Comité de section à partir du 1er janvier 1793 et tant « que dureront les permanences ».

Le 20 pluviôse an II (8 février 1794), la section de l'Observatoire proposa une pétition à la Convention, à l'effet d'obtenir une indemnité pour les commissaires civils. Le 6 floréal an II (25 avril 1794), l'Assemblée nationale, après avoir « entendu son Comité des finances sur la pétition des commissaires des sections de Paris, concernant l'indemnité qui leur est due à raison du travail extraordinaire dont ils sont chargés », décida que la municipalité de Paris était autorisée à comprendre au nombre de ses charges locales, et à payer sur les sous additionnels, 3 livres à chaque commissaire civil, par journée qu'il justifierait avoir employée au service public des citoyens, depuis l'origine de l'établissement de ces commissions.

Quelques difficultés se produisirent dans l'exécution de cette loi et amenèrent le décret le 23 fructidor an II (9 novembre 1794) : l'indemnité devait être payée aux commissaires en exercice actuellement ou nommés à l'avenir, à partir de l'époque où la France s'était constituée en république; mais ils ne devaient toucher que le prix des journées employées au service public et justifier ce service par la signature aux registres des délibérations ou dans leurs fonctions.

---

(1) Bibl. nat., Journal du Comité civil de la section du Pont-Neuf (27 avril 1793-15 octobre 1794), mss. fr., acq. nouv., 2715, 29 avril 1793.

Les Comités civils réclamèrent encore (1). « Le plus souvent, dirent-ils, le registre n'est signé que du président, et nos fonctions ne sont pas mentionnées dans les délibérations. » La mesure de produire leurs signatures dans leurs fonctions était donc impraticable. Le décret du 28 vendémiaire an III (19 octobre 1794) les autorisa à justifier leurs journées d'exercice, pour le passé, par un certificat signé de neuf membres au moins du Comité ; mais à l'avenir il devait être tenu dans chaque Comité un registre de présence et les secrétaires constateraient chaque jour par leurs signatures les noms des membres présents et en activité de service.

Il nous reste à signaler le changement qui se produisit, non point précisément dans les attributions de ces Comités, qui varièrent peu, comme nous l'avons montré, mais dans le principe même de cette institution. La loi du 21 mai 1790 avait fait des commissaires civils des élus des sections et nous avons vu qu'elles ne craignirent pas, au besoin, de leur rappeler sévèrement cette origine ; mais en 1794 et 1795, les Comités échappèrent à cette dépendance et furent, non les mandataires de leurs concitoyens, mais de simples fonctionnaires du gouvernement, qui les nommait et les payait.

Il est possible (2) que cette transformation date du commencement de 1794, après l'établissement du gouvernement révolutionnaire (14 frimaire an II), quand l'omnipotence des Comités de salut public et de sûreté générale s'étendit à tout. Mais ce n'est que le 28 vendé-

---

(1) Voy. Arch. Seine, D. 855-861 (23-27 fructidor an II). Voy. aussi : Pétition des Comités civils des sections de Paris à la Convention nationale, 25 fructidor an II (17 septembre 1794), imp. Lottin an II, in-4° de 4 p. (Arch. nat., AD. XVI, 70).

(2) Pourtant nous avons trouvé une lettre de Payan (20 mai 1794), disant que lorsque les sections demandent une convocation pour remplacer les membres des Comités civils ou autres fonctionnaires publics, cette demande doit être appuyée de l'extrait du procès-verbal qui indique le nom du membre qu'on veut remplacer et la cause de cette démission et du remplacement (Arch. nat., F⁷/2479. Section Le Peletier, 20 mai 1794).

miaire an III (19 octobre 1794), que la Convention décréta que le nombre des membres des Comités civils de Paris serait réduit à 12 (Cambon s'était plaint qu'il y eût tant de fonctionnaires salariés), et qu'ils seraient renouvelés par quart tous les trois mois par le Comité de législation, qui ferait imprimer et distribuer à l'Assemblée nationale les noms des citoyens qu'il aurait choisis. Le sort devait désigner ceux qui sortiraient jusqu'au complet renouvellement, fixé au 1er brumaire an III.

D'après une lettre du Comité de législation (1), c'étaient les Comités révolutionnaires centraux qui lui soumettaient les listes des candidats aux Comités civils, avec des observations sur chacun d'eux. Plus tard, ce fut l'assemblée générale (2) qui désigna les candidats pour ces fonctions, ce qui nous avait d'abord fait croire qu'on était revenu à l'ancienne législation ; il n'en est rien, les troisième et cinquième jours complémentaires an III (3), le Comité de législation nomme encore des commissaires civils.

La loi du 19 vendémiaire an IV, article 10, supprima ces Comités. Toutefois, ils durent être maintenus quelque temps encore : celui de la section des Champs-Élysées ne cessa ses fonctions que le 12-13 germinal ; il avait été chargé, et les autres aussi sans doute, de donner des indications sur les facultés des citoyens de son arrondissement au sujet l'emprunt forcé (4).

(1) Arch. nat., F⁷/2491 (28 décembre 1794, 3 février 1795).
(2) Bibl. nat., mss. fr. acq. nouv. Lettre du Comité de législation au président de l'assemblée de Montmartre, 26 avril 1795, 2687, folio 63 (Voy. aussi : sections des Invalides, Arch. nat F⁷/2510 (18 juin 1795) et de Fontaine-de-Grenelle F⁷/2509 (28 juillet 1795).
(3) Arch. Seine, D. 948, 3ᵉ et 5ᵉ jours complémentaires.
(4) Arch. Seine, D. 794.

CHAPITRE V

COMITÉS RÉVOLUTIONNAIRES

I. Comités révolutionnaires ou de surveillance : leur origine; loi du 21 mars 1793. — II. Organisation de ces Comités. — III. Comité central révolutionnaire et Comité de salut public du département de Paris. — IV. Modifications apportées dans leur organisation; Comités de réquisition. — V. Abus d'autorité du Comité de l'Unité; loi du 26 mai 1793. — VI. Comment on délivre les certificats de civisme. Arrestation de Clavière. — VII. Indemnité; accroissement de leurs pouvoirs; loi des suspects, 17 septembre 1793; visites domiciliaires. — VIII. La Commune essaie de les tenir sous sa dépendance; leur nomination. — IX. La loi du 7 fructidor an II les réduit à 12; fonctions des nouveaux Comités. — X. Attaques dirigées contre les anciens Comités de surveillance. Maisons d'arrêt des sections.

I

« En temps de guerre civile, dit Thiers, arrêter, poursuivre ses ennemis est le plus important et le plus envié des pouvoirs (1). » Ce pouvoir, l'administration de Paris résolut, dès le commencement de la Révolution, de s'en saisir, au détriment de l'État. Du 14 juillet 1789, date, en effet, la chute de l'ancien système de police. Alors fut formé, à l'hôtel de ville, un Comité permanent, qui, aidé des Comités de district, remplaça la lieutenance (2). La loi du 4 août 1789 supprima les commissaires de police, et celle du 6 septembre 1789 sanctionna l'usurpation des Comités de district.

(1) Thiers, *Révolution française*, t. I, p. 283.
(2) Schmidt, *Tableaux de la Révolution française*, t. I, p. 128.

La municipalité provisoire institua, le 21 octobre 1789, un Comité des recherches, dont la mission était « de recevoir les dépositions et dénonciations sur les trames, complots et conspirations », avec le droit d'interroger et d'arrêter, au besoin, les personnes dénoncées ; il fonctionna jusqu'au 1er octobre 1791 (1).

La charte municipale de 1790 remit le soin de la police à la municipalité, qui l'exerça, seule, par l'entremise des Comités civils et des commissaires de police, jusqu'en février 1791, et ensuite sous la surveillance du département ; mais cette subordination fut, en réalité, vaine, comme il y parut au 20 juin 1792. Après le 10 août 1792, les juges de paix ayant été destitués, leurs attributions passèrent aux municipalités, et l'Assemblée législative décréta (11 août-30 septembre 1792) que la police dite de sûreté générale serait remise aux départements, districts et municipalités, chargés, par conséquent, de rechercher tous les délits menaçant la sûreté intérieure et extérieure de l'État, de faire le recensement de tous les citoyens suspects, de les arrêter, disperser ou désarmer si c'était nécessaire (2).

C'est en vertu de ce décret que fut établi, à Paris, le Comité de surveillance réclamé par Petion dès le 27 juillet 1792, et que furent créés aussi, dans chaque section, des Comités particuliers, subordonnés à celui de l'hôtel de ville. Ces petits conseils, première origine des Comités révolutionnaires, ont tenu des registres de leurs opérations. Nous n'avons pu en rencontrer qu'un seul, celui de la section des Amis-de-la-Patrie (3). Le Comité, élu par l'assem-

---

(1) Schmidt, *Tableaux de la Révolution française*, t. I, p. 283. Voy. procès-verbaux du Conseil général. Bibl. nat., mss. fr., 11707 (1er octobre 1791).

(2) Thiers ajoute (t. I, p. 128) que le conseil de la Commune en entier recevait les dénonciations et qu'un Comité de surveillance les examinait et faisait opérer les arrestations ; qu'il était permis aux villes de plus de 20,000 âmes d'ajouter des règlements particuliers à cette loi de sûreté générale. Nous n'avons rien trouvé de pareil dans le décret, ni dans le *Moniteur*, ni au procès-verbal de la Législative.

(3) Arch. nat., F⁷/2489 (14 août 1792-12 avril 1793) : à cette dernière date commencent les commissaires nommés d'après la loi du 21 mars 1793.

blée générale, le 14 août 1792, était composé de quatorze
membres, dont deux devaient être de service chaque jour.
Dans d'autres quartiers, la nomination eut lieu un peu
plus tard : celui de la section des Postes (1) ne fut formé
que le 21 août; il comprenait douze membres, qui prêtèrent le serment prescrit par la loi et jurèrent qu'ils
n'avaient été ni du club de la Sainte-Chapelle, ni des
Feuillants, ni signataires des pétitions des vingt mille et
des huit mille.

Ces nouveaux commissaires (2), conformément aux instructions de la Commune, tendant à faire un tableau des
ennemis de la Révolution, et à une proclamation municipale invitant les citoyens à dénoncer les coupables du
10 août, recevaient ces dénonciations, les communi-
quaient au Comité de surveillance de l'hôtel de ville et
demandaient des renseignements aux signataires des
célèbres pétitions, sur ceux qui avaient sollicité leur
adhésion. Avec les Comités civils, sur l'ordre de la Commune, ils apposent et lèvent les scellés, visitent les ap-
partements des gens suspects, font comparaître devant
eux les personnes arrêtées dans les visites domiciliaires,
signalent enfin toutes les irrégularités dont ils ont connaissance. Ces commissaires n'étaient que les aides et les
agents du Comité général de surveillance : sous la menace des dangers, on résolut d'étendre et de fortifier leur
autorité. Le 13 mars 1793 :

« L'Assemblée générale de la Croix-Rouge (3), considérant
que la Convention nationale a trouvé nécessaire de créer,
dans ces circonstances difficiles, un tribunal révolutionnaire (4) pour juger les ennemis de la patrie, que ce tribunal
pourrait n'être que d'un effet peu sensible, si la majeure

(1) Arch. Seine, procès-verbaux de l'assemblée générale des Postes,
D. 1001 (21 août 1792).
(2) Arch. nat., F⁷/2489. Amis-de-la-Patrie.
(3) Carnavalet, 10065. Comité révolutionnaire de la section de la Croix-
Rouge : organisation.
(4) Décret du 10-12 mars 1793.

partie de ses ennemis lui échappait, qu'il faut que tous les bons citoyens le mettent en état de les atteindre, et qu'un des moyens pour réussir est d'exercer la plus exacte vigilance, a créé dans son sein un Comité révolutionnaire. »

Ce Comité sera composé de sept membres, et s'assemblera tous les jours, dans le bureau de la section ; il sera renouvelé tous les mois par moitié (le président et le secrétaire seront renouvelés tous les huit jours). Il recevra :

« Les dénonciations signées et tenues secrètes de tout citoyen domicilié dans la section, contre les émigrés et les prêtres déportés rentrés dans la République, les auteurs, fauteurs et participes de leur séjour en France, contre les auteurs, fauteurs et adhérents de tout complot, entreprise et attentat contre la liberté et la souveraineté du peuple, contre l'unité, l'indivisibilité, la sûreté intérieure et extérieure de la République, de tout complot tendant à l'établissement de la royauté ou de tout pouvoir despotique, de tout discours tendant à opérer ou favoriser la contre-révolution et de tout crime relatif à la fabrication de faux assignats. »

Muni de ces dénonciations, le Comité pourra nommer deux de ses membres, qui seront autorisés, le cas échéant, à requérir la force armée, afin d'aller, assistés du juge de paix ou du commissaire de police, faire des visites domiciliaires chez les personnes dénoncées. Le président remettra les dénonciations à qui de droit, mais en gardera copie ou extrait signé de lui et de ses secrétaires.

L'Assemblée supprimait en même temps son Comité de sûreté générale, qui n'était, évidemment, que le Comité de surveillance créé au lendemain du 10 août. Il y a lieu de remarquer toute la différence établie en faveur de cette nouvelle Commission, qui ne dépend plus en rien de la Commune et agit par elle-même (1). La Convention

---

(1) Nous avons déjà montré (p. 134) que la section du Théâtre-Français avait (12 mars 1793) autorisé son Comité de surveillance à *lancer des mandats d'arrêt* contre les citoyens qui lui paraîtraient suspects pour leur opinion contraire à la Révolution. C'était sans doute à cette époque un mouvement général.

n'osera pas accorder une telle autorité, mais elle reconnaîtra cependant les services que peut rendre une pareille institution, et, tout en restreignant les pouvoirs, elle ne tardera pas à la généraliser et à la légaliser. Il est curieux d'observer, à ce sujet, que le plus souvent l'Assemblée nationale ne fait que régulariser un état de choses déjà établi : dans leur organisation, les sections vont de l'avant et la Convention finit par les suivre. Son décret du 21 mars 1793 était ainsi conçu :

« Art. 1. Il sera formé dans chaque commune de la République et dans chaque section des communes divisées en sections, à l'heure qui sera indiquée à l'avance par le conseil général, un Comité composé de douze citoyens.

2. Les membres de ce Comité, qui ne pourront être choisis ni parmi les ecclésiastiques, ni parmi les ci-devant nobles, ni parmi les ci-devant seigneurs de l'endroit et les agents de ces ci-devant seigneurs, seront nommés au scrutin et à la pluralité des suffrages.

3. Il faudra pour chaque nomination autant de fois cent votants que la commune ou section de commune contiendra de fois mille âmes de population. (Le 30 mars, cet article fut ainsi modifié : « Sur mille citoyens ayant droit de voter dans la section, il faudra les suffrages de cent pour l'élection des membres qui doivent composer le Comité de surveillance). »

4. Le Comité de la commune, ou chacun des Comités des sections de la commune, sera chargé de recevoir pour son arrondissement les déclarations de tous les étrangers, actuellement résidant dans la commune ou qui pourraient y arriver.

5. Ces déclarations contiendront les noms, âge, profession, lieu de naissance et moyens d'exister du déclarant.

6. Elles seront faites dans les huit jours après la publication du présent décret ; le tableau en sera affiché et imprimé.

7. Tout étranger qui aura refusé ou négligé de faire sa déclaration devant le Comité de la commune ou de la section sur laquelle il résidera, dans le délai ci-dessus prescrit, sera tenu de sortir de la commune, sous vingt-quatre heures, et sous huit jours, du territoire de la République.

8. Tout étranger né dans les pays avec les gouvernements desquels les Français sont en guerre, qui, en faisant sa déclaration, ne pourra pas justifier devant le Comité d'un établissement formé en France, ou d'une profession qu'il exerce, ou d'une propriété immobilière acquise, ou de ses sentiments civiques par l'attestation de six citoyens domiciliés depuis un an dans la commune ou dans la section, si la commune est divisée en sections, sera également tenu de sortir de la commune sous vingt-quatre heures, et sous huit jours, du territoire de la République ; dans le cas contraire, il lui sera délivré un certificat d'autorisation de résidence.

9. Les étrangers qui n'auront pas en France de propriété, ou qui n'y exerceront pas une profession utile seront tenus, sous les peines y portées, outre les certificats de six citoyens, de donner caution jusqu'à concurrence de la moitié de leur fortune présumée.

10. Tous ceux que la disposition des précédents articles exclurait du territoire français et qui n'en seraient pas sortis au délai fixé, seront condamnés à dix ans de fers et poursuivis par l'accusateur public du lieu de leur résidence.

11. Les déclarations faites devant le Comité seront, en cas de contestation, soit sur lesdites déclarations, soit sur la décision, portées devant le Conseil général ou devant l'assemblée de la section, qui statueront sommairement et définitivement ; et à cet effet, lorsque le Conseil ou les sections d'une commune suspendront leur séance, il sera préalablement indiqué sur le registre l'heure à laquelle le retour de la séance sera fixé.

12. Hors les cas de convocation extraordinaire, desquels l'objet, la nécessité ou la forme seront constatés sur le registre, toute délibération arrêtée dans l'intervalle de suspension des séances est annulée par le fait ; le président et le secrétaire qui l'auront signée, seront poursuivis devant le tribunal de police correctionnelle et condamnés à trois mois de détention. »

La loi n'accordait donc à ces Comités qu'un droit de surveillance sur les étrangers seulement et ne leur permettait point, comme l'avait fait la section de la Croix-Rouge, de s'immiscer dans la vie des citoyens français.

Elle n'indiquait pas la durée de leurs fonctions, sans doute parce qu'on supposait que ce n'était là qu'une institution provisoire.

II

Ces Comités furent nommés, à Paris, le 28 mars 1793 (1); ils comprenaient douze titulaires et quatre ou six adjoints ; un bon nombre de leurs registres nous ont été conservés. Nous en avons lu douze, qui, intéressants à des titres divers, se complètent et permettent de se rendre compte du fonctionnement de ces commissions. Pour mettre de l'ordre dans leurs travaux, et fixer à chacun sa tâche, elles élaborèrent des règlements dont nous allons donner un aperçu.

A la section de l'Unité (2), les réunions du Comité ont lieu chaque jour, de 10 heures du matin à 2 heures de l'après-midi et de 5 à 8 heures du soir ; les membres sont priés de s'y rendre en grand nombre, car on ne peut délibérer s'il n'y a pas au moins 6 présents. On indique chaque soir, sur un tableau, le nom des commissaires de service le lendemain. Tout membre empêché doit prévenir le Comité deux jours à l'avance. Une première et une deuxième absence, non justifiées, sont signalées à l'assemblée générale ; la troisième entraîne la destitution du commissaire et son remplacement immédiat. Chaque membre de service est tenu de faire savoir, au dos de ses pouvoirs, si l'affaire qu'il a conduite a ou non réussi.

L'assemblée générale de la section du Panthéon-Français (3) arrête, le 1er avril 1793, « qu'elle donne provi-

---

(1) Arch. nat., F⁷/2507. Comité révolutionnaire de la section de l'Unité (28 mars 1793).

(2) *Ibid.*

(3) Arch. nat., F⁷/2520-2521 (1er avril 1793). Comité révolutionnaire de la section du Panthéon-Français.

soirement à son Comité révolutionnaire tous les pouvoirs illimités et nécessaires pour qu'il pourvoie avec efficacité au salut de la patrie et à la sûreté générale des citoyens. » Deux membres du Comité, accompagnés de quatre tambours et de la force armée, parcourent la section pour informer les citoyens du lieu et de l'heure des séances du Comité et les inviter à le seconder dans ses opérations. Il est notifié au commandant de la section que la force armée est à la réquisition des commissaires, qu'en conséquence leurs noms et signatures lui seront communiqués et envoyés à tous les postes militaires pour que, sur le seing de deux d'entre eux, tout ordre soit exécuté. Les commandants en chef et en second auront séance et voix consultative au Comité : douze hommes armés, commandés par deux officiers se tiendront à la disposition des commissaires. Le 11 avril 1793, l'assemblée générale rapporte son arrêté du 1er avril et enjoint au Comité de se renfermer dans les pouvoirs accordés par la loi. Le 16 avril, on décide que tout membre qui aura manqué trois fois à l'appel nominal fait chaque jour à 6 heures du soir, sera dénoncé à la section et remplacé.

A la section des Gravilliers (1), le 1er avril 1793, on affiche dans tous les lieux nécessaires la liste des membres du Comité, leurs noms et leurs adresses, ainsi que le tableau du service journalier de chacun. Pour délibérer, les commissaires doivent être au moins 5 ; dans le cas contraire, ils ne peuvent que faire rapport de leur opinion et la soumettre à une prochaine réunion régulièrement composée. Pendant les séances, une ordonnance se tient auprès du Comité, pour qu'il puisse requérir la force publique et faire exécuter ses ordres.

La section de la Réunion (2), le 31 mars 1793, arrête que

(1) Arch. nat., F⁷/2486 (1er avril 1793). Comité révolutionnaire de la section des Gravilliers.

(2) Arch. nat., F⁷/2494 (31 mars 1793). Comité révolutionnaire de la section de la Réunion.

le président sera renouvelé tous les quinze jours, que deux commissaires seront de service pendant vingt-quatre heures, que le bureau sera ouvert, le jour, de 9 heures à 1 heure et de 3 heures à 6 heures et de 9 heures du soir à 9 heures du matin, la nuit; que les réunions du conseil auront lieu à 6 heures précises, les dimanches, mardis et vendredis, enfin qu'on délivrera un pouvoir particulier à chaque commissaire. On jure de ne jamais dénoncer pour querelle personnelle, mais seulement dans l'intérêt général : « La commission a voulu par là s'assurer de la discrétion de tous ses membres et éviter toute discussion. » Les délibérations devaient être tenues secrètes. Le Comité de Montmartre (1) ordonne au commandant de la section de placer un factionnaire en dehors de la porte avec une consigne donnée par le président.

A la section de l'Observatoire (2), on a établi que tous les commissaires seraient de garde tous les jours de 9 heures à 2 heures et de 4 heures à 7 heures du soir, qu'ils prendraient avec ménagement toutes les informations nécessaires sur les dénoncés, et, dans le cas où la loi ne leur paraîtrait pas assez explicite, demanderaient des éclaircissements au Comité de sûreté générale. Le Comité pouvait inviter le juge de paix et le commissaire de police à se joindre à lui quand les circonstances l'exigeaient. Le président devait tenir trois registres : l'un pour recevoir les dénonciations signées de leurs auteurs, l'autre relatif aux cartes civiques, le troisième pour les procès-verbaux du Comité. Un article additionnel autorisa les citoyens à ne pas signer leurs dénonciations et déclarations. Le Comité était responsable de sa gestion devant l'assemblée générale, qui devait redresser les négligences et infractions à la loi et même traduire les

---

(1) Arch. nat., F⁷/2481-2482 (25 avril 1793). Comité révolutionnaire de la section de Montmartre.

(2) Arch. nat., F⁷/2514. Comité révolutionnaire de la section de l'Observatoire.

commissaires coupables devant les tribunaux compétents.

Les fonctions de ces Comités ne parurent pas assez nettement déterminées à quelques sections qui s'adressèrent à la Commune pour avoir des éclaircissements (notamment celle du Luxembourg, par délibération du 30 mars 1793). Pour répondre à cette demande et donner plus d'ensemble à la façon de procéder des différents Comités de surveillance, la municipalité leur fit parvenir l'instruction suivante (1).

« I. Suivant l'article iv du décret du 21 mars, chacun des Comités de la Commune recevra, pour son arrondissement, les déclarations de tous les étrangers actuellement résidant dans la commune, ou qui pourraient y arriver.

II. Suivant l'article v du même décret, ces déclarations contiendront le nom, l'âge, la profession, le lieu de naissance et les moyens d'exister du déclarant.

III. Suivant l'article vi, le tableau en sera imprimé et affiché (à la diligence du Comité de surveillance et aux frais de la Commune).

IV. Suivant l'article viii du décret, à l'égard des étrangers natifs des pays mêmes, avec les gouvernements desquels les Français sont en guerre, le Comité de surveillance délivrera un certificat d'autorisation de résidence, dans les cas seulement où, devant le Comité, ils justifieront de ce qui suit :

1° D'un établissement formé en France ;

2° Ou d'une profession qu'ils y exercent ;

3° Ou d'une propriété immobilière acquise ;

4° Enfin, ou de leurs sentiments civiques, par l'attestation de six citoyens depuis un an domiciliés dans la section.

V. Suivant l'article xi du décret, en cas de contestation, soit sur lesdites déclarations, soit sur les décisions, le tout sera porté devant l'assemblée de la section qui statuera définitivement et sommairement.

VI. Suivant un autre décret du même jour, 21 mars, comme

(1) Bibl. nat., L^{b40}/1181, in-8° de 8 pages.

tout citoyen ou fils de citoyen âgé de dix-huit ans et au-dessus est tenu de justifier :

1° Du lieu de sa naissance ;

2° De ses moyens d'exister ;

3° De l'acquit de ses devoirs civiques ;

4° De l'attestation de tout ce que dessus, par quatre citoyens domiciliés depuis un an dans la section,

C'est ledit Comité de surveillance qui, sur cette justification, délivrera une carte civique.

VII. Suivant le décret du 1ᵉʳ avril 1793, publié le 2, les Comités de surveillance examineront les certificats, billets d'hôpital, passeports, cartouches, congés, ou autres pièces qui seront représentées par quiconque aura quitté l'armée.

VIII. Suivant le même décret, dans le cas où lesdites pièces paraîtraient suspectes ou non valables, le prévenu sera retenu en *état d'arrestation* par lesdits Comités de surveillance, jusqu'à ce que, sur le compte qu'ils en rendront à la municipalité, le corps municipal ait statué sur la validité desdites pièces représentées, et sur la légitimité des motifs pour lesquels le prévenu aura quitté l'armée.

IX. Suivant la loi du 3 du présent mois d'avril, toutes les personnes qui seront trouvées soit dans les rues, soit dans les lieux publics sans avoir la cocarde tricolore, seront mises en état d'arrestation, et conduites devant les officiers municipaux chargés de la police pour y être interrogées.

X. Lesdits Comités de section, sur leur responsabilité, seront tenus de rendre compte de leurs mandats et arrêtés dans les vingt-quatre heures, à la municipalité, et à cet effet, d'envoyer au département de police, à la mairie, les pièces avec expéditions de leurs arrêtés d'arrestation motivés, et l'agent du Comité de surveillance fera enregistrer l'apport desdites pièces audit département, qui en donnera une reconnaissance portant le numéro dudit enregistrement.

XI. Tous les mois, lesdits Comités de surveillance enverront à la municipalité l'état des frais et déboursés qu'ils auront faits pour le logement, garde et nourriture desdits prévenus mis en état d'arrestation, lesquels frais et dépenses seront remboursés par la municipalité.

XII. La municipalité fixera un supplément de frais, tant de

bureau que de garçon de bureau, pour lesdits Comités de surveillance par un règlement général, et ce supplément sera
payé par quartier et tous les trois mois ».

Ce supplément nous est indiqué par une lettre du maire,
informant le Comité de la section du Finistère (1) qu'il
peut établir ses dépenses annuelles sur ce pied : secrétaire, 1,200 livres ; garçon de bureau, 800 livres ; loyer,
400 livres ; frais de bureau, 300 livres (total : 2,700 livres),
payables par douzième. Nous n'avons rien trouvé pour
les autres sections, mais dans ces chiffres, un seul peut
varier, celui du logement, comme on le constate dans
l'arrêté du 28 janvier 1791, précédemment cité. Du reste,
nous rencontrons l'indication des mêmes allocations dans
un des registres du Comité de salut public du département, sans désignation de section, ce qui donne au ren-
seignement un caractère général (2).

III

Cette circulaire municipale, du 4 avril 1793, permettait
d'arriver à une certaine unité dans le fonctionnement de
ces Comités, dont elle précisait les attributions ; nous
avons vu qu'elle avait été provoquée par les demandes
des sections, qui étaient préoccupées à ce moment par les
mesures qu'elles allaient prendre et désiraient agir avec
uniformité. C'est dans cette intention que le 2 avril 1793,
le Comité de celle des Gravilliers (3) prit l'initiative d'une
réunion des délégués des Comités de surveillance. A cet

---

(1) Arch. nat., F⁷/2517. Comité révolutionnaire de la section du Finistère, 16 juillet 1793.

(2) Arch. nat., BB³/74, papiers du Comité de salut public du département,
19 juillet 1793.

(3) Arch. nat., F⁷/2487. Comité révolutionnaire de la section des Gravilliers (2 avril 1793). (Voy. aussi F.-A. Aulard, *Actes du Comité de salut
public*, t. IV, p. 101).

effet, deux de ses membres furent chargés de demander une salle à la commune ou au département. Sur le refus de ces deux administrations, ils s'adressèrent au Comité de sûreté générale qui arrêta qu'un membre de chaque Comité de salut public se réunirait à lui pour coopérer ensemble, et par conséquent plus efficacement, à l'arrestation des malveillants et au salut de la chose publique ; il se chargea d'envoyer lui-même la convocation suivante aux quarante-huit Comités :

4 avril 1793.

CITOYENS,

Le salut public exige que tous les bons citoyens redoublent leurs efforts pour sauver la patrie ; vous êtes établis pour nous seconder dans la découverte des conspirations, et comme il faut de l'ensemble et de l'union dans ce moyen, nous vous invitons à nommer un de vos membres pour venir se concerter avec nous demain, 5 avril, dans le lieu ordinaire de nos séances.

Les membres du Comité de sûreté générale,

Signé : GARNIER, DUHEM, OSSELIN.

Le procès-verbal de la section des Gravilliers ne rapporte pas ce qui fut arrêté ; mais nous croyons le retrouver dans celui de la section des Piques (1), qui a certainement trait à la même réunion ou à une autre analogue. Le 13 avril 1793, en effet, le président fait part au Comité, d'une lettre qu'il a reçue du Comité de sûreté générale, invitant les commissaires de la section des Piques à désigner un d'entre eux pour se réunir aux autres délégués des sections et former un Comité central; il indique les raisons qui l'ont empêché d'en donner connaissance plus tôt et rend compte des différentes déterminations qui ont été prises à cette réunion. Le Comité central ne s'assemblera que deux fois par se-

---

(1) Arch. nat., F⁷/2475. Comité révolutionnaire des Piques (13 avril 1793).

maine, et le même délégué ne pourra y être admis plus
de deux fois de suite. Les frais en seront supportés par
la Commune. On demandera au Comité de sûreté générale
si les membres des Comités recevront une indemnité. Ils
seront munis de pouvoirs uniformes et imprimés, visés
par le Comité de sûreté générale, et s'appelleront commissaires révolutionnaires. La Convention sera priée
de donner une interprétation de l'article 9 de la loi du
21 mars, disant qu'outre les certificats de six témoins,
les étrangers devront donner caution jusqu'à concurrence
de la moitié de leur fortune présumée.

Ce Comité central, organisé sous les auspices et par
l'entremise du Comité de sûreté générale, ne dut pas
fonctionner longtemps. Il laissait soupçonner une tutelle
que les sections auraient trouvée gênante et dont n'aurait
pu s'accommoder leur grand besoin d'indépendance. En
tout cas, il n'existait plus le 21 avril 1793, puisque ce jour-
là, le Comité de surveillance de la section de l'Unité (1)
arrêta qu'il y avait lieu d'établir un Comité central, et
conformément à une invitation de celle du Contrat-Social,
qui aspirait à ce moment à devenir le centre des sections (2), décida que tous les mardis on enverrait un
délégué au Contrat-Social. Il s'agissait donc de séances
hebdomadaires. Le 27 avril, en effet, les délégués des sections se réunirent au Contrat-Social, pour demander, au
Comité de salut public et de surveillance de la Convention, des indemnités pour les membres des Comités
révolutionnaires de Paris, qui, presque tous ouvriers, ne
pouvaient, sans salaire, conserver le poste essentiel qui
leur était confié. La municipalité et la Convention promirent, paraît-il, de faire droit à cette demande (3).

(1) Arch. nat., F⁷/2507. Comité révolutionnaire de la section de l'Unité
(21 avril 1793).
(2) Mortimer-Ternaux, t. VII, p. 267.
(3) Arch. nat., F⁷/2507. Comité révolutionnaire de la section de l'Unité
(28 avril 1793).

La semaine suivante, 5 mai 1793, fut adressée au quarante-huit Comités la lettre ci-dessous (1) :

Frères et amis, vous êtes priés d'envoyer demain un de vos membres, à 6 heures précises du soir, au Comité central révolutionnaire établi dans une de nos salles, afin de prendre communication de toutes les mesures de surveillance et de salut public et agir d'un manière uniforme.

Vos concitoyens,

E. GUIRAULT, *président*, CHÉRY, *secrétaire*.

Écrit à la main :

« Les circonstances urgentes exigent que vous n'y manquiez point. »

Ce Comité tint-il des assemblées régulières comme cela semblerait résulter des documents que nous venons de citer ? Nous ne le pensons pas; nous en trouverions forcément des traces dans les registres des Comités révolutionnaires. En principe, on institua bien un Comité central, inspirateur ou directeur des opérations des Comités de section, mais, en fait, le fonctionnement n'en fut qu'intermittent. Il arriva seulement qu'en des circonstances graves, ou en vue d'amener un résultat déterminé, les Comités révolutionnaires s'entendirent, formèrent des réunions de délégués qui se séparaient dès que le but était atteint ou le danger passé, sans assigner une date à leur prochaine séance. L'accord n'était que momentané; l'unité de direction ne survivait pas au besoin qui l'avait fait naître et chacun reprenait alors sa liberté d'action. C'est surtout aux journées de mai qu'on fit appel à cette entente. Nous avons déjà parlé des réunions de la mairie (19 mai et jours suivants). Le 29 mai, le Comité de la section

(1) Arch. nat., F⁷/2475. Comité révolutionnaire de la section des Piques (5 mai 1793).

de l'Unité (1) dit qu'il a reçu une lettre d'invitation pour envoyer un membre à la réunion des commissaires et former — il n'existait donc pas — un Comité central révolutionnaire. Le lendemain (30 mai), le délégué Sandoz informe ses collègues que ce Comité central, usant des pouvoirs illimités accordés à chacun de ses membres, a déclaré Paris en insurrection, et il remet un extrait du procès-verbal qui a été rédigé à cette séance. Le 31 mai 1793, ce même Comité écrivait à ceux des 48 sections (2) :

Citoyens, nous apprenons que des ménagements et des considérations particulières vous arrêtent dans le désarmement des gens suspects et l'arrestation de ceux dont les principes ont toujours été contraires au gouvernement libre que nous voulons nous donner. Sachez que vous êtes responsables de la tranquillité publique et que nous ne pouvons l'obtenir qu'en désarmant les ennemis de l'intérieur ; songez que les hordes coalisées ne s'avancent sur le territoire de la République que par l'accord qui règne entre eux et nos ennemis intérieurs ; songez enfin que c'est à vous que le peuple a remis le pouvoir de désarmer les uns, tandis que nos frères combattent les autres ; *le peuple est debout* et il ne se rassoira pas que lorsque tous ses ennemis seront anéantis. Il vous punirait si vous ne remplissiez pas sévèrement votre devoir.

MARQUET, président, CLÉMENT, secrétaire.

C'est ce Comité central qui organisa l'insurrection du 31 mai et du 2 juin, objet et cause de sa formation. Après cet événement, nous n'en rencontrons plus qu'une courte mention, dans le procès-verbal de la section des Piques, 25 juin 1793 (3) : « Le Comité de surveillance

(1) Arch. nat., F⁷/2507. Comité révolutionnaire de la section de l'Unité (29-30 mai 1793).

(2) Arch. nat., F⁷/2475. Comité révolutionnaire de la section des Piques (31 mai 1793)

(3) Arch. nat., F⁷/2475. Comité révolutionnaire de la section des Piques (25 juin 1793).

des Quinze-Vingts, y lit-on, réitère la demande d'envoyer un membre au Comité central du Contrat-Social où l'assemblée des commissaires devait avoir lieu. » La commission passe à l'ordre du jour, déclarant qu'elle ne reconnaît que le Comité de sûreté générale : ce qui tend à prouver que ce Comité central voulait se constituer le rival de ceux de la Convention. Et, le même jour, le Comité de salut public (1) avait invité les Comités des sections à correspondre avec lui pour le mettre à portée d'exercer avec fruit sa surveillance.

Si donc, il n'y eut pas un Comité central révolutionnaire permanent, à séances fixes et régulières, il exista cependant, à plusieurs reprises et chaque fois que les circonstances l'exigèrent, des assemblées de délégués des Comités révolutionnaires, qui se tinrent le plus souvent au Contrat-Social. Ces groupements de commissaires révolutionnaires, cette entente entre les quarante-huit conseils que le Comité de sûreté générale avait d'abord favorisés, nous aurons l'occasion de voir que le gouvernement les interdira au 14-16 frimaire an II (4-6 décembre 1793).

Mais au-dessus de ces Comités, et leur servant en quelque sorte de lien et de guide, se trouvait le Comité de salut public du département séant au collège des Quatre-Nations. Les procès-verbaux qu'il nous a laissés comprennent quatre gros registres et vont du 8 juin 1793 au 29 fructidor an II (15 septembre 1794) (2). Il était composé de 14 membres titulaires et de six adjoints, pris dans des sections différentes. Dans sa première séance, il détermina ainsi ses fonctions : communiquer avec le Comité de salut public de la Convention nationale pour les grandes mesures qui embrassent l'intérêt général de la République, prendre des informations exactes sur les

(1) Arch. nat., F⁷/2475. Comité de la section des Piques (25 juin 1793.)
(2) Arch. nat., BB³/74 et 84.

sentiments républicains des sections et communes du département de Paris, correspondre avec les Comités de salut public des départements, s'instruire soigneusement de la quantité d'hommes armés disponibles, de la quantité des vivres et munitions de guerre, surveiller et accélérer l'organisation de l'armée révolutionnaire. Le Comité de sûreté générale répond à une de ses questions « qu'étant une émanation de celui de la Convention, il a tous les pouvoirs nécessaires pour l'instruction des affaires : mandats d'amener, perquisitions et interrogatoires. » Ce Comité tient deux séances par jour et nomme une « Commission inspectante des postes », pour arrêter lettres et journaux suspects; elle fonctionne jusqu'au 2 pluviôse an II.

Le 12 juillet 1793, il décide qu'il sera accordé un traitement de 3 livres aux commissaires révolutionnaires et propose, le 27 juillet, au Comité de salut public de prendre cette indemnité sur les fonds secrets. Il demande aussi pour eux une marque distinctive — médaille en cuivre — et le 14 juillet fait mettre à leur disposition des pistolets pour parer aux dangers de leurs opérations.

Il reçoit les dénonciations des Comités révolutionnaires, leur demande des renseignements sur les personnes suspectes, leur donne l'ordre d'apposer et de lever les scellés, leur prescrit de surveiller les attroupements aux portes des boulangers et « d'envoyer les femmes les plus obstinées passer une quinzaine à Sainte-Pélagie »; il autorise les arrestations, approuve ou blâme celles qui ont été faites sans son autorisation. Les Comités révolutionnaires dans la première partie de leur existence ne sont guère que les exécuteurs de ses ordres; ils sont invités, le 27 juillet, à envoyer tous les jeudis un délégué pour délibérer sur les intérêts de la République et faire connaître l'esprit des sections. Le 10 frimaire an II (30 novembre 1793), cette invitation est renouvelée et, le Comité leur rappelle que les réunions ont lieu régulièrement le 5 de chaque décade, aux Jacobins, et qu'elles sont toujours trop peu nombreuses.

Mais la loi du 14 frimaire an II (4 décembre 1793) défendant aux autorités constituées de convoquer les commissaires révolutionnaires, en tout ou en partie, le Comité les prévint que ces réunions n'auraient plus lieu et qu'ils devraient lui envoyer leurs renseignements par écrit. Mais son existence même était menacée. Lulier écrivit à ce Comité, le 22 frimaire, de cesser immédiatement ses fonctions. Pourtant, le 23, le Comité de salut public interrogé répondit : « Le Comité, instruit des services que le Comité de surveillance du département de Paris a rendus à la chose publique, et convaincu de la nécessité de surveiller plus que jamais les ennemis de la patrie, arrête que les membres composant ce Comité continueront leurs fonctions (1). »

Il a pu y avoir parfois après l'extension de leur autorité de petits froissements entre les Comités révolutionnaires et le Comité de salut public départemental. Le 19 nivôse an II (8 janvier 1794), il se plaint en effet d'une lettre que lui a adressée le Comité révolutionnaire de la section de Brutus, lettre dans laquelle on ne trouve même pas le titre de citoyen : « Nous vous observons que l'on n'écrit point impérieusement à des frères qui agissent de concert avec vous pour le bien public et surtout lorsque par nos pouvoirs, nous avons le droit d'agir directement dans toute l'étendue du département. Nous nous sommes (cependant) fait un devoir de nous adjoindre toujours, dans nos opérations, un membre des Comités révolutionnaires des sections dans l'arrondissement desquelles nous exercions. »

Dans une lettre que Gohier, ministre de la justice, écrit à ce Comité le 14 ventôse an II (4 mars 1794), il parle d'un arrêté du Comité de salut public relatif à l'indemnité due

______

(1) F.-A. Aulard : *Recueil des actes du Comité de salut public*, t. IX, p. 365. Cet arrêté est de la main de Robespierre.

aux membres de ce Comité départemental pour leurs fonctions. Ces membres étaient donc salariés. Le 22 ventôse, ils adoptent un nouveau règlement pour réduire leurs frais et remplacent le portier, qui rançonnait les prisonniers sortants, par un brave sans-culotte, père de famille, qui ne devra rien accepter des détenus. Un arrêté du Comité de salut public du 19 messidor an II (7 juillet 1794) mit fin aux travaux de ce Comité.

IV

Nous avons tenu à réunir tout ce qui se rapporte au Comité central et à ce Comité de salut public et à l'exposer sans interruption ; il nous faut maintenant revenir en arrière pour signaler les changements que l'expérience et l'accroissement de leurs travaux obligèrent les Comités de section à apporter à leur première organisation. Le 14 avril 1793, à la section des Piques (1), le président annonce qu'il est urgent d'établir l'ordre du service, parce qu'un grand nombre d'étrangers se présentent pour demander des cartes de sûreté, ainsi que des volontaires dont il faut recevoir les déclarations et viser les passeports ou congés : deux membres feront le service journalier à partir de 8 heures du matin. Le Comité décide, en outre, qu'il s'assemblera tous les soirs, à 7 heures, pour prononcer sur les réclamations qui auront pu être faites ; on élit un trésorier qui reçoit trois cents livres d'avances du trésorier de la section, en prévision de certaines dépenses qui ne peuvent se faire qu'au comptant à cause de leur modicité. Le Comité soumettra, tous les trois mois, à l'assemblée générale, l'état de ses recettes et de ses dépenses. Le 6 septembre 1793, on fixe aux mardis, jeudis et

(1) Arch. nat., F⁷/2475. Comité révolutionnaire de la section des Piques (14 avril 1793, etc.).

samedis, les réunions générales du Comité, avec peines pécuniaires pour ceux qui se dispenseront d'y assister sans motif légitime. Enfin, le 1er ventôse an II (19 février 1794), considérant l'impossibilité où l'on est de répondre et de satisfaire aux demandes et ordres qui sont adressés, s'il n'y a point de section particulière pour chaque objet, on arrête qu'il sera formé trois divisions, qui toutes correspondront entre elles et pourront se réunir pour délibérer sur une question quelconque.

La 1re division (4 commissaires) sera chargée du travail journalier du Comité : délivrance des bons pour la Vendée et autres, visa des passeports et déclarations.

La 2e division (4 commissaires) aura la surveillance intérieure de la section conjointement avec le commissaire de police, et l'exécution des arrêtés du Comité relativement aux opérations et mesures de sûreté.

La 3e division (4 commissaires) formera le bureau du Comité et aura l'expédition des arrêtés et la tenue des procès-verbaux et des archives. Le président en fera toujours partie.

Les sections, ainsi formées, seront inscrites sur trois tableaux. Deux des membres de chaque division seront tenus de se rendre à leur poste, à 8 heures du matin, toutes les fois qu'ils n'auront pas été chargés d'exécuter des ordres inattendus pendant la nuit, ou obligés d'aller à la campagne. En cas d'empêchement, ils devront en prévenir leurs collègues de section. S'ils s'absentent trois fois sans justification, ils seront dénoncés à l'assemblée et remplacés par le Comité.

Des modifications analogues avaient eu lieu aussi dans les autres Comités. Celui de la section de la Réunion (1), le 4 juin 1793, s'adjoint des collègues, mais s'engage à ne les prendre que parmi les bons sans-culottes, et à

____

(1) **Arch. nat.**, F⁷/2494. Comité révolutionnaire de la section de la Réunion (4 juin 1793).

n'accepter ni notaires, ni clercs de notaire, avoués, banquiers, qui n'aient fait preuve d'un civisme irréprochable depuis 1789. Dans la section des Gravilliers (1), le 5 juin, le Comité s'était divisé en trois sections : la première (4 membres) accordait les certificats de civisme ; la deuxième (4 membres) délivrait des cartes ; la troisième (4 membres) suivait les dénonciations et le fil des trames. Le 30 juillet, on arrêta que trois absences entraîneraient la censure avec inscription au procès-verbal.

Le 2 août 1793, le Comité de la section de l'Unité (2) invitait les commissaires que leurs emplois détournaient du service à donner leur démission.

C'était le moment, en effet, d'exiger de l'assiduité des membres des Comités, car avec les difficultés s'accroissaient les occupations. Un arrêté de la Commune (3), du 1er mai 1793, les avait chargés d'opérer la levée de 12,000 hommes, contingent de Paris pour la Vendée. Le choix des volontaires devait être fait par une commission formée de six membres du Comité révolutionnaire et d'un membre du Conseil général. Les Comités civil et révolutionnaire réunis nommaient ce *Comité de réquisition*, qui se faisait présenter, par chaque capitaine, le contrôle de sa compagnie et désignait les citoyens auxquels il croyait devoir adresser des réquisitions. Il pouvait requérir ceux qui n'étaient pas portés sur les rôles des compagnies. Il est inutile, disait l'arrêté, d'observer aux membres du Comité de réquisition qu'ils « doivent suivre dans leurs choix les règles d'une justice rigoureuse, qui les déterminent à ne désigner que ceux dont l'absence momentanée est sujette à moins d'inconvénients. » Le Comité affichait la liste des citoyens requis

(1) Arch. nat., F⁷/2486. Comité révolutionnaire de la section des Gravilliers (5 juin 1793-30 juillet 1793).

(2) Arch. nat., F⁷/2507. Comité révolutionnaire de la section de l'Unité (2 août 1793).

(3) Buchez et Roux, t. XXVI, p. 333.

dans la salle de l'assemblée générale, apprenait d'eux ce qui leur manquait pour leur habillement, équipement et armement complet, et transmettait tous ces renseignements au bureau de la Commune.

Le 21 octobre 1793, « la commission (1) faisant fonction de directoire de district pour la plus prompte activité de réquisition » invita les sections qui n'avaient pas de commissaires de recrutement à en nommer le nombre qu'elles jugeraient nécessaire. Leurs fonctions devaient se borner à surveiller l'habillement et l'équipement des jeunes citoyens : ils constataient et estimaient ce que chacun apportait, en dressaient des états visés par la majorité des membres du Comité révolutionnaire, et les présentaient à la commission de réquisition, qui leur délivrait un mandat pour le prix indiqué.

Ces armements occasionnaient de grandes dépenses; pour y suffire, le Conseil général (2) établit un emprunt forcé de 12 millions sur les riches, et chargea de le répartir (3 mai 1793) les Comités révolutionnaires, à chacun desquels il adjoignit un de ses membres. Ils devaient ouvrir un registre pour recevoir les soumissions volontaires et expédier le troisième jour, des réquisitions à ceux des gens aisés qui n'avaient pas soumissionné ou l'avaient fait dans une proportion inférieure à leurs facultés.

Les proportions qu'on établit pour servir de bases aux commissaires dans leurs travaux, la présence d'un membre du Conseil général, étaient autant de garanties de justice. Ce sont pourtant ces réquisitions qui attirèrent les premières haines (3) aux Comités révolutionnaires et cau-

---

(1) Arch. nat., F⁷/2478. Comité révolutionnaire de la section Le Peletier (12 octobre 1793).

(2) Buchez et Roux, t. XXVI, p. 399 et 400.

(3) Voy. à ce sujet, Arch. nat., F⁷/24⁻8, Comité de la section Le Peletier (6 mai 1793), la protestation du Comité contre cet emprunt forcé : il ne veut pas être « chargé de tout l'odieux de cette opération inquisitoriale et tyrannique » et invitera l'assemblée générale à réclamer auprès de la Convention « contre tout ce que cet arrêté renferme d'illégal, d'injuste, de vexatoire ! »

sèrent dans les assemblées génerales les désordres que nous avons signalés ailleurs : on leur reprocha, peut-être non sans raison, d'avoir désigné pour l'expédition de Vendée tous leurs ennemis personnels ou politiques.

V

Il semble que les Comités révolutionnaires auraient pu se contenter des pouvoirs qui leur avaient été concédés et qui se fortifiaient chaque jour. Leur ambition ne fut pourtant pas satisfaite, et ils voulurent ajouter encore à une puissance déjà redoutable, en l'étendant sur tous. Leur application à rechercher des coupables leur en fit voir partout, et tous, qu'ils fussent étrangers ou Français, leur parurent également bons à saisir et à punir. Dans ces temps troublés, la pratique d'une autorité quelque peu occulte et anonyme devait conduire à des abus et à des empiétements de pouvoirs; l'audace naît où la responsabilité cesse. Incités donc par le sentiment de leur puissance, par le désir d'être utiles à la patrie, et, il faut bien le reconnaître, encouragés par les ordres mêmes de la Commune, qui, les employant à toute besogne, les invitait à s'immiscer dans tout, ils osèrent user envers leurs concitoyens des droits que la loi leur accordait sur les étrangers. A la faveur des troubles de mai, le Comité de la section de l'Unité (1) (16 mai) ne craignit pas de mettre en arrestation des citoyens de sa section. Cette

(1) Arch. nat., F⁷/2507 (16 mai). « D'après l'arrêté de l'assemblée générale de la section, le comité a ordonné l'arrestation du citoyen Legangneur, commissaire de police de la section, Leroux, juge de paix, ainsi que les nommés Porrot, Boissieux, soupçonnés de projets contre-révolutionnaires ; le nommé Letellier avait été de même arrêté le 14, tous les susnommés ont été conduits au département de police, à la mairie, ce jourd'hui, 16 du présent, à l'exception du citoyen Legangneur qui a été mis en liberté d'après son interrogatoire et l'arrêté du Comité de ce jour. » (Leroux avait signé une pétition dans laquelle l'on avait ridiculisé Chaumette.)

infraction à la loi fut signalée à la Convention (17 mai), qui « après s'être fait rendre compte par son Comité de législation des motifs de plusieurs mandats d'arrêt qui ont été décernés par le Comité de surveillance des étrangers de la section de l'Unité » (1), décréta ce qui suit (26 mai 1793) :

« Art. I. Les scellés apposés chez les citoyens... seront levés et leurs papiers leur seront rendus.

II. Le citoyen Letellier sera mis en liberté.

III. Le ministre de l'intérieur se fera rapporter tous les procès-verbaux de nomination de tous les comités de surveillance des étrangers des différentes sections de Paris et, notamment, de la section de l'Unité; il poursuivra le renouvellement de tous ceux dans la formation desquels la loi de leur établissement aura été violée; il rendra compte, dans le délai de trois jours, de l'exécution de cet article.

IV. Il est défendu aux comités des sections, établis pour la surveillance des étrangers, de se qualifier de comités révolutionnaires et d'excéder les pouvoirs qui leur sont attribués par la loi du 21 mars, sous les peines portées au Code pénal contre les auteurs d'actes arbitraires.

V. La Convention, voulant tarir la source des plaintes qui lui sont parvenues relativement à l'ignorance où on laisse la plupart des détenus des causes de leur arrestation, enjoint au ministre de la justice et à celui de l'intérieur de donner les ordres les plus précis dans leur département respectif pour que l'article vi du titre II et les articles v et vi du titre XIII de la loi du 16 septembre 1791 sur la police de sûreté, faite pour prévenir un inconvénient aussi grave, soient exactement observés. »

Détournés pour un temps de la voie dans laquelle ils allaient s'engager, les Comités eurent encore un assez vaste domaine pour se mouvoir et occuper leur activité.

---

(1) Michelet dit à tort que ce décret fut rendu à la suite d'arrestations de la Cité, signées de Dobsent. Tout ce qu'il dit se rapporte à l'Unité, t. VII, p. 102 et 103.

Nous avons déjà vu qu'outre leurs fonctions toutes spéciales de surveillance, ils prennent part avec les commissaires civils aux visites domiciliaires chez les logeurs et
dans les hôtels garnis, saisissent les armes chez les
armuriers (2 mai 1793), apposent et lèvent les scellés,
opèrent la rentrée des fonds promis aux volontaires
(400 livres pour chacun aux Piques, 250 aux Gravilliers),
s'occupent aussi des approvisionnements, rentrée et
distribution des subsistances, mettent en réquisition les
chevaux de luxe, gondoles, berlines, calèches et autres
voitures. Un arrêté municipal du 8 août 1793 (1) leur
prescrit d'entretenir une correspondance journalière avec
la Commune et de lui faire connaître l'état et le nom
des personnes arrêtées, pour qu'elle puisse en faire elle-
même un rapport au Comité de sûreté générale. Dès le
25 juin (2), le Comité de salut public les avait invités à
entrer avec lui en relations suivies pour l'aider à exercer
sa surveillance.

VI

Mais, malgré tout, l'arrestation des suspects et la délivrance des cartes de civisme formaient la partie importante et délicate de leurs occupations et valent qu'on s'y
arrête un peu pour montrer comment elles avaient lieu.
D'abord, à quelles marques reconnaissait-on les bons
citoyens et quel interrogatoire faisait-on subir à ceux qui
se présentaient pour obtenir des certificats de civisme?
Ici encore, par les quelques extraits de diverses sections
que nous allons donner, on s'apercevra qu'elles procédaient à peu près de la même façon. Voici d'abord une
série de questions inscrites sur une feuille trouvée à la

(1) Arch. nat., F⁷/2475, 8 août 1793. Comité révolutionnaire de la section
des Piques.
(2) Arch. nat., F⁷/2475, 25 juin 1793.

préfecture de police, sans indication de date, ni de section.

CERTIFICAT DE CIVISME

1. Ton nom, ta demeure, ton âge?
2. Depuis combien de temps?
3. Es-tu né Français?
4. As-tu prêté serment à la République?
5. Qu'as-tu fait pour la Révolution?
6. Où étais-tu à la journée du 10 août?
7. A la journée du 31 mai, du 1er juin, du 2 juin?
8. Où étais-tu le jour du massacre du Champ-de-Mars?
9. As-tu signé la pétition des 22 scélérats et fédéralistes de la Convention?
10. As-tu signé des pétitions anticiviques?
11. As-tu assisté à quelque (club) anticivique.
12. Que faisais-tu avant la Révolution?
13. Que fais-tu actuellement?
14. Es-tu père de famille?
15. Combien as-tu d'enfants?
16. Tu n'as jamais été prêtre?
17. As-tu donné asile à quelques prêtres réfractaires?
18. Tu ne connais personne qui puisse le leur avoir donné?
19. Es-tu de la ci-devant noblesse?
20. Es-tu de la liste civile?

A la section du Panthéon (1), le 28 juin 1793, on a arrêté de faire les « interpellations suivantes, tant au demandeur en certificat de civisme qu'aux témoins » :

« Avant de vous présenter ici pour répondre du civisme du citoyen... avez-vous bien réfléchi que vous vous exposiez à une responsabilité terrible envers vos concitoyens? Vous y présentez-vous fort de votre conscience envers vous-même?

(1) Arch. nat., F⁷/2520. Comité révolutionnaire de la section du Panthéon (28 juin 1793).

Avez-vous constamment donné des preuves de votre civisme
depuis le 14 juillet 1789, en montant votre garde personnellement, en assistant constamment aux assemblées de section, en
vous rendant sous les armes toutes les fois que la sûreté des
personnes et des propriétés était en danger et que la tranquillité publique l'exigeait? Depuis quel temps connaissez-vous le
citoyen...? Êtes-vous parent, allié, domestique ou locataire
du demandeur? Ne lui avez-vous pas quelque obligation particulière qui vous force à lui accorder un témoignage que,
dans toute autre circonstance, votre cœur repousserait si vous
n'eussiez (*sic*) pas dépendu de lui, d'après la demande qu'il
vous a faite de lui servir de témoin?

Quel âge avez-vous? Quelle est votre profession? Où
demeurez-vous? Quels sont vos moyens de subsistance?
N'avez-vous jamais été d'aucun club anticivique? N'avez-vous
jamais signé de pétition contraire aux droits du peuple? Vous
déclarez donc formellement, en votre âme et conscience, que
le citoyen... a, comme vous, servi de tout son pouvoir la
Révolution depuis le 14 juillet 1789 jusqu'à ce jour, en ami
de la liberté, de l'égalité et en bon républicain; qu'il a
monté sa garde personnellement, qu'il a pris les armes toutes
les fois qu'il en a été requis pour le salut public; vous attestez
aussi que les officiers de sa compagnie sont prêts à le certifier,
s'ils en étaient (*sic*) requis? »

Enfin, à celle de l'Observatoire (1), nous trouvons sur
une feuille collée au dos du registre, sans date ;

« Avez-vous signé les pétitions des huit mille et des vingt
mille? fréquenté les clubs anticiviques? Avez-vous pris les
armes aux journées mémorables des 10 août, 31 mai, 1ᵉʳ juin
et 2 juin? N'avez-vous jamais servi dans les armées de la
République? Avez-vous cherché à vous instruire, en assistant
le plus souvent possible aux assemblées de section et aux
sociétés populaires? Quels titres de capacité apportez-vous
pour remplir les fonctions dont vous êtes chargé? Avez-vous

____

(1) Arch. nat., F⁷/2514. Comité révolutionnaire de la section de l'Observatoire.

fait exactement votre service militaire? N'existe-t-il, ou n'a-t-il jamais existé contre vous aucune dénonciation auprès des autorités constituées? Avez-vous prêté le serment prescrit par la loi? Dans quelle compagnie avez-vous servi pour la première fois lors de la Révolution? »

On peut conclure que. sauf un peu plus de brutalité dans la forme. pour le premier modèle, plus de gravité et de solennité dans le second. ce sont. dans les trois sections différentes, dont deux fort éloignées, toujours les mêmes questions qui sont adressées aux citoyens qui se présentent pour avoir des certificats de civisme. Ces certificats étaient souvent renouvelés, et les formalités pour en obtenir, simples d'abord, finirent par devenir très compliquées. Un arrêté du Conseil général (1) (12 frimaire an II — 2 décembre 1793). les fixa ainsi : dans le mois qui suivrait la publication de cet arrêté, on devait adresser une demande au Comité révolutionnaire de la section. qui en faisait rapport à l'assemblée générale. (Passé ce délai. il fallait faire certifier par le Comité révolutionnaire qu'on avait fait. en temps utile. toutes les diligences pour en avoir.) Si l'assemblée générale l'accordait et si rien ne s'opposait à la délivrance, le certificat était visé par le Comité révolutionnaire et revêtu des signatures de sept membres attestées par le secrétaire; il était ensuite déposé à la maison commune, enregistré et rapport en était fait au Conseil général. A la place de ce certificat qui devait rester à la maison commune, la commission en délivrait un autre soumis au visa du département. On exigeait du postulant les qualités ci-après :

1° Produire l'extrait de son enregistrement dans la garde nationale depuis le commencement de 1790 (ceux seulement qui étaient à cette époque citoyens actifs) ;

(1) *Moniteur*, t. XVIII, p. 579.

2° Produire des quittances des contributions patriotiques et d'impositions de 1791-1792;

3° N'avoir occupé qu'une place à la fois depuis le 10 août et n'avoir touché qu'un traitement;

4° N'avoir fait aucun écrit contre la liberté;

5° N'avoir été d'aucun club proscrit dans l'opinion publique, tels, pour Paris, que ceux monarchien, Feuillants, Sainte-Chapelle, Massia et Montaigu;

6° N'avoir été rejeté d'aucune société populaire telle, pour Paris, que les Jacobins et Cordeliers, lors de leur épuration;

7° N'avoir signé aucune des pétitions proscrites, telles pour Paris que celles des huit mille et des vingt mille, contre la translation de Voltaire et contre le mariage des prêtres, lors même qu'on se serait rétracté sur-le-champ.

La délivrance de ces certificats, qu'ils fussent accordés ou refusés, ne pouvait donner lieu à aucune violence; il n'en était point de même des arrestations, et c'est ici que devait se montrer la brutalité des commissaires de surveillance. A ce titre, il nous paraît intéressant de raconter comment, en pleine agitation et dans un moment de surexcitation générale, fut faite celle du ministre Clavière : on verra que les Comités révolutionnaires savaient au besoin user de prudence et de modération.

Le 31 mai 1793, un ordre du Comité central révolutionnaire enjoint au Comité de la section des Piques (1) de prendre toutes les mesures les plus promptes et les plus efficaces pour s'assurer des personnes suspectes, et notamment du ministre Clavière, au département des contributions publiques. Aussitôt, le Comité arrête que deux de ses membres, Guiard, président, et Grenard, se rendront avec la force armée à la maison du ministre et en occuperont toutes les issues. Clavière était absent. Le 1ᵉʳ juin, on

---

(1) Voy. Arch. nat., F⁷/2475, 31 mai et jours suivants. Comité révolutionnaire de la section des Piques.

apprend des citoyens Jacquemont, son secrétaire principal, et Groussard, son commis, qu'il vient de se rendre à l'instant au Conseil exécutif et, de là, chez lui. Peu après, Groussard annonce qu'il en a reçu un billet dans lequel Clavière l'invite à prier le Comité de vouloir bien lui donner une garde pour sa sûreté. Sur ces entrefaites, le ministre lui-même se présente au Comité. Aux questions qui lui sont adressées, il répond qu'ayant été menacé, il a cru prudent de se soustraire à la haine de ses ennemis, et qu'il vient de rentrer pour reprendre le cours de son travail, sous la sûreté d'une garde que la section voudra bien lui donner. On l'engage à se retirer dans une salle voisine, pendant qu'on délibère pour savoir s'il sera conduit immédiatement à l'hôtel de ville. Un membre observe que le citoyen Clavière s'étant rendu volontairement à son poste, c'est là qu'il doit être mis en état d'arrestation, conformément à l'arrêté du Comité central ; de plus, qu'il y aurait, par suite de l'effervescence des esprits, de l'imprudence à le conduire à la Commune. La majorité se range à cette opinion et en fait part au Comité central, qui l'approuve. En conséquence, les citoyens Guiard et Grenard sont chargés de mettre Clavière en arrestation chez lui, en lui laissant toutes facilités pour surveiller et continuer son administration.

Le lendemain, 2 juin, ils préviennent leurs collègues que le ministre est en possession de sa chambre à coucher et autres pièces nécessaires à la continuation de ses travaux, et qu'ils ont remis à plus tard la visite de ses papiers. Mais ce même jour, la Convention consentait à l'arrestation de Clavière : le Comité central envoya aussitôt deux gendarmes pour remplacer la garde de la section. Le Comité des Piques, informé, arrêta qu'elle serait maintenue et exercerait la surveillance de concert avec la gendarmerie. Le 5 juin, sur la demande de l'inculpé, on leva les scellés apposés sur les deux cabinets qui renfermaient les principaux papiers, lettres ou mémoires relatifs à son administration. Le 9 juin, Clavière pria le Comité de rappeler les douze hommes qui composaient sa garde, indépendamment de celle de la Convention, et, en même temps, le Comité civil (1) reçut du maire de Paris une lettre l'invitant à se conformer au décret de la Convention nationale, qui ordonnait que les députés et ministres arrêtés ne seraient gardés à vue que par un gendarme.

Cette opération fut donc conduite avec beaucoup de sagesse : la qualité, l'importance du prisonnier, la gravité des circonstances, propres à inspirer des excès de zèle au Comité révolutionnaire, font bien valoir la modération et même la bienveillance dont il fit preuve en cette occasion.

VII

Dès leur origine, les commissaires de surveillance, en raison des travaux qu'on exigeait d'eux, sollicitèrent une rétribution : elle paraissait d'autant plus légitime à la fin de 1793, que leurs fonctions absorbaient tous leurs instants. Nous avons dit plus haut que, le 12 juillet, le Comité de salut public du département avait décidé qu'il leur serait alloué un « traitement de 3 livres ». Le 7 août 1793, le Comité de salut public (2) avait fait mettre à la disposition du maire de Paris 50,000 livres pour indemniser, pendant le mois, les membres peu fortunés des Comités de surveillance, afin que leurs femmes et leurs enfants ne souffrissent pas de la perte de leur temps. Cet arrêté leur accordait aussi 50,000 livres pour la recherche des complots, sorte de fonds secrets

---

(1) Arch. Seine, D. 976. Comité civil des Piques (9 juin 1793).
(2) F.-A. Aulard : *Recueil des actes du Comité de salut public*, t. V, p. 497.

pour lesquels ils avaient déjà reçu chacun 2,000 livres (1).
Enfin la Convention nationale décréta, le 5 septembre
1793, qu'une indemnité de 3 livres par jour serait payée
aux membres des Comités de salut public, et que les
fonds nécessaires à cette indemnité seraient fournis par
une contribution établie sur les riches. Mais en même
temps, elle ordonnait que la liste de leurs membres
serait présentée au Conseil général, qui était autorisé à
les épurer et à en nommer d'autres provisoirement. Tous
les ci-devant nobles et les prêtres non mariés devaient en
être exclus.

La somme accordée leur parut insuffisante : ils la
firent augmenter par le décret du 18 brumaire an II
(8 novembre 1793). L'indemnité était portée à 5 livres
par jour depuis leur entrée en fonction. La municipalité de Paris devait former un état de la dépense effective, occasionnée par l'organisation de ces Comités d'a-
près les bases du présent décret et répartir le montant
de cette dépense sur les détenus. Le recouvrement en
serait fait par les percepteurs des contributions ordinaires, qui en verseraient le produit dans le trésor
public. Les citoyens détenus injustement obtiendraient
décharge des sommes qu'ils auraient versées, au vu des
arrêtés portant leur mise en liberté. Dans la lettre où ils
annonçaient ce décret aux présidents des Comités révolu-
naires (2), les administrateurs des domaines et finances
les invitaient à leur envoyer (24 brumaire an II, 14 novembre 1793) la liste nominale de tous les membres de
leur Comité, en observant qu'il n'avait jamais dû être
composé de plus de 12 membres, et en désignant exacte-

---

(1) F.-A. Aulard : *Recueil des Actes...*, t. V, p. 310, et Récépissés du caissier
des recettes journalières de la Trésorerie nationale du citoyen Royer, commissaire du Comité révolutionnaire de la section des Marchés, 13 vendémiaire an III. Arch. Seine, papiers non inventoriés par M. M. Barroux.

(2) Arch. nat., F⁷/2478. Comité révolutionnaire de la section Le Peletier,
24 brumaire an II (14 novembre 1793).

ment le temps pendant lequel chacun desdits membres avait été en fonction.

On comprend quelle transformation radicale était par là apportée à cette institution. De mandataires de leurs concitoyens, indépendants de l'administration et ne relevant que de l'assemblée générale qui les avait élus, les commissaires devenaient des fonctionnaires payés, nommés et révoqués par la Commune, et partant dociles à ses volontés. Cette concentration de pouvoir parut nécessaire pour résister aux dangers de l'extérieur, singulièrement aggravés par les défections intérieures. En face du péril, il fallut substituer violemment, à une action commune et consentie, qui n'était pas possible, une cohésion, d'autant plus ferme et plus inébranlable qu'elle était factice et involontaire. Il fallut que chacun, se sentant épié et surveillé, non seulement dans ses moindres actes, mais dans ses plus intimes pensées, s'observât, se raidît contre ses propres inclinations, et, vigoureusement tendu, marchât droit et fixe, simple automate, au but assigné. Où la volonté était rebelle, il fallut l'annihiler : peu importait le cœur pourvu que le bras agît énergiquement dans le sens indiqué. C'est dans ces conditions exceptionnelles et à la suite du mouvement qui s'était manifesté dans les sections, que fut votée la terrible loi des suspects (17 septembre 1793), arme redoutable entre les mains d'un personnel trop zélé. Aussitôt après sa publication, tous les gens suspects devaient être mis en état d'arrestation.

« Étaient réputés suspects : 1° ceux qui, soit par leur conduite, leurs relations, leurs propos ou leurs écrits, s'étaient montrés partisans de la tyrannie ou du fédéralisme et ennemis de la liberté ; 2° ceux qui ne pourraient justifier, de la manière prescrite par le décret du 21 mars dernier, de leurs moyens d'exister et de l'acquit de leurs devoirs civiques ; 3° ceux à qui il avait été refusé des certificats de civisme ; 4° les fonctionnaires publics suspendus ou destitués de leurs fonctions par la Convention nationale ou par ses commissaires, non réinté-

grés, notamment ceux qui avaient été ou devaient être destitués en vertu du décret du 14 août dernier; 5° ceux des ci-
devant nobles, ensemble les maris, femmes, pères, mères, fils
ou filles, frères ou sœurs et agents d'émigrés, qui n'avaient
pas constamment manifesté leur attachement à la Révolution;
6° ceux qui avaient émigré dans l'intervalle du 1er juillet 1789
à la publication du décret du 30 mars-8 avril 1792, quoiqu'ils
fussent rentrés en France, dans le délai fixé par ce décret, ou
précédemment. »

Les Comités de surveillance, munis enfin des pouvoirs
qu'ils avaient voulu s'arroger en mai 1793, étaient
chargés de dresser la liste de ces suspects, de décerner
contre eux des mandats d'arrêt et de faire apposer les scellés sur leurs papiers. Les commandants de la force publique, à qui on remettait ces mandats, étaient tenus de les
exécuter sous peine de destitution. Les membres des Comités ne pouvaient ordonner aucune arrestation sans être
au nombre de sept et qu'à la majorité absolue des voix. Les
individus arrêtés étaient d'abord conduits dans les maisons d'arrêt du lieu de détention ou gardés à vue dans
leurs demeures. Les frais de garde étaient à leur charge;
cette garde devait être confiée de préférence aux pères de
famille et aux parents des citoyens qui étaient aux frontières. Le salaire en était fixé par chaque homme de
garde à la valeur d'une journée et demie de travail. Les
Comités révolutionnaires devaient envoyer, sans délai, au
Comité de sûreté générale, l'état des personnes qu'ils
avaient fait arrêter, avec les motifs de leur arrestation et
les papiers saisis.

Cette loi, dont l'application pouvait effrayer même les
meilleurs patriotes, ne parut pas assez sévère à la Commune. Les mailles du filet étant trop lâches et trop larges
encore, on les tendit et les rétrécit au point qu'il devint
presque impossible aux citoyens les plus purs d'échapper
à l'immense réseau qui enveloppa Paris. Il est curieux de

voir avec quelle habileté Chaumette (1), dans son réquisitoire du 10 octobre 1793, glissa la suspicion jusque dans les consciences les plus franches et les plus droites. Pourtant, les Comités révolutionnaires n'avaient guère besoin d'être stimulés dans cette tâche ; portés, au contraire, à exagérer les ordres qui leur étaient donnés dans ce sens, ils s'empressèrent de suivre à la lettre les rigoureuses prescriptions de l'arrêté municipal. Les prisons et les maisons d'arrêt ne suffisaient plus. On s'émut. Collot d'Herbois (2), dit Michelet, accusa aux Jacobins (26 septembre 1793) la « furieuse étourderie » de ces Comités, qui furent aussi dénoncés à la Convention par Léonard Bourdon (3), le 9 octobre 1793, et par Le Cointre (4) (de Versailles), le 18 octobre, comme sujets « à frapper leurs ennemis personnels, parfois à emprisonner leurs créanciers » ; « ils refusent, dit ce dernier, de donner le procès-verbal d'incarcération » et il cite l'exemple de Jodon « incarcéré, sans explication de cause, pour y rester jusqu'à nouvel ordre ». L'Assemblée nationale adopta la motion de Le Cointre, 27 vendémiaire an II (18 octobre 1793) : les Comités de surveillance étaient tenus de délivrer, au moment de l'arrestation, à chaque citoyen incarcéré, copie du procès-verbal et des motifs pour lesquels il était arrêté : mêmes mentions étaient inscrites sur les registres d'écrou. Dans le délai de trois jours, les procès-verbaux des arrestations déjà effectuées, avec la cause de ces arrestations, devaient être transmis au Comité de sûreté générale.

Les Comités révolutionnaires de Paris refusèrent de se soumettre à cette règle et protestèrent aussitôt (30 vendémiaire an II, 21 octobre 1793) :

(1) *Moniteur*, séance du Conseil général du 10 octobre 1793.
(2) Michelet, t. VIII, p. 183. Nous n'avons pas trouvé cela dans Aulard (*Jacobins*). La séance du 26 septembre 1793 n'a pas eu lieu ; rien de tel non plus dans les séances des jours précédents et suivants.
(3) *Moniteur*, séance du 9 octobre 1793.
(4) *Ibid.*, 18 octobre 1793.

« Nous n'avons pas vu sans douleur, disaient-ils, le décret portant qu'on communiquera, aux personnes arrêtées, les motifs de leur arrestation. La conviction morale détermine souvent les mesures qu'on prend contre eux; il serait donc difficile de consigner, dans un procès-verbal, les motifs de leur arrestation. D'ailleurs, les Comités révolutionnaires, composés de sans-culottes, feraient souvent, dans la rédaction des procès-verbaux, des erreurs involontaires dont profiteraient les contre-révolutionnaires pour se faire rendre la liberté (1). »

On renvoya leur pétition au Comité de sûreté générale, qui chargea Louis (du Bas-Rhin) de la défendre. Robespierre intervint dans le débat (2) :

« Le décret qu'on vous a fait rendre, dit-il, n'eût-il pour objet que d'ordonner aux Comités révolutionnaires de dresser des procès-verbaux en forme, eût dû porter, comme il l'a fait, le découragement chez tous les citoyens généreux qui avaient le courage de s'exposer à toutes les fureurs de l'aristocratie. Ces hommes simples et vertueux ont laissé ralentir leur zèle. Il n'est pas temps d'affaiblir l'énergie nationale. »

La Convention rapporta son décret (3 brumaire an II, 24 octobre 1793). Ce succès enhardit encore les Comités révolutionnaires, qui, à ce moment, sont vraiment les maîtres de Paris. Jusqu'alors, ils avaient reçu leurs inspirations, leurs mots d'ordre soit des assemblées générales, soit du Comité de salut public du département, soit de la Commune; mais, à cette date, nous les voyons s'affranchir de toute tutelle et agir par eux-mêmes. Le 10 brumaire an II (31 octobre 1793) (3), réunis à l'évêché, les délégués de 43 sections, formant une sorte de Comité central, arrêtent à l'unanimité qu'il sera fait des visites domiciliaires. Nous avons retrouvé la lettre qu'ils en-

_____

(1) *Moniteur*, séance du 21 octobre 1793.
(2) *Ibid.*, séance du 3 brumaire an II (24 octobre 1793).
(3) Arch. nat., F⁷/2478. Comité révolutionnaire de la section Le Peletier (10 brumaire an II), p. 188.

voyèrent à la section Le Peletier, qui n'était pas représentée : elle vaut la peine d'être connue, parce qu'elle
donne les détails du programme qui avait été adopté et
qu'elle prouve, une fois de plus, que les sections opé-
raient de la même façon.

Les commissaires avaient arrêté en principe :

a) « Que cette visite serait faite les mêmes jours, à la même
heure, dans les quarante-huit sections; *b*) qu'elle serait faite
le premier jour de la deuxième décade du mois de brumaire,
à 3 heures du matin, à l'effet de découvrir les farines, pain,
denrées et marchandises de première nécessité, que les
citoyens pourraient avoir au delà de leur consommation :

1. Les visites seront faites de manière à ne point troubler
l'ordre public.

2. Les visites se continueront jusqu'à parfaite exécution.

3. Les commissaires examineront dans chaque maison la
quantité de pain qui y existe, et jugeront si cette quantité
excède celle de deux jours, d'après les besoins présumés, et
saisiront le surplus.

4. Toute autre denrée ou marchandise, de première nécessité, comprise dans la loi du maximum (1), qui se trouverait
chez des citoyens, non marchands, excédant les besoins présumés pour leur légitime consommation, sera saisie.

5. Les marchands présenteront les déclarations qu'ils auront
dû faire aux commissaires des acccaparements.

6. Les visites porteront sur les planches et les ustensiles
propres à fabriquer de faux assignats, et sur ceux des jeux
prohibés.

7. Sur les prêtres réfractaires.

8. Sur les déserteurs, étrangers, Lyonnais, Marseillais, réfu-
giés depuis les mouvements contre-révolutionnaires qui ont
lieu dans les susdites (*sic*).

9. Sur les signes contre-révolutionnaires.

10. Sur le désarmement des hommes présumés suspects.

11. Pour connaître les individus désignés dans les articles

(1) Loi du 11 septembre 1793.

précédents, demander cartes, passeports et moyens d'existence à chacun.

12. Les scellés seront apposés dans les maisons où l'on trouvera des objets accaparés ; ils demeureront sous la responsabilité des propriétaires et principaux locataires.

13. Si le délit paraît mériter punition ou donner à découvrir d'autres accaparements, les délinquants seront mis en état d'arrestation.

14. Les scellés seront apposés sur les portes, caves, greniers, armoires, malles, etc. dont les propriétaires seront absents ou n'auront pas les clés ; ils seront également sous la responsabilité d'un gardien.

15. Le commandant de chaque section sera requis de commander une force armée suffisante pour qu'il y ait un piquet nombreux au quartier de chaque section, et des patrouilles fréquentes circuleront dans les rues.

16. Les Comités de salut public et de sûreté générale, le maire de Paris et le commandant général seront prévenus de cette opération. »

On prévint, en effet, les Comités de salut public (1) et de sûreté générale, qui, « considérant que le moment n'était point favorable pour une telle opération », arrêtèrent que la visite annoncée n'aurait point lieu.

VIII

Depuis le 17 septembre 1793, les Comités révolutionnaires correspondaient directement et sans intermédiaire avec le Comité de sûreté générale ; ils échappaient donc à la surveillance de la Commune. Le 27 brumaire an II (17 novembre 1793), Pache (2) écrivit à leurs présidents

(1) F.-A. Aulard : *Recueil des Actes du Comité de salut public*, t. VIII, p. 159-160. C'est évidemment à tort que cet arrêté a été inscrit à la date du 11 brumaire, il est certainement, comme l'indique la minute, du 10 brumaire an II (31 octobre 1793). (Voy. note I, p. 160, 31 octobre et non 30.)

(2) Comité révolutionnaire de la section Le Peletier, Arch. nat., F⁷/2478, 27 brumaire an II.

que le Conseil général avait aperçu, dans différentes
occasions, un manque de relation entre eux et la Commune.

« Ma lettre ne peut avoir pour objet les arrestations de gens
suspects pour lesquelles vous devez correspondre directement
avec le Comité de sûreté générale... mais vous sentirez aisément qu'il est utile que vous m'instruisiez sur tous les autres
objets de vos travaux (et que vous entreteniez), avec le conseil général, le corps municipal et l'administration, selon les
cas, une correspondance et des relations qui maintiennent
l'unité de principe et d'exécution nécessaire au bonheur
public. »

La Commune sentait, en effet, l'influence lui échapper ;
elle essaya de la ressaisir. Chaumette (1), le 11 frimaire
an II (1ᵉʳ décembre 1793), reprocha aux Comités d'oublier
que la Commune était leur auteur, leur centre et leur
unité, les accusant de sectionner et de fédéraliser Paris
en un grand nombre de communes.

« Je requiers, dit-il, que les Comités révolutionnaires com-
muniquent avec le Conseil général pour tout ce qui tient aux
mesures de police et de sûreté. Qu'on dise aux Comités révolutionnaires : « Vous n'existez que par le peuple, les Comités
révolutionnaires sont une émanation de la Commune ; il ne
faut pas qu'ils s'en séparent..... ils suivent, ajoute-il, leurs
haines personnelles et s'attaquent aux patriotes autant qu'aux
aristocrates. Apprenons-leur que tous les hommes, y compris
nos ennemis, appartiennent à la patrie et non à l'arbitraire.
Et qnand nous porterions nous-mêmes, la tête sur l'échafaud,
nous aurions fait un grand acte de justice et d'humanité. »

Le Conseil arrêta que, quartidi prochain, 14 frimaire
an II (4 décembre 1793), tous les membres des Comités
révolutionnaires seraient convoqués pour se rendre dans

(1) *Moniteur* du 14 frimaire an II (4 décembre 1793).

le sein du Conseil général, sauf deux par section, qui assureraient le service ; que cette convocation serait faite pour 6 heures, et que toutes affaires cessantes, le Conseil s'en occuperait. Mais, ce même jour, Billaud-Varenne (1), observant « que les mesures révolutionnaires peuvent aisément devenir des mesures contre-révolutionnaires, alors qu'une autre autorité que la représentation nationale veut les influencer », fit décréter qu'aucune autorité ne pourrait s'interposer entre elle et les Comités révolutionnaires, sous peine de dix années de fer. Leurs présidents et secrétaires devaient être renouvelés tous les quinze jours, et ne pouvaient être réélus qu'après un pareil intervalle : on voulait, par ce moyen, éviter toute dictature personnelle. Le lendemain, 15 frimaire an II (5 décembre 1793), sur le rapport de Couthon (2), la Convention, revenant à son décret du 27 vendémiaire an II (18 octobre 1793), obligea les Comités à rendre compte des motifs des arrestations (3). Un peu plus tard, ils eurent aussi à fournir des renseignements sur les détenus, aux commissions populaires, établies le 15 floréal an II (4 mai 1794), en vertu du décret du 8 ventôse an II (26 février), et qui fonctionnèrent (4) le 1er prairial (20 mai 1794).

Depuis que certaines fonctions étaient rétribuées, quelques membres des Comités révolutionnaires occupaient plusieurs places salariées : commissaires aux ventes des biens des émigrés, gardiens des scellés. Le 22 frimaire an II, le maire s'en plaignit et invita les intéressés à opter pour l'une ou l'autre charge (5). De plus, comme les

(1) *Moniteur*, séance du 14 frimaire an II.
(2) *Ibid.*, séance du 15 frimaire an II.
(3) Voy. pour le tableau qu'ils devaient remplir, F⁷/4649 aux Arch. nat. : ils devaient indiquer l'âge, le nom, la demeure du détenu, les causes de sa détention, ses relations, ses opinions et sa conduite aux grandes journées de la Révolution.
(4) Comité révolutionnaire de la section Le Peletier, Arch. nat., F⁷/2479, et Comité révolutionnaire de celle des Piques, F⁷/2475 (1er et 2 prairial).
(5) Comité révolutionnaire de la section des Piques, Arch. nat., F⁷/2475 (22 frimaire an II).

attributions de ces Comités s'étendaient, leurs travaux particuliers n'étaient plus exécutés avec la même exactitude. Le Comité de sûreté générale, en ventôse an II (1), leur fit observer « qu'une telle accumulation de fonctions ne pouvait tendre qu'à affaiblir ou paralyser les moyens de surveillance que les lois révolutionnaires leur avaient confiés, et qu'à ce moment où les ennemis de la liberté osaient encore lutter contre elle, ils devaient lui dévouer toute leur attention, tous leurs instants. » Il les invitait, en même temps, à lui adresser chaque jour un résultat sommaire de tout ce qu'il leur paraissait intéressant de lui faire connaître sur le nombre des arrestations, les approvisionnements des comestibles, les mouvements des agioteurs et des ennemis de la République. Conformément à cet arrêté, le Comité de la section des Tuileries (2) remit au Comité civil la distribution de la viande aux malades, le registre pour la prestation du serment, ainsi que l'exécution de tous les arrêtés émanant de la Commune ou de toute autre autorité constituée.

Nous avons vu que la loi du 5 septembre 1793 avait donné à la Commune le droit de nommer provisoirement les membres des Comités révolutionnaires : le Conseil général usa de ce pouvoir. Le procès-verbal de la section des Gravilliers (3), 3 octobre 1793, nous apprend que, de la liste présentée au Conseil général, après le scrutin épuratoire du 4 octobre 1793, deux citoyens seulement ont été acceptés et tous les autres rejetés.

Cela déplut à l'assemblée générale (4) qui, le 20 octobre 1793 (29 vendémiaire II), observa que, quoique la loi autorisât la Commune à compléter et même à renou-

---

(1) Comité révolutionnaire de la section du Panthéon, Arch. nat., F⁷/2524 (18 ventôse an II), de celle du Marais, F⁷/2496 (29 ventôse an II).

(2) Comité révolutionnaire de la section des Tuileries, Arch. nat., F⁷/2472 (3 germinal an II).

(3) Arch. nat., F⁷/2486 : procès-verbaux du Comité révolutionnaire de la section des Gravilliers, 7 octobre 1793.

(4) Préfecture de police, procès-verbaux des sections, Gravilliers, fol. 92.

veler les Comités révolutionnaires, le Conseil général ne devait pas cependant faire voir que la section était capable de faire de mauvais choix. En conséquence, elle priait le Conseil de convoquer une assemblée pour qu'elle nommât elle-même les membres de son Comité révolutionnaire : la Commune n'écouta pas cette réclamation.

En pratique, et sans que rien l'y obligeât, c'était donc d'après une liste qui lui était présentée, que le Conseil général désignait les nouveaux commissaires révolutionnaires, se contentant le plus souvent d'approuver les choix déjà faits. Mais qui donc était chargé de dresser cette liste de candidats, l'assemblée générale ou le Comité lui-même? Celle des Gravilliers dont nous venons de parler émanait vraisemblablement de l'assemblée, mais la question n'avait point été réglée et il y eut une sorte de rivalité à ce sujet : les deux partis tenaient à cette prérogative.

Le Comité de la section du Finistère (1), le 6 pluviôse an II (25 janvier 1794), envoie un des siens au Comité de sûreté générale, pour demander qui, lors de la démission d'un membre, doit nommer à la place vacante : le Comité de sûreté générale, transmet la demande au Comité de salut public qui ne répond pas. Alors le Comité de la même section écrit au Comité de salut public, et prie Billaud-Varenne de remettre lui même la lettre en pressant la solution ; le Comité expose que depuis que la place est salariée, elle est convoitée par beaucoup d'intrigants, qui cherchent le moyen d'exercer leur vengeance, et de faire incarcérer les vrais patriotes. Il ne faut donc pas confier les nominations aux assemblées, où, parfois, triomphent habilement les beaux parleurs, « les tartufes en révolution ». Les Comités seraient plus perspicaces et feraient de meilleurs choix. Mais que les commissaires soient nommés par les sections

---

(1) Arch. nat., F⁷/2517. Comité révolutionnaire de la section du Finistère, 6 pluviôse an II (25 janvier 1794).

ou par les comités, il est bon, en tout cas, « qu'ils soient soumis, comme nous l'avons tous été, à la censure de la Commune ». Et le Comité termine en exprimant de nouveau le désir que ses membres puissent s'adjoindre des collègues non rétribués ou avec lesquels ils partageraient leur indemnité.

Nous ne savons quelle fut la réponse du Comité de salut public, mais il est probable qu'elle fut favorable, car le Comité révolutionnaire de la section des Piques (1), 22 pluviôse an II (12 février 1794), propose pour occuper les deux places vacantes, les citoyens Vaillant et Bellœil, qui ont réuni les suffrages du Comité, et prie les représentants de la Commune qu'il connaît, sans doute ceux de son arrondissement, de les faire agréer par le Conseil général.

Les Comités de la Convention, qui pouvaient réorganiser et épurer toute autorité constituée, en vertu de la loi du 14 frimaire an II (4 décembre 1793), intervinrent-ils dans le choix des commissaires révolutionnaires, comme le prétend Michelet? Oui, au moins dans quelques cas. « Depuis plus de six mois (2), écrit-il, les Comités étaient nommés, contrairement à la loi (non : pas contrairement à la loi), par le Comité de salut public ou plutôt par le triumvirat robespierriste. » Nous savons, en effet, que le 10 germinal an II (3), 29 mars 1794, Barère, au nom du Comité de salut public, rendit compte de l'épuration des autorités constituées, et de celle du Comité révolutionnaire de la section de Marat (4), et bien que le Comité de

(1) Arch. nat., F⁷/2475. Comité révolutionnaire de la section des Piques, 22 pluviôse an II (22 février 1794).

(2) Michelet, t. IX, p. 312.

(3) *Moniteur*, séance du 10 germinal an II (29 mars 1794). Voy. aussi arrêté du Comité de salut public du 15 prairial an II (3 juin 1794), qui destitue des membres du Comité révolutionnaire de la section de Marat et les remplace : cité par Taine (Arch. nat., AFⅡ/46).

(4) Arch. nat., F⁷/2512. Procès-verbaux du Comité révolutionnaire de la section de Marat « nommé par arrêté des deux Comités du 9 germinal an II ».

salut public eût agi suivant la loi, demanda l'approbation de la Convention pour ces premières opérations. Enfin il est vraisemblable qu'on dut chercher à enlever les nominations à la Commune, puisqu'on ne voulait plus que les Comités révolutionnaires en dépendissent. Il est donc à peu près certain que la réaction qui suivit la chute de Robespierre et atteignit tout d'abord les Comités révolutionnaires, ne fit, en attribuant leur nomination au Comité de sûreté générale, que régulariser ce qui se faisait déjà.

IX

Le décret du 7 fructidor an II (24 août 1794) portait :

Art. IX. Il y aura, dans la Commune de Paris, 12 Comités révolutionnaires ; l'arrondissement de chacun de ces Comités comprendra quatre sections.

X. Tous les Comités révolutionnaires, autres que ceux existant dans les lieux déterminés par le présent décret, sont supprimés.

XI. Néanmoins, ceux établis dans chaque section de Paris continueront d'exercer leurs fonctions jusqu'à ce que le Comité de sûreté générale ait organisé les douze Comités créés par l'art. IX.

XII. Aussitôt la réorganisation des douze Comités révolutionnaires de la Commune de Paris, la liste des citoyens qui les composeront sera imprimée et distribuée à tous les membres de la Convention. Cette liste comprendra les noms, prénoms et profession des individus, tant avant, que depuis la Révolution.

XV. Chaque Comité révolutionnaire sera composé de douze membres.

XVI. Les membres des Comités révolutionnaires seront renouvelés, par moitié, tous les trois |mois et ne pourront être réélus qu'après le même intervalle.

XVII. Pour le premier renouvellement, le sort désignera les six membres qui devront sortir.

XVIII. Pour être membre d'un Comité révolutionnaire, il faudra savoir lire et écrire, et être âgé de vingt-cinq ans.

XIX. Les parents et alliés, jusqu'au quatrième degré inclusivement, ne pourront être membres du même Comité révolutionnaire.

XXI. Il y a incompatibilité entre les fonctions de membre d'un Comité révolutionnaire et toute autre fonction civile et militaire. Les individus salariés de la République, pour quelque fonction que ce soit, ne pourront être membres de ces Comités.

XXII. Les Comités révolutionnaires pourront, au nombre de trois, décerner des mandats d'amener et faire procéder provisoirement à l'apposition des scellés; mais les mandats d'arrêt seront toujours signés de sept membres.

XXIII. Les Comités révolutionnaires seront tenus d'interroger, dans les vingt-quatre heures, les citoyens contre lesquels ils auront délivré des mandats d'amener.

XXIV. Ils seront tenus d'avoir un registre sur lequel seront inscrites, par ordre de date, leurs différentes opérations, et sur lequel sera constatée la présence des membres qui y auront concouru. Le registre tenu sur papier libre sera coté et paraphé par le président du tribunal du district.

XXV. Les Comités révolutionnaires feront remettre aux détenus, sur papier libre et sans frais, dans les trois jours de la détention, copies tant du mandat d'arrêt que des motifs de l'arrestation. Les Comités révolutionnaires seront tenus d'adresser au Comité de sûreté générale de la Convention nationale, dans les vingt-quatre heures de l'arrestation, les motifs de leurs mandats d'arrêt ainsi que les pièces et renseignements qu'ils se seront procurés sur le compte des individus arrêtés.

XXIX. Le Comité de sûreté générale est chargé de la nouvelle formation des Comités révolutionnaires ainsi que du renouvellement périodique de la moitié des membres dans les départements où il n'y aura pas de représentants du peuple en mission.

XXX. Le Comité de sûreté générale, ainsi que les représentants du peuple en mission, pourront, lorsqu'ils le croiront utile, suspendre, en tout ou en partie, les membres des Comités révolutionnaires et procéder à leur remplacement.

XXXI. Le traitement de chacun des membres des Comités révolutionnaires est fixé à 5 livres par jour.

On voit que ces Comités centraux révolutionnaires étaient sous la dépendance directe du Comité de sûreté générale. Cependant ils avaient aussi des relations fréquentes avec la Commission administrative de police (1). Ils furent établis à Paris les 3ᵉ et 4ᵉ sans-culottides an II (2), 19-20 septembre 1794. Ils reçurent les papiers de leurs prédécesseurs, dont ils devaient en somme continuer les fonctions. Toutefois, la grande étendue de leur circonscription, qui augmentait leurs travaux et les rendait plus difficiles, les amena à proposer eux-mêmes quelques modifications. Dès vendémiaire an III, ils demandent que les Comités civils des sections soient spécialement chargés de la délivrance des cartes de civisme, parce qu'ils connaissent mieux leurs concitoyens avec lesquels ils sont en rapports continuels. En conséquence, la loi du 14 vendémiaire an III (5 octobre 1794) décida que le visa des Comités révolutionnaires ne serait plus exigé.

Le Comité central du 1ᵉʳ arrondissement avait été autorisé à fixer ses frais à 5.500 livres. Il recevait pour chandelles, bois, papiers, etc., 241 l. 10 sols par mois : en tout, 700 livres de dépenses mensuelles (3).

Mais le 12 brumaire an III (2 novembre 1794), le Co-

(1) Sur l'organisation de cette Commission, cf. Aulard, *Révolution française*, t. XXXIII, p. 253. Le Comité de sûreté générale fixa la manière dont les Comités révolutionnaires devaient correspondre journellement avec lui, par des arrêtés des 21 et 29 brumaire et 12 nivôse an III. (Registre du Comité central révolutionnaire du 1ᵉʳ arr. Arch. nat., F⁷/2476.)

(2) Voir Arch. nat., F⁷/2491, Comité révolutionnaire du VIᵉ arrondissement, 4ᵉ sans-culottide an II (20 septembre 1794); F⁷/2476, Comité révolutionnaire du 1ᵉʳ arrondissement, 3ᵉ sans-culottide an II (19 septembre 1794).

(3) Arch. nat., F⁷/2476. 15 vendémiaire an III.

mité de sûreté générale, « délibérant sur diverses demandes des Comités révolutionnaires et voulant régler leur marche d'une manière uniforme », arrêta que les appointements des secrétaires commis de chaque Comité, seraient de 2,400 livres et ceux des expéditionnaires, de 1,800 livres. La Commission des administrations devait payer chaque mois les indemnités des membres des Comités révolutionnaires ainsi que toutes les dépenses nécessitées par leurs travaux, et qui furent portées, 6 nivôse an III (26 décembre 1794), à 3,000 livres par an (1).

Outre le registre de leurs délibérations (2), les Comités devaient tenir un second registre d'ordre sur lequel seraient sommairement énoncés les procès-verbaux d'opérations particulières, et un troisième destiné à recevoir les déclarations des citoyens et les renseignements divers : tous trois étaient cotés et paraphés.

Dans une circulaire du 22 frimaire an III (12 décembre 1794), le Comité de sûreté générale (3) prévint les commissaires que les rapports qu'ils devaient lui adresser tous les dix jours, suivant les articles 8 et 9 de la section II de la loi du 14 frimaire an II (4 décembre 1793), porteraient sur quatre objets : 1° subsistances, au point de vue de l'ordre public, de leur répartition et distribution, des qualités, quantités et prix, de l'observation des lois contre les accaparements ; 2° établissements publics de toute nature, relativement à leur sûreté et à leurs rapports avec la sûreté publique ; 3° la force armée, relativement à l'exactitude du service et à l'empressement qu'elle met à faire exécuter les lois ; 4° la situation politique de l'esprit public. Dans cet énoncé général étaient compris les spectacles, rassemblements de citoyens, clubs, réunions clandestines. Les Comités devaient aussi faire par-

(1) Arch. nat., F⁷/2476, 6 nivôse an III (26 décembre 1794).
(2) *Ibid.*, 6 nivôse an III (26 décembre 1794).
(3) Bibl. nat., mss. fr., acq. nouv., 2650, fol. 56.

venir leur comptes décadaires et le bulletin journalier
que les circonstances pouvaient nécessiter.

Nommés par le Comité de sûreté générale, ils procèdent eux-mêmes au tirage des membres qui doivent
sortir en frimaire an III (1) et dressent une liste de douze
candidats parmi lesquels seront pris les remplaçants.

Ces Comités ne disparurent qu'en brumaire an IV; depuis
le 24 prairial an III (12 juin 1795), le mot révolutionnaire
ayant été exclu de la langue officielle, ils s'appelaient
Comités de surveillance. Sauf le nom et quelques attributions analogues, ils n'eurent rien de commun avec
ceux qui les avaient précédés : créés à une époque bien
moins troublée, ils n'eurent pas la même énergie à
déployer, ni des mesures aussi rigoureuses à appliquer ;
mais, si leurs services furent plus modestes, ils ne soule-
vèrent pas les mêmes passions et ces Comités ne furent
point violemment attaqués comme leurs aînés.

Ces attaques, ces haines s'étaient surtout manifestées,
nous l'avons vu, après la suppression des 48 Comités révolutionnaires. La vengeance menaça même d'être si acharnée que la Convention dut intervenir et interdire, 24
vendémiaire an IV (16 octobre 1795), de prononcer aucune
condamnation contre leurs anciens membres.

Notre sujet n'est point de reviser le procès fait à cette
institution dont nous convenons qu'il n'y a plus de mal
à dire : le nouveau, le piquant, à cette heure, serait
précisément d'y découvrir quelque bien, et d'apercevoir
l'homme et ses nobles sentiments sous la bête sanguinaire qu'on nous a dépeinte. Nous dirons, en toute sin-
cérité, qu'en abordant cette étude, en proie au souvenir
des atrocités qu'on reproche aux commissaires révolutionnaires, nous feuilletions, avec une émotion mê-
lée d'horreur, ces pages de leurs registres où nous

____

(1) Arch. nat., F⁷/2491. Comité révolutionnaire du VI° arrondissement,
26 frimaire an II.

pensions rencontrer à tout instant les traces de leur
cruauté : l'air serait-il respirable dans les tavernes (1) où
nous allions pénétrer, des nausées ne nous arrêteraient-
elles pas en chemin ? A travers tant d'affaires traitées,
tant d'arrestations opérées, tant de délibérations prises,
prévenu, nous guettions fiévreusement cette tyrannie qui,
même en s'observant, finirait bien par se trahir et se
laisser deviner.

Le résultat de notre lecture a été une désillusion et un
soulagement : notre commerce avec ces Comités n'a été
ni aussi désagréable, ni aussi pénible qu'on nous l'avait
fait craindre. Plus d'une fois même, il nous est arrivé
d'être surpris par des considérations généreuses, des
mesures pleines d'humanité, qu'on n'aurait pas attendues
d'une autorité si décriée. Comme quelques-unes ont trait
à l'organisation même des Comités, on nous permettra
d'en parler sommairement.

Nous avons déjà remarqué que les commissaires de la
section de la Réunion, dès leur séance d'installation,
avaient juré de ne « jamais dénoncer pour querelle particulière, mais pour l'intérêt général (2) ». Ce ne fut point le
seul Comité qui s'imposa cette règle. Le 2 juin 1793, la Convention, convertissant en loi l'arrêté du Comité central
révolutionnaire, avait ordonné l'arrestation de toutes les

(1) « Tavernes » n'est pas exagéré ; voy. un tableau de Fragonard, représentant l'*Intérieur d'un Comité révolutionnaire*, cité par M. Aulard, dans son cours.
(2) Taine, pour caractériser les procédés des Comités révolutionnaires, a
cité l'arrêté suivant du Comité de la section de la Réunion (28 mars 1793):
« Il suffit qu'un citoyen soit dénoncé comme suspect et que cette suspicion
soit à la connaissance du Comité », pour qu'il soit perquisitionné chez lui ;
Mais cet auteur se garde bien de citer ce qui suit et qui rectifie ou atténue
singulièrement ce que ces lignes avaient d'excessif; il y a : « Dans les cir
constances présentes, le Comité arrête qu'il suffira qu'un citoyen soit
dénoncé comme suspect et que cette suspicion soit à la connaissance de
la commission, pour que provisoirement elle fasse désarmer ledit citoyen,
sauf à entendre ensuite sa réclamation, et, s'il se justifie, à lui remettre
ses armes et extrait du procès-verbal contenant sa justification. » Et au
bas de la page, on trouve des exemples de ces remises d'armes. Cette ci-
tation caractérise plus encore les procédés de Taine que ceux des Comités révolutionnaires (Taine, t. II, p. 438).

personnes notoirement suspectes d'aristocratie et d'incivisme. Le Comité de la section des Piques (1), dont nous avons montré la conduite envers Clavière, invita ceux de ses membres « qui avaient des dénonciations à faire sur des particuliers, à parler avec la franchise d'un homme libre et dont la conscience ne fait aucun reproche », n'y apportant aucune « intention, ni raison particulière de haine et de vengeance ». Tous les commissaires s'y engagèrent par serment.

De même, le 28 pluviôse an II (16 février 1794), le même Comité reçoit, du Comité de sûreté générale, l'ordre d'arrêter la citoyenne Longchamp, dénoncée comme émigrée, et à cette occasion, il apprend que plusieurs citoyens de la section se sont occupés en sa faveur et en ont reçu différents cadeaux, ce qui les rend suspects. Une discussion s'engage sur ces faits et le Comité considérant qu'une « présomption de suspicion établie sur une simple déclaration n'est pas suffisante pour frapper les citoyens contre lesquels elle serait portée, qu'il faut, avant de prononcer l'application de la loi du 17 septembre 1793, être convaincu de l'incivisme des accusés et (savoir) s'ils se sont rendus coupables de malversations et d'intelligence avec les ennemis de la République, que sans preuves il y aurait de l'arbitraire, que ce serait un crime trop préjudiciable aux partis et destructif de toute liberté », arrête, en conséquence, que deux de ses membres se transporteront chez les citoyens désignés, y perquisitionneront, y dresseront procès-verbal et les amèneront au Comité pour y être interrogés.

Nous pourrions ainsi citer beaucoup de cas où les Comités firent preuve de justice et même d'indulgence (2),

---

(1) Arch. nat., F⁷/2475. Comité révolutionnaire de la section des Piques, 2 juin 1703.

(2) Arch. nat., F⁷/2481. Comité révolutionnaire de la section Montmartre; plusieurs acquittements, page 96 (4 mai 1793). Ce Comité se montre très indulgent.

reconnaissant leurs erreurs, autorisant des détenus malades à quitter la prison pour aller se soigner chez eux.
L'un de ceux qui bénéficièrent de cette bienveillance, le
citoyen Meinière, remet au Comité de la section Montmartre, après sa guérison, une somme pour être distribuée
aux pauvres. Le Comité la lui renvoie pour qu'il en dispose lui-même à son gré, en lui observant que la conduite
qu'il a tenue à son égard n'est que « l'effet de la justice
qu'il se plaît à rendre à tous les citoyens ».

Une des accusations les plus graves qui aient été portées
contre les Comités, c'est de s'être enrichis aux dépens des
détenus. Michelet (1) et d'autres ont raconté, d'après des
renseignements fournis par Nougaret (2) dans son *Histoire des prisons de Paris et des départements*, parue
en 1797, que celui de la section de la Croix-Rouge, exploi-
tant la frayeur publique « avait fait la spéculation lucrative
d'avoir une prison à lui, où les gens très riches payaient
des pensions énormes, achetaient la vie. » Les victimes
entassées dans cette maison confortable furent, paraît-
il, respectées jusqu'au 7 thermidor an II (25 juillet 1794).
Nous ne pouvons contrôler ces assertions, parce que
nous ne possédons pas les papiers de ce Comité (3); mais

---

(1) Michelet, t. VIII, p. 211; t. IX, p. 125; Buchez et Roux, t. XXXI,
p. 60.

(2) Nougaret. *Histoire des prisons de Paris et des départements*, Paris,
1797, 4 vol., in-16 (voy. t. II, p. 140).

(3) Nous possédons cependant l'acte d'accusation du citoyen Leblois,
accusateur public du tribunal criminel du département de Paris : il conclut
ainsi : « Le Comité a prévariqué dans ses fonctions sous bien des rapports,
notamment en arrachant et soustrayant beaucoup de feuillets du registre de
ses délibérations et en supprimant toutes les pièces justificatives de ses
comptes. (Le 2 ventôse an II, il avait arrêté que les « comptes ayant été
rendus aujourd'hui par tous les membres qui sont présentement en fonctions,
et réglés par le Comité, toutes reconnaissances et quittances qui peuvent
être égarées, ou tout autre papier relatif auxdits comptes, *sont annulés.* ») Il
a dilapidé les deniers publics, soit en s'appropriant à dessein une partie de
ces mêmes deniers, soit en en disposant en faveur d'autrui sans droits comme
sans motifs légitimes. Il a commis des exactions et des concussions en
faisant payer arbitrairement et sans en délivrer de mémoires détaillés les
frais d'arrestations et autres à des détenus, lesquels ne se déterminaient à
faire ces paiements qu'à l'aspect des ordres rigoureux du Comité et par la

nous savons que les sections, du moins quelques-unes, avaient en effet des prisons à elles, celles de l'Etat ne suffisant plus. On avait d'abord fait garder chez eux les suspects arrêtés et la Convention avait fixé le prix de ces gardes. Des abus se produisirent, auxquels le Comité de la section des Tuileries (1) voulut évidemment remédier par son arrêté du 11 brumaire an II (5 novembre 1793): il ne devait être donné de gardes qu'aux citoyens sans état ou l'ayant perdu depuis la Révolution; le prix en était fixé à 5 francs par jour; les gardiens ne pouvaient occuper deux places à la fois et étaient renouvelés tous les 15 jours. S'ils abandonnaient leur poste, ils étaient considérés comme suspects et traités comme tels.

Est-ce la difficulté d'établir et de surveiller ces gardes à domicile, qui amena les sections à organiser des maisons particulières de détention, où la vérification fût aisée et les frais moins élevés? Nous l'ignorons, mais nous en trouvons dans plusieurs sections : celles des Piques (2), du faubourg Montmartre (3), de Le Peletier. Bien d'autres encore devaient en avoir, qui ne nous l'ont pas appris dans leurs registres.

Le Comité de la section Le Peletier (4) décida, 25 flo-

terreur que celui-ci leur inspirait. Enfin, il s'est rendu coupable de différents vols, d'une part, en n'enregistrant pas toutes les recettes qu'il percevait et, d'un autre côté, en exagérant successivement tous les articles de la dépense ». Le Comité prétendait, par exemple, avoir dépensé 17,640 livres pour frais de garde à la maison d'arrêt, et il paraît qu'il n'y avait jamais eu, pendant les huit mois, plus de 19 gardiens qui, à 3 livres par jour, coûtaient 13,680 livres seulement. On critiquait de même les autres dépenses dont l'ensemble n'atteignait pas 35,000 livres; mais, dans cet acte d'accusation rédigé le 1er novembre 1794, c'est-à-dire au moment où l'on se venge « des terroristes », nous ne trouvons rien qui justifie les allégations reproduites par les historiens, et explique l'exploitation citée plus haut. (Bibl. nat., Lb⁴⁴/4139).

(1) Arch. nat., F⁷/2471. Comité révolutionnaire de la section des Tuileries, 11 brumaire an II.

(2) Arch. nat., F⁷/2475. Comité révolutionnaire de la section des Piques, 3 prairial an II (rue des Capucines).

(3) Arch. nat., F⁷/2481. Comité révolutionnaire de la section de Montmartre, 31 mai 1793 (rue de Bellefonds).

(4) Arch. nat., F⁷/2479. Comité révolutionnaire de la section Le Peletier, 25 floréal an II (14 mai 1794).

réal an II (14 mai 1794) que « les détenus qui se trouvaient soit dans les chambres d'arrêt du Comité, soit
chez eux avec des gardes, seraient conduits dans la
maison sise rue Laloy, 278 » dont était locataire le
citoyen Genée. Un concierge fut nommé, ainsi que
4 hommes de garde, dont le traitement devait être pré-
levé sur les détenus. Le Comité prévint l'administration
de police de l'établissement de cette maison d'arrêt et
obtint l'autorisation du Comité de sûreté générale. Voici
quel était le régime de cette prison. Les personnes arrêtées convenaient de gré à gré avec le citoyen Genée des
prix tant pour le local que pour la location des meubles;
ces prix ne pouvaient excéder toutefois le prix raison-
nable et en usage dans les maisons de ce genre. Les prisonniers qui n'avaient point les moyens de se procurer
leurs subsistances étaient logés gratuitement et nourris
aux dépens des riches détenus. Nulle personne autre que
celles qui étaient désignées par le Comité ou autorisées
par lui, ne pouvait s'introduire dans cette maison, ni communiquer avec les détenus. Les surveillants recevaient
5 livres par jour et les gardiens 3 livres, à prendre
sur les prisonniers. Les concierges tenaient un registre
coté et paraphé par première et dernière page, sur lequel
étaient inscrits, à la suite et sans aucun blanc, tous les
individus arrêtés, avec leurs noms, prénoms, l'ordre
d'arrestation et les causes énoncées dans cet ordre.

La maison était sous la surveillance spéciale du Comité;
deux commissaires étaient chaque jour chargés d'en faire
une ou plusieurs visites, de vérifier les plaintes qui pouvaient être adressées par les détenus ou les hommes de
garde, et de faire rapport du tout au Comité; aucun autre
membre que ceux qui étaient de service ne pouvait s'y
présenter, à moins qu'il ne survînt quelque trouble ou
accident nécessitant des mesures spéciales.

Le 28 prairial an II (16 juin 1794), on porta la rétribution des concierges-surveillants à 10 livres par jour;

« attendu la cherté de toutes les denrées de première nécessité », et celle des gardiens à 5 livres. On tira l'ordre de service des commissaires, et il fut entendu qu'une permission ne serait valable que si elle était signée des deux commissaires de service ou de cinq membres du Comité (1).

Ainsi ce Comité, loin de se livrer à l'exploitation de cette prison, se désintéresse complètement de la question d'argent, se tient à l'écart, ou n'intervient que pour écouter les plaintes de chacun et veiller à ce que les frais ne dépassent pas une juste mesure. Il procède donc tout autrement que celui de la section de la Croix-Rouge. Les autres ne nous ont pas indiqué comment ils régissaient leurs maisons de détention ; mais l'exemple du Comité de la section Le Peletier ne dut pas être seul ; en tout cas, il suffit à nous mettre en garde contre les jugements exagérés qu'on a portés sur ces Comités et qui ne s'appuient peut-être que sur de très rares exceptions (2).

Qu'ils aient abusé du pouvoir extraordinaire dont ils furent armés, qui pourrait s'en étonner, en se rappelant les circonstances qui les ont produits et les passions qui bouleversèrent les âmes à cette époque? Lancé dans une lutte si acharnée, environné de tant de dangers, quel homme serait assez sage pour rester maître de lui et ne pas perdre toute idée de justice et de modération ? C'est ainsi que l'imminence du péril à conjurer aveugla les uns, étouffa la pitié chez les autres, les rendit parfois cruels : tous, dans leur zèle outré, frappèrent un peu à tort et à travers, mais atteignirent le but. Si le mal apparaît, regrettable même quand il est

---

(1) Arch. nat., F⁷/2479. Comité révolutionnaire Le Peletier, 28 prairial an II (16 juin 1794).

(2) On a vu que le 22 ventôse an II (12 mars 1794) le Comité de salut public du département, à la suite de plaintes portées contre le portier qui « rançonnait » les prisonniers sortants, arrêta que ce portier serait remplacé par un brave sans-culotte, père de famille, qui aurait l'ordre de ne rien recevoir des détenus. Arch. nat., BB²/81.

nécessaire, il faut aussi voir les services, et comment nier ceux qu'ont rendus ces terribles Comités? L'œil toujours ouvert, l'oreille toujours tendue, la main toujours prête à saisir, ils ont prévenu ou découvert et réprimé les complots, procuré soldats et argent quand on n'en pouvait plus trouver, arrêté sans doute beaucoup trop de personnes, mais parmi elles sûrement tous les ennemis de la Révolution : le gouvernement n'eut pas d'agents plus actifs, ni plus énergiques; il ne pouvait pas créer une institution plus efficace, ni qui convînt mieux à la situation.

CHAPITRE VI

COMITÉS DE BIENFAISANCE

I. Commission municipale des secours, 9 avril 1791; réglement du 19 octobre 1791; réclamations des sections; loi du 28 mars 1793. — II. Formation et fonctions des Comités de bienfaisance. — III. Nomination des membres des Comités; modifications apportées à la Commission centrale de bienfaisance.

I

La misère, qui s'attache aux grandes villes et s'acharne plus particulièrement aux moments de troubles, fut extrême à Paris pendant toute la Révolution : le soulagement de l'infortune, la lutte continuelle contre la famine, constituent l'une des plus sérieuses difficultés du temps, et demeurent l'un des titres de gloire les moins contestables des hommes de cette époque. Ceux qui se firent une si haute idée de la dignité humaine, affirmèrent l'égalité de tous, et proclamèrent que « les secours publics étaient une dette sacrée (1) », se montrèrent, dans la réalité, sensibles au malheur et donnèrent l'exemple d'une singulière générosité. Jamais peut-être la charité ne fut plus fraternelle ni plus répandue; jamais collectes ne furent plus générales ni plus fréquentes.

Les districts avaient des Comités de bienfaisance (2),

(1) Constitution du 24 juin 1793, art. 21.
(2) Le 9 novembre 1789, l'assemblée générale du district des Jacobins-Saint-Dominique arrêta qu'il serait formé un Comité de bienfaisance de

et les sections, dès 1790, avaient aussi nommé des Commissions chargées de secourir les malheureux (1). De semblables institutions fonctionnaient en même temps, à côté, dans les paroisses. Le décret du 20 mai 1791 enjoignait à la municipalité de nommer une ou plusieurs personnes pour recevoir les revenus appartenant aux pauvres ; chaque semaine, la municipalité devait en faire la répartition entre les trente-trois paroisses de Paris (2) pour y être distribués par des personnes que la municipalité commettrait provisoirement à cet effet.

Une Commission de bienfaisance avait été nommée par la Commune, le 9 avril 1791 ; on lui confia l'exécution de ce décret. Complétée les 5 et 19 août 1791, elle prépara un plan qu'elle présenta, le 27 septembre 1791, au corps municipal qui en ordonna l'impression. Nous ne l'avons pas. Cette Commission établit, le 12 octobre 1791, les Commissions paroissiales, et elle-même fut investie de pouvoirs nécessaires, 26 octobre 1791, pour administrer les revenus des pauvres ; elle fonctionna jusqu'au 31 août 1793.

Nous avons déjà signalé, à propos des Comités civils, une réunion de commissaires, provoquée le 25 novembre 1790, par le curé de Saint-Eustache, pour arriver à une entente

seize membres « destiné à veiller avec une sollicitude fraternelle au soulagement des indigents » de son arrondissement. Voy. règlement imprimé. Bibl. nat., L^{b40}/1413, in-8 de 34 pages. Voy aussi Sigismond Lacroix : *Actes de la Commune de Paris*, t. III, pages 127, 133 et 135.

(1) Carnavalet, 10065. Le Comité de bienfaisance nommé par l'assemblée générale du 7 novembre 1790, fait appel à la générosité de tous ; il ne se transportera pas dans les maisons, mais recevra chez le trésorier, les secours en tout genre qu'on voudra bien y déposer.

D'après l'*Orateur du Peuple*, t. II, p. 237, c'est la section de Mauconseil qui prit l'initiative : « Les citoyens de la section de Mauconseil font tous leurs efforts pour déjouer les mesures des ennemis du bien public ; ils ont été les premiers au commencement de l'hiver, à établir un Comité de bienfaisance en faveur des pauvres et ils en ont nourri et aidé jusqu'à ce jour 1.500. Ces mots : *au commencement de l'hiver*, sont assez difficiles à expliquer, car le numéro de l'*Orateur*, d'après les faits auxquels il y est fait allusion, doit être daté du 10 septembre 1790.

(2) Paris formait 33 paroisses, décrets des 12 juillet et 15 novembre 1790.

relativement à la distribution de ces secours. L'accord n'était peut-être ni facile, ni suffisant; il devait y avoir des inconvénients à laisser subsister côte à côte deux administrations analogues, souvent rivales, qui faisaient double emploi et se gênaient ou se contrariaient dans leur action. La municipalité dut intervenir et arrêter le règlement du 19 octobre 1791 (1). Il maintenait en fonction les Comités des trente-trois paroisses de Paris, leur donnait une organisation nouvelle, fixait leurs attributions, les invitait à correspondre directement avec la Commission de bienfaisance de l'hôtel de ville, les autorisait à recevoir tous les dons, legs et aumônes faits en argent ou en mobilier aux pauvres de la paroisse, à la condition de se conformer « religieusement » aux intentions des donateurs, enfin il leur prescrivait de ne tenir aucun compte des distinctions de religion dans la répartition des secours. Cette dernière prescription était sans doute utile et fut certainement l'une des causes des réclamations des sections.

Le 27 octobre 1791, une lettre de la Commission administrative de l'hôtel de ville prévenait les sections qu'elles pouvaient ou non conserver leur Comité de bienfaisance. Nous avons vu que, le 8 novembre 1791, le Comité civil de la section des Postes (2), délibérant à ce sujet, avait décidé que pour éviter de doubles emplois dans l'assistance des pauvres, le Comité de bienfaisance de la section cesserait ses fonctions le 11 novembre 1791. Nous ne savons pas ce qui se passa dans les autres, mais nous ne pensons pas qu'elles se soient toutes montrées aussi accommodantes. Cette prérogative d'accorder des secours était, en effet, désirable à beaucoup d'égards; il est toujours agréable et flatteur de faire le bien, de soulager l'indigence; mais, outre ce plaisir, les sections

---

(1) Arch. Seine, D. 159. Imp. Lottin, 1791, in-8, 11 pages.
(2) Arch. Seine, assemblées générales de la section des Postes, D. 1001 (8 novembre 1791).

avaient tout intérêt à surveiller les distributions que des considérations politiques ou religieuses pouvaient égarer et répandre là où elles n'étaient pas nécessaires ; enfin, il en résultait une influence qu'elles devaient tenir à ne pas perdre.

Bien que les renseignements dont nous disposons sur ce sujet soient tout à fait incomplets, nous trouvons cependant la trace de plusieurs tentatives faites pour déposséder les paroisses de cette faveur. Dès le mois de décembre 1791 (1), la section de Fontaine-de-Grenelle demande à l'Assemblée nationale de réunir dans la seule caisse des sections tous les moyens de secours. Celle des Enfants-Rouges (2) émit aussi le vœu que les Commissions de bienfaisance fussent supprimées et que les sections fussent chargées, sous la surveillance de la municipalité, de la distribution des secours. Elle ajoutait aux motifs d'administration exposés par la section de Fontaine-de-Grenelle « que tous les citoyens, de telle religion qu'ils fussent, devraient participer aux secours auxquels ils ne pourraient prétendre, si les curés en étaient chargés ». Le 8 février 1792, le Comité de la section de Fontaine-de-Grenelle envoya une circulaire aux présidents des autres sections, réclamant leur vœu pour l'institution des Comités de bienfaisance dans chaque section et non dans chaque paroisse (3). De même, le 18 octobre 1792, le Comité de bienfaisance établi par l'assemblée générale de la section de Bonconseil, le 18 août 1792, invitait les autres sections à solliciter de la Convention la suppression des Commissions des paroisses et la remise de leurs fonds (4). Pour répondre à ce désir probablement unanime des sections, le 8 décembre 1792,

(1) Bibl. nat., L^b/^{40}1828. Cette pièce n'est pas datée, mais il y est dit que « six mois à peine se sont écoulés depuis la loi du 20 mai 1791 ».
(2) Bibl. nat., L^{b40}/1802.
(3) Arch. Seine, D. 670, 8 février 1792.
(4) Arch. Seine, D. 68⁻, 18 octobre an I.

le Conseil général arrêta que les Commissions seraient
supprimées le 1er janvier 1793 et remplacées par les Comités de section qui feraient rendre compte aux précé-
dentes administrations de leur gestion. Les commissaires
civils de la section des Piques, informés de cet arrêté,
décidèrent (25 décembre 1792) que l'ancien Comité serait
invité à continuer ses fonctions jusqu'à l'organisation du
nouveau (1).

Le 29 décembre 1792, l'institution de ces nouveaux Comités paraissant impossible pour le 1er janvier, on en
remet le fonctionnement au 1er février 1793, et le Conseil général invite le corps municipal à lui présenter
sous huitaine le mode d'exécution le plus facile et le
plus convenable, mission dont se charge la Commission
de bienfaisance (2). Le 12 janvier 1793, elle établit un
projet de règlement, le soumet le 29 janvier au Corps
municipal et il est arrêté avec de légères modifications,
le 27 mars 1793 (3). Ce projet de décret devait être présenté à la Convention le 31 mars 1793 : il était trop
tard (4). Sur le rapport de son Comité de secours publics,
la Convention avait enfin voté le décret du 28 mars 1793,
qui donnait satisfaction aux sections et laïcisait l'assistance publique ; il était ainsi conçu :

ART. 1. Il sera formé provisoirement et jusqu'à ce que l'organisation générale des secours publics, dont les bases sont
décrétées, soit en activité, une Commission centrale de bienfaisance dans la ville de Paris, pour y administrer, sous la surveillance des corps administratifs, les revenus de dotation
appartenant aux pauvres des paroisses de Paris, autres que
ceux des hôpitaux.

(1) Arch. Seine, D. 976, 25 décembre 1792.
(2) Bibl. Carnavalet, Recueil d'affiches.
(3) Bibl. nat., L^{b40}/1308.
(4) *Moniteur* du 31 mars 1793. Le rapport était sévère pour la Commune
qu'il accusait de « malversations ». Le procureur de la Commune protesta
et demanda inutilement la suspension de la discussion.

2. Cette Commission sera composée d'un membre de chaque section, lequel sera nommé au scrutin, à la majorité absolue des suffrages de la section.

3. Les membres de cette Commission seront renouvelés par moitié, s'il y a lieu, à l'expiration de l'année de leur exercice.

4. Ils nommeront seize d'entre eux par scrutin de liste et à la pluralité relative pour former un directoire ou bureau d'agence, qui sera renouvelé chaque six mois.

5. Les fonctions de cette Commission seront gratuites et consisteront dans l'administration des revenus et leur répartition de trois en trois mois entre les quarante-huit sections.

6. Les détails économiques et journaliers appartiendront au bureau d'agence dont les fonctions seront entièrement gratuites.

7. Les membres de la Commission seront tenus de répartir les secours en proportion des infirmes et nécessiteux de chaque section et non en raison de la population ou de l'étendue.

8. Il sera procédé à cet effet dans la dernière quinzaine de chaque trimestre au recensement exact des pauvres et des infirmes domiciliés dans la section.

9. Le recensement dûment certifié par chaque section, sera remis à la Commission centrale qui en vérifiera l'exactitude à l'expiration de chaque trimestre, en sorte que la distribution puisse être faite dans la première quinzaine du trimestre suivant.

10. Les quarante-huit états réunis et vérifiés serviront de base à la répartition des secours et le nombre des pauvres que chacun contiendra servira à déterminer la portion à prendre par chaque section dans le total des fonds à répartir.

11. Il sera nommé par les quarante-huit sections, un trésorier du revenu des pauvres, au scrutin et à la majorité absolue des suffrages.

12. Ce trésorier sera salarié et tenu de donner caution.

13. Les membres de la Commission nommeront un d'entre eux pour faire les fonctions de secrétaire.

14. La Commission centrale sera tenue de rendre, au bout de l'année, un compte général de l'administration des revenus

des pauvres. Ce compte sera rendu public par la voie de l'impression et de l'affiche, après avoir été visé par la municipalité et arrêté par les administrateurs du directoire du département de Paris.

15. Au moyen de l'organisation ci-dessus, les trente-trois Commissions provisoires de bienfaisance établies dans les paroisses par la municipalité de Paris, en vertu du décret du 20 mars 1791, et toute administration y relative sont et demeurent supprimées.

16. Aussitôt après la formation de la Commission centrale, la municipalité de Paris sera tenue de rendre compte au département de la gestion, qu'elle a faite ou dû faire, des revenus des pauvres, depuis le décret du 20 mars 1791. La Commission centrale pourra assister à ce compte et fournir des débats s'il y a lieu.

17. Ce compte une fois arrêté, l'administration de ces revenus sera retirée à la municipalité pour être confiée à la Commission centrale des sections, sous la surveillance des autorités constituées.

18. Si par l'événement de ce compte la municipalité se trouve reliquataire envers les pauvres, elle sera tenue de verser le montant de ce reliquat, dans le délai d'un mois, entre les mains d'un trésorier nommé en exécution de l'article 15 du présent décret.

II

L'assemblée des commissaires des 48 sections rédigea, le 20 avril 1793, un plan du Comité de secours à établir dans les 48 sections de Paris, « en exécution » des articles 8, 9 et 10 du décret ci-dessus. Ces articles ne spécifiaient point la création d'une telle Commission, mais on jugea qu'elle était nécessaire pour connaître et transmettre les renseignements qu'ils visaient. Ce plan fut successivement soumis au Conseil municipal et au Conseil général qui l'approuvèrent, après quelques légères modifications sans doute, puisque l'exemplaire que nous avons consulté à la Bibliothèque nationale (1) diffère un peu du plan primitif conservé aux archives de la Seine (2). L'approbation du Conseil général est datée du 25 juillet 1793.

Il devait être formé incessamment dans chaque section, un Comité de bienfaisance correspondant directement avec la Commission centrale. Les membres seraient nommés en assemblée générale, à la pluralité relative des suffrages, au nombre de seize au moins et de vingt-quatre au plus, suivant l'étendue et la population de la section. La section serait divisée en arrondissements dont chacun serait confié aux soins de deux commissaires. La durée des fonctions était de deux années; mais le Comité était renouvelé tous les ans par moitié. Le premier renouvellement aurait lieu le 1ᵉʳ septembre 1794, et le sort indiquerait la première moitié sortante. Chaque Comité avait un trésorier élu tous les deux ans, à la fin d'août, en assemblée générale, et à la pluralité absolue des suffrages. On devait afficher dans l'étendue de la section la liste des commissaires distribués par arrondissement, en indiquant leurs noms, prénoms et demeures. Avant d'entrer en exercice, ils juraient de remplir avec zèle et impartialité les fonctions qui leur étaient confiées et prêtaient le serment civique en assemblée générale.

Aussitôt après leur installation, les Comités dresseraient un recensement exact et nominatif des indigents de leur section, en faisant connaître les noms, âge, professions et demeures des citoyens inscrits, le nombre vérifié de leurs enfants et les motifs qui leur donnaient droit à la bienfaisance publique. Le premier recensement aurait lieu le 15 septembre 1793; le deuxième, le 15 décembre 1793, et ainsi de trois en trois mois. Le double de ces recensements était remis à la Commission centrale. Les commissaires surveillaient les distributions

(1) Bibl. nat., Lᵇ⁴⁰/1181.
(2) Arch. Seine, D. 104.

journalières ordonnées par le Comité, qui s'assemblait régulièrement une fois par semaine et plus si c'était nécessaire.

Le trésorier recevait du trésorier général de la Commission centrale la part attribuée à la section, à laquelle s'ajoutaient aussi les sommes particulières qui lui étaient données directement par les citoyens. Toutefois, si la somme versée était destinée à être « constituée », le trésorier général seul la recevait pour que la constitution en fût faite suivant l'intention du donateur, à la diligence du Comité central. Le trésorier devait tenir un registre coté et paraphé par le président du Comité et donner à la première séance de chaque mois, un aperçu de la situation de sa caisse. Dans la première huitaine de chaque trimestre, il présentait le compte du trimestre précédent avec pièces justificatives, le faisait vérifier par le Comité et le soumettait ensuite à l'approbation du Comité central. Il en était fait trois copies, signées au moins par la moitié plus un des membres du Comité, l'une pour le Comité central, la seconde pour le Comité de la section, la troisième pour le trésorier lui-même.

Il y avait trois classes de distributions : la première comprenait les secours à accorder aux vieillards et aux infirmes incapables de gagner leur vie ; la deuxième, ceux à donner aux femmes en couches et aux nourrices ; la troisième était réservée aux personnes chargées de famille ou dont l'infortune n'était que momentanée. Les secours distribués en nature, sauf les cas extraordinaires, étaient répartis chaque semaine par le Comité, suivant les besoins de chacun et l'état de la caisse, et n'étaient versés qu'après informations sérieuses, que le Comité prenait en s'aidant, s'il le jugeait utile, de citoyennes en tel nombre qu'il lui plaisait.

« Attendu, disait le règlement, qu'il existe des fondations connues sous le nom de Marmites, et pour remplir autant qu'il est possible le vœu des fondateurs, les

Comités de bienfaisance aviseront aux moyens soit de continuer ledit établissement, soit de le remplacer par des distributions en nature. »

Aucun secours n'était distribué et aucune somme n'était payée que sur le *vu bon* de deux commissaires, ou sur une délibération du Comité. Pour établir une juste balance dans les secours, on tâchait de savoir ce que chaque indigent recevait déjà d'autres sociétés de charité.

Les frais du bureau étaient pris sur la caisse avec la plus grande économie possible. Ce bureau était composé d'un président, d'un vice-président, d'un secrétaire, d'un secrétaire-adjoint, et renouvelé par moitié tous les trois mois. Les procès-verbaux de chaque réunion étaient transcrits sur un registre, et signés du président et du secrétaire. Les commissaires étaient tenus d'assister régulièrement aux assemblées : un membre qui s'absentait sans cause légitime trois fois consécutives était signalé à l'assemblée générale et remplacé. Aucune de ces fonctions n'était rétribuée. L'assemblée nommait les officiers de santé chargés sans doute des soins à donner aux malades ou de la délivrance des certificats. Chaque section ouvrait une souscription perpétuelle en faveur des pauvres, et on maintenait provisoirement les quêtes qui se faisaient dans les églises, et dont le produit devait être porté dans la caisse générale (1).

La Commission centrale fut élue par les sections le 27 avril 1793, et les Comités de sections ne furent installés que du 20 au 22 septembre 1793 (2).

---

(1) Quelques sections, une au moins (Louvre), avaient fondé des établissements philanthropiques (Arch. Seine, D. 904).

(2) La Commission administrative de bienfaisance rendit ses comptes le 31 août 1793 : ses recettes s'élevaient à 1,076,911 livres 4 sous 9 deniers, ses dépenses à 1,129,374 livres 15 sous 1 denier; il paraissait y avoir déficit, mais dans ces comptes ne figuraient pas les arrérages échus en 1793; en réalité, l'actif dépassait 250,000 livres. (Bibliographie de M. M. Tourneux, n° 6395).

Nous savons que les commissaires de bienfaisance ne s'en tinrent point aux seules occupations indiquées dans le plan municipal et qu'ils prirent une part très active aux principales opérations des Comités civils, les aidant à surveiller les distributions de pain et de viande chez les boulangers et les bouchers. Le plus souvent, en effet, les deux Comités se réunirent pour délibérer sur les subsistances.

Quant aux secours promis par les sections aux volontaires, ils étaient distribués par des commissaires spéciaux, et la Convention décréta, 21 pluviôse an II (9 février 1794), que les indemnités attribuées aux parents des militaires seraient réparties par des commissaires *distributeurs* et *vérificateurs*, nommés par les assemblées générales en « proportion de deux dans chaque fonction pour cent réclamations inscrites, trois pour cent cinquante et ainsi de suite ». Les derniers devaient être pris parmi les citoyens ayant droit aux secours, les premiers parmi les plus forts contribuables, d'après le rôle des impositions.

Il y avait du travail pour tous, et les occupations étaient telles que les Comités, même en s'aidant, ne pouvaient suffire. Le 25 ventôse an III (15 mars 1795), l'Assemblée nationale ordonna que les distributions de pain par les boulangers auraient lieu, comme par le passé, sur cartes délivrées par les sections. Les personnes vivant du travail de leurs mains en recevaient une livre et demie, et toutes les autres sans distinction de sexe, une livre seulement. Ces distributions étaient surveillées par des commissaires nommés par les Comités civil et de bienfaisance : ils se rendaient chez les boulangers avant la première distribution, prenaient note des farines, du pain, qu'ils pesaient avec des balances et des poids dont ils s'étaient munis, veillaient à ce qu'il ne sortît pas de pain qui ne fût timbré par eux. Ils exerçaient leurs fonctions pendant un mois et étaient renouvelés par tiers toutes les décades (1). Des inspecteurs municipaux les contrôlaient dans leur service (2).

Les sections avaient aussi nommé, pour exécuter les lois des 26 et 28 juillet 1793 et 13 germinal an II, des *commissaires contre les accaparements* appelés aussi quelquefois *commissaires aux accaparements* (3).

III

Comme les commissaires civils et révolutionnaires, les membres des Comités de bienfaisance furent, après l'organisation du gouvernement révolutionnaire, nommés par les Comités de salut public et de sûreté générale. Le 22 frimaire an III (12 décembre 1794), on décréta que le Comité des secours publics aurait la surveillance des Comités de bienfaisance de Paris, et proposerait à la Convention les citoyens qu'il croirait propres à compléter ou à former lesdits Comités. Quelques mois après, la situation de la France s'étant sensiblement améliorée, on renonça à cette concentration de pouvoir que les circonstances avaient imposée, et le 27 ventôse an III (17 mars 1795), on remit aux assemblées de section le droit le choisir leurs Comités de bienfaisance.

La loi du 13 messidor an II (11 juillet 1794) modifia gravement les attributions de la Commission centrale :

(1) Voy. Bibl. nat., mss. fr. acq. nouv., 2651, fol. 91. Voy. aussi, Arch. Seine, D. 948, la nomination de 21 citoyens « chargés de la police à exercer chez les boulangers », 5 ventôse an III.

(2) Comité civil de la section des Champs-Elysées, procès-verbaux, Arch. Seine, D. 79421 messidor an III.

(3) Voy. à ce sujet aux Archives de la Seine, acq. de 1897, non inventoriées par M. M. Barroux, section de Marat, les « instructions essentielles pour les fonctions et le travail des commissaires contre les accaparements », qui ne devaient recevoir de plainte que dans leur bureau placé au Comite civil, de 11 heures à 2 heures et de 6 heures à 9 heures du soir. Voyez aussi un compte rendu par un de ces commissaires, et les papiers concernant sa gestion, du 26 juillet 1793 au 1ᵉʳ floréal an III. Arch. Seine, D. 796. S. d., 10 p.

elle dut remettre au domaine national la totalité des propriétés des indigents, et reçut en compensation une
somme de 36,000 livres par mois, pour assurer les distributions des Comités de bienfaisance.

Cette Commission centrale, dont nous retrouvons encore les traces le 10 brumaire (1) et le 5 messidor an III,
fut remplacée à la suite d'un arrêté du Directoire exécutif, 16 floréal an V — 5 mai 1796, par un *bureau général
de bienfaisance*. Les Comités de bienfaisance des sections avaient disparu en même temps que les sections.

A l'encontre de ce qui se produisit pour les Comités civils
et révolutionnaires, il ne paraît pas que les Comités de
bienfaisance aient été rétribués, malgré la variété et
l'abondance de leurs travaux. On peut être surpris de
cette exception. Peut-être s'explique-t-elle cependant
par la nature de leurs attributions primitives. Il est vraisemblable aussi que la plupart des membres de ces
Comités faisaient en même temps partie d'autres commissions dont les fonctions étaient salariées (2). La multi-
plicité des charges rendait inévitables ces doubles
emplois dans un personnel forcément restreint, et cette
accumulation de pouvoirs dans les mêmes mains fut peut-
être cause, en partie, de la confusion qui se produisit dans
les attributions de ces divers Comités dont le domaine
ne fut jamais bien nettement séparé.

(1) Assemblées générales de la section des Invalides, Arch. nat., F⁷/2510.
Section Poissonnière, Comité civil, Arch. Seine. D. 987.
(2) Bibl. nat., mss. fr. acq. nouv., Thermes-de-Julien, 2702 (9 messidor
an II). Le citoyen Grimoux, membre de deux Comités et qui ne peut
remplir ses deux fonctions, est invité à opter. — De même 2707, 29 nivôse
an II et suivants ; les commissaires civils font partie du Comité militaire.

CHAPITRE VII

COMITÉS MILITAIRES

I. Comités militaires : organisation de la garde nationale, loi du 19-21 août
1792. — II. Comités militaires ou de la guerre ; leurs attributions ; rapports des sections avec leurs volontaires. — III. Conseils de discipline
militaire ; règlements adoptés pour le service. — IV. Modifications
apportées à la garde nationale par les lois des 19 thermidor an II, 18 germinal an III, 16 vendémiaire an IV.

I

Dès 1789, la garde nationale s'organisa d'elle-même à
Paris, et, se modelant sur les districts, se divisa en 60 bataillons, dont chacun prit le nom du district correspondant (1). Cette division fut maintenue par le décret du
12-23 septembre 1791, lequel groupa les 60 bataillons
en 6 légions et remplaça le commandant général par
6 chefs de légion, qui exerçaient le commandement à
tour de rôle et un mois chacun. Les citoyens actifs, pour
jouir de leurs droits politiques, devaient se faire inscrire
sur les registres de la garde nationale, et leurs fils y figuraient dès l'âge de dix-huit ans (loi du 29 septembre 1791).
Ce même décret autorisait les bataillons à avoir 2 pièces
d'artillerie servies par une section de canonniers.

Mais la loi du 21 mai 1790, en brisant l'ancien cadre,

(1) Mortimer-Ternaux, t. I, p. 324.

avait supprimé la concordance qui existait entre bataillons et districts. Les sections (1) ne cessèrent de réclamer,
au commencement de 1792, contre cet état de choses nuisible à la bonne harmonie et à leur entente avec la
garde nationale, mais elles n'obtinrent satisfaction qu'a-
près le 10 août 1792. Le Conseil général (2) les autorisa,
en effet, le 13 août 1792, à organiser les citoyens armés en
différentes compagnies. Il devait y avoir 1 commandant
en chef et 1 commandant en second dans chaque section divisée en un nombre de compagnies proportionnel
à sa population. Par suite de la suppression de la distinction entre les citoyens, tous seraient armés. Chaque
compagnie serait commandée par 1 capitaine, 1 capitaine en second, 1 lieutenant, 1 lieutenant en second,
1 sous-lieutenant, 4 sergents, 8 caporaux et 1 tambour.
Les épaulettes seraient en laine pour tous les grades, afin
de maintenir l'égalité (3).

La loi du 19-21 août 1792 vint légaliser, en la modi-
fiant un peu, cette organisation. La garde nationale de

(1) Une pétition de la section de la Croix-Rouge qui en avait déjà
adressé une le 4 mars 1792, dit (9 mai 1792) que les « divisions intestines
et le refroidissement du patriotisme ne datent que de l'époque fatale de
cette division perfidement imaginée et combinée ». Inconvénients signalés:
un bataillon est composé de plusieurs sections et une section répartie
en trois ou quatre bataillons; on ne retrouve plus les mêmes voisins, les
mêmes compagnons d'armes, d'où indifférence et abus dans le service (Bibl.
nat., acq. nouv. mss. fr. 2698, fol. 284). Voyez une demande analogue de la
section du Luxembourg, 30 avril 1792. Bibl. nat., Lb⁴⁰/1930. La section des
Quatre-Nations se proposait le même but en demandant, le 22 juin 1792, la
division de Paris en 60 sections.

L'assemblée générale de la section des Postes (Arch. Seine, D. 1001,
8 août 1792) se montre contraire à la mesure, voir aussi 27 juin 1792. Le
11 août 1792, le Conseil général avait arrêté qu'il serait fait une pétition
pour demander la réduction des soixante bataillons en quarante-huit.

(2) Voy. procès-verbaux de la Commune déjà cités (13 août 1792).

(3) Cet arrêté parvint à la section des Postes le 16 août, en même temps
qu'une lettre du commandant général portant que le bataillon prendrait le
nom de la section; l'élection des officiers y eut lieu le 19 août; l'assemblée
générale décida qu'elle pourrait révoquer n'importe quel officier. C'était
donc la mainmise des sections sur la force armée dont elles disposaient à
leur gré (Arch. Seine, procès-verbaux de la section des Postes, D. 1001,
16 et 19 août 1792).

Paris était divisée en 48 sections, sous la dénomination de sections armées. Chaque section comprenait autant de compagnies que le permettait le nombre de ses habitants. La compagnie était composée de 1 capitaine, de 1 lieutenant, de 2 sous-lieutenants, de 1 sergent-major, de 4 sergents, de 8 caporaux, de 2 tambours, de 107 citoyens; en tout, de 126 hommes. La section armée avait 1 commandant en chef, 1 commandant en second, 1 adjudant et 1 porte-drapeau.

Tous les citoyens formant la section armée concouraient à la nomination de leurs commandants, officiers et sous-officiers ; les sections réunies élisaient pour trois mois 1 commandant général susceptible d'être maintenu en fonction pendant un an, au bout duquel il ne pouvait être réélu qu'après un intervalle de trois mois. Deux compagnies de la même section formaient une division commandée par le capitaine le plus ancien d'âge.

Il était attaché à chaque section une ou plusieurs compagnies d'artillerie, dont chacune avait un certain nombre d'ouvriers pris parmi les citoyens armés de piques et affectés à la défense des retranchements ou aux manœuvres. Entre les deux divisions du centre de chaque section était placé un drapeau aux couleurs de la nation avec cette inscription : *Liberté et Egalité.*

Cette mesure rencontra des difficultés : un certain nombre de citoyens ne voulurent pas se faire inscrire dans la garde nationale, par « un reste de prédilection pour le système funeste des bataillons distincts des sections (1) ». Le Conseil général dut intervenir, et, déclarant qu'ils seraient considérés comme mauvais citoyens, prescrire aux commandants de les signaler aux assemblées générales (2). Le décret du 19 septembre 1792 por-

---

(1) Voy. procès-verbaux de la Commune de Paris, déjà cités (4 août 1792).
(2) Le 26 avril 1793, il convoqua les sections pour délibérer sur le règlement militaire ; dès la fin de 1792, il avait fait préparer par des commissaires de sections un projet de règlement (Arch. Seine, D. 698).

tait, qu'indépendamment du service ordinaire que devaient faire les sections armées de Paris, il serait formé, dans chacune d'elles, une réserve de cent hommes armés, équipés, prêts à marcher. Cette réserve devait être placée dans une seule maison ou corps de garde, et composée, pour chaque section, de la manière qui lui paraîtrait la plus convenable et la plus analogue à la population; elle était principalement destinée à maintenir l'ordre public. Mais le 20-22 octobre 1792, cette mesure fut apportée.

Les sections armées formaient environ autant de compagnies qu'elles contenaient de centaines de citoyens actifs; ainsi celle de Le Peletier (1) avait 16 compagnies (1,500 citoyens actifs); celle de l'Observatoire (1,700 citoyens actifs) 21 compagnies (2); celle de la Butte-des-Moulins, 25 compagnies (2,400 citoyens actifs); celle du Finistère, 12 compagnies (1,200 citoyens actifs). Le Comité révolutionnaire de cette dernière nous donne à ce sujet quelques renseignements intéressants que nous transcrivons. Il écrit, en réponse à une lettre du Comité de salut public, le 14 juillet 1793 :

« Des divers renseignements pris, il résulte que la section du Finistère est divisée en 12 compagnies, mais tellement épuisée par les citoyens enrôlés, tant dans les troupes de ligne que dans les volontaires, qu'il ne reste que 942 hommes effectifs depuis l'âge de dix-huit ans jusqu'à quarante ans, dont quelques-uns, soit par infirmité ou comme fonctionnaires publics, ne peuvent être sous les armes. Sur les 942 hommes, ont été pris les contingents de la section pour les départements de la Vendée et de l'Eure. Ceux qui complètent les 12 compagnies sont au-dessus de quarante ans. La

---

(1) Arch. nat., F⁷/2478 (6 mai 1793). Comité révolutionnaire de la section Le Peletier. Pour celle de la Butte-des-Moulins, voy. Bibl. nat., mss. fr. acq. nouv. 2677. Pour celle du Finistère, Arch. nat., F⁷/2517. Comité révolutionnaire.

(2) Bibl. nat., Lᵇ⁴⁰/3243, in-fol. plan.

section du Finistère a de 650 à 700 fusils, dont 100 à 120
appartenant aux citoyens. Il y a en dépôt 24 fusils pris dans
une caisse à l'auberge du *Bon Laboureur*, dont 12 de chasse,
2 canons du calibre 4, plus 2 couleuvrines du calibre 3, dont
les affûts ne sont pas en bon état; 60 gargouses tant à boulet
qu'à mitraille, et enfin un baril de poudre contenant environ
30 livres. »

On voit de quel matériel disposaient les sections et combien les enrôlements avaient réduit leurs forces dès le
milieu de 1793.

II

L'adjonction des bataillons aux sections rendit nécessaire la création de certaines commissions. A partir de
ce moment, en effet, il est souvent question, dans leurs
registres, de Comité militaire, de Conseil de discipline
militaire, institution qu'on retrouve, du reste, dans les
districts. Malheureusement, nous n'avons pas les papiers
de ces commissions et il est fort difficile de savoir quelles
étaient exactement leurs attributions. Nous avions d'a-
bord cru qu'il devait y avoir une différence entre le
Comité militaire, le Comité de la guerre, et le Conseil de
discipline militaire. Nous nous sommes assuré (1), par des
rapprochements de textes, que les deux premières expressions ne désignaient qu'une seule autorité, et nous avons
appris ailleurs que le Conseil de discipline militaire n'était,
en quelque sorte, qu'une transformation du Comité militaire. « Le Comité (2) militaire de notre section, disent,

(1) Voy. à ce sujet, Arch. Seine, Comité civil de la section des Piques,
D. 976 (22-30 novembre 1792, 12 décembre 1792, 23 janvier 1793). Arch.
nat., assemblées générales de la section de Fontaine-de-Grenelle, F⁷/2509,
10 messidor an II, 5 thermidor an II, 10 thermidor an II, 30 fructidor an II,
10 brumaire an III. Arch. Seine, section des Lombards, D. 889, 890; 894-95.
(2) Bibl. nat., mss. fr. acq. nouv. 2707, section du Théâtre-Français,
fol. 237, verso.

dans leur rapport, les commissaires nommés pour vérifier les divers comptes de la section du Théâtre-Français, établi après le 10 août 1792 et *constitué en Conseil de discipline* en 1793, a fait la perception des gardes des citoyens. » Nous pouvons donc conclure que les trois termes ne se rapportent qu'à un seul pouvoir dont les attributions ont été modifiées suivant les circonstances.

Le Comité de la guerre, organisé par l'assemblée générale de la section des Lombards (1), était composé de vingt-huit membres, nommés au scrutin, à la pluralité des suffrages. Il était particulièrement chargé de veiller à la rentrée des deniers provenant des collectes faites par les capitaines et des soumissions mensuelles, à celle des avances faites pour le compte de la République par la section. Il envoyait aux volontaires les secours qui leur avaient été promis, et entretenait une correspondance suivie avec le conseil d'administration du bataillon parti pour la frontière; il s'occupait de l'habillement, de l'armement et de l'équipement dudit bataillon, et distribuait les secours aux pères, mères, femmes et enfants des volontaires.

Les capitaines remettaient au Comité un état nominatif et détaillé des collectes qu'ils avaient faites, avec les originaux des souscriptions qu'ils avaient reçues, en percevaient le montant, et le versaient au caissier qui leur en donnait reçu. Ils présentaient chaque mois ces reçus au Comité et lui soumettaient la liste de ceux qui avaient acquitté ou qui refusaient d'acquitter leurs soumissions. Contre ces derniers, le Comité était invité à user de rigueur si c'était nécessaire.

Le conseil d'administration du bataillon faisait parvenir au Comité de la guerre les noms des volontaires, leur âge et le lieu de leur naissance, la date de leur enrô-

____

(1) Arch. Seine, section des Lombards, D. 884; imp. Limodin, in-8°, de 8 pages.

lement, la profession qu'ils exerçaient avant leur départ. S'ils étaient mariés, il indiquait la demeure de leurs femmes, le nombre de leurs enfants ; s'ils ne l'étaient pas, il désignait la demeure, l'état et l'âge de leurs pères et mères. Chaque quinzaine, il spécifiait les mutations qui avaient eu lieu dans le bataillon.

Le Comité ne pouvait faire d'avances aux fournisseurs, envoyer des effets en nature au bataillon ou acquitter le montant desdits effets, qu'en vertu d'une délibération de l'assemblée générale, dont copie lui était remise. Chaque mois, les capitaines donnaient au Comité un état des familles indigentes ayant droit aux secours, et délivraient des mandats pour la somme promise. Ces mandats, visés par deux commissaires, qui vérifiaient si les volontaires dont on se réclamait étaient toujours sous les drapeaux, étaient acquittés par le caissier. Deux membres du Comité étaient chaque jour de service et pouvaient, sur l'avis du capitaine et le rapport du chirurgien, faire remettre des secours extraordinaires aux familles dont les membres étaient malades ; mais les demandes d'augmentation devaient être soumises à l'assemblée générale. Du reste, le Comité était autorisé à s'entendre avec celui de bienfaisance pour éviter les doubles emplois.

Le caissier était nommé par l'assemblée générale et ne pouvait être destitué que par elle. Il devait recevoir dans sa caisse : les trois caisses connues sous le nom de caisse de la guerre, caisse du camp sous Paris, caisse des blessés du 10 août et les sommes provenant des collectes faites par les capitaines, de la perception des soumissions ou de la rentrée des avances. Il tenait un livre paraphé par première et dernière page sur lequel il inscrivait, jour par jour et sans aucun blanc, d'un côté les sommes reçues et les noms de ceux qui les avaient remises, de l'autre, celles qu'il avait payées, le mandat en vertu duquel le paiement avait été effectué et la destination des fonds portés sur le mandat.

Le Comité avait aussi un livre analogue, tenu de la même façon. Il pouvait, quand bon lui semblait, vérifier l'état de la caisse et le livre du caissier. Tous les deux mois, l'assemblée générale nommait des commissaires chargés d'examiner les comptes du caissier et du Comité et de lui en faire rapport. Les frais de bureau étaient pris sur la caisse avec toute l'économie possible.

Ainsi, pourvoir à l'équipement des volontaires, leur envoyer leur solde, payer les secours promis à leurs parents, voilà l'objet principal de cette Commission dont on aperçoit l'importance, même aux soins minutieux avec lesquels on avait réglé les détails de son service. Pour remplir ses fonctions, elle était obligée de correspondre régulièrement avec le bataillon qui était à la frontière. Les sections, en effet, n'abandonnaient point ceux des leurs qui marchaient à l'ennemi ; elles s'inquiétaient de leurs travaux, les surveillaient, les encourageaient. Il semble que jamais l'union n'ait été plus parfaite entre les soldats et les citoyens ; à tout instant, on fait appel à la fraternité et on est frappé, en étudiant cette époque, du nombre des *adresses à l'armée* votées dans les sections ; rien d'important ne se fait sans qu'on l'en prévienne ou l'y intéresse ; c'était sans doute une conséquence de la nouvelle organisation militaire.

Ainsi, le 14 mai 1793, la section de la Halle-au-Blé (1) soumet au Conseil général et lui fait approuver un arrêté, par lequel elle nomme un commissaire, pour se transporter en Vendée avec les volontaires, et entretenir une correspondance avec la section. Mais ce qui montre bien l'espèce de surveillance que les sections exerçaient sur leurs « frères d'armes », c'est l'affaire du 11e bataillon.

Le 27 brumaire an II (17 novembre 1793), le représentant Laplanche (2) se plaint à la Convention du 11e batail-

_____

(1) *Moniteur*, séance du Conseil général, du 14 mai 1793.
(2) Aulard, *Actes du Comité de salut public*, t. VIII, p. 494.

lon de la 1re réquisition de Paris, qui a « arboré l'étendard de la rébellion..., désobéi à ses chefs et menacé de mettre à feu et à sang la ville de Carentan ». Le 19 novembre 1793, le Comité de salut public (1) ordonne de le transférer dans la citadelle d'Arras, et le 4 frimaire an II (24 novembre 1793), deux députations des sections des Tuileries et des Champs-Elysées expriment à la Convention « leur profonde douleur et leur indignation », et demandent la punition des coupables. Sur le rapport de Barère disant, au nom du Comité de salut public, que cette trahison n'a été le « crime que de quelques chefs et de quelques intrigants », l'Assemblée nationale décrète, 29 frimaire an II (19 décembre 1793) que les citoyens qui composent ce bataillon ne pourront servir la République jusqu'à ce qu'ils aient déclaré quels sont les auteurs et les instigateurs de l'insubordination; trois jours plus tard, elle autorise les sections des Tuileries et des Champs-Elysées à envoyer des commissaires porter ce décret au 11e bataillon. Les citoyens de la section des Invalides (2), qui avaient concouru à former ce bataillon, en envoyèrent également.

De retour, ces commissaires se présentèrent à l'assemblée générale et firent leur rapport, 10 pluviôse an II (29 janvier 1794), donnant aussi lecture d'une lettre écrite au Comité de salut public par le représentant du peuple à Arras. Il en résultait que la 1re et la 9e compagnie, fournies par la section des Invalides, n'avaient pas participé à la rébellion; néanmoins, on prit des informations sur trois jeunes gens de l'une de ces compagnies, étrangers à la section.

« L'assemblée, dit le procès-verbal, n'attendait pas moins de ses enfants et a couvert le rapport d'applaudissements. »

---

(1) Aulard, *Actes du Comité de salut public*, t. VIII, p. 554.
(2) Arch. nat., assemblées générales de la section des Invalides, F⁷/2510, 10 pluviôse an II (29 janvier 1794).

La part que les sections prirent à tout ce qui eut rapport à cet événement ne doit pas nous surprendre : outre qu'elles étaient fières des sacrifices qu'elles faisaient pour la patrie, des volontaires qu'elles lui procuraient, elles avaient le droit et le devoir de s'inquiéter de la conduite des jeunes gens qu'elles payaient, dont elles secouraient les familles et de veiller ainsi à leur honneur commun (1).

III

La nouvelle organisation de la garde nationale amena l'établissement de Conseils de discipline, qui ne furent, comme nous l'avons vu, qu'une transformation des Comités militaires. Peut-être serait-il plus exact de dire qu'on ajouta une nouvelle fonction à celles des Comités militaires dont on modifia la composition, car dans les Conseils de discipline (2) militaire devaient figurer des représentants de chaque grade. Ils étaient spécialement chargés de faire exécuter les règlements particuliers qui furent élaborés pour le service militaire : nous avons retrouvé plusieurs de ces règlements (3) et, pour en donner une idée, nous résumons ici celui de la section du Panthéon-Français, du 29 pluviôse an II (17 février 1794), qui nous paraît le plus complet.

Les commandants en chef et en second, ainsi que l'adjudant de la section, étaient tenus, alternativement, de sur-

(1) Voy. encore Arch. nat., F⁷/2510, 18 brumaire an III ; le commandant Féraud envoie un certificat de bonne conduite du 6ᵉ bataillon de Paris (Vendée), le 27 fructidor an II ; Voy. aussi section de Fontaine-de-Grenelle, F⁷/2509, 20 messidor an II.

(2) Celui du Marais était formé de 36 membres : 1 commandant, 1 secrétaire, 2 capitaines, 2 lieutenants, 4 sous-lieutenants, 4 sergents, 4 caporaux et 18 fusiliers, de façon à ce que toutes les compagnies fussent représentées ; il était renouvelé par moitié tous les trois mois.

(3) Sections de *Popincourt* (Règlement militaire, Bibl. nat., L^{b40}/3244 in-fol., plano ; du *Marais*, Bibl. nat., L^{b40}/1947, in-8°, 10 p.); du *Panthéon*, Bibl. nat., L^{b40}/2030 et 2031.

veiller tous les postes de la circonscription aux heures qu'ils jugeaient convenables, et de faire faire l'appel des citoyens.

L'adjudant envoyait les ordres de garde, et se trouvait à toutes les gardes montantes. Il faisait apporter aux assemblées du Conseil de discipline les livres des postes, et y assistait pour fournir les renseignements dont on pouvait avoir besoin.

Les sergents-majors préparaient les lettres de garde, en indiquant le jour, l'heure, le poste, et l'arme que chaque citoyen devait apporter, et en dressaient deux listes, l'une pour le commandant du poste et l'autre pour le Comité permanent. Le caporal-fourrier recevait ces lettres de garde trois jours au moins avant la date indiquée sur les lettres, et les portait à leur adresse.

Officiers et sous-officiers commandés se rendaient au lieu de rassemblement des gardes pour les accompagner aux différents postes. Sur une feuille destinée au Conseil et sur le livre du poste, ils inscrivaient les noms, profession et demeure des citoyens désignés, constataient les absences et les délits. Les commandants de poste attestaient sur les lettres de garde que le service avait été fait. Ils faisaient partir les patrouilles de nuit ; la première à 11 heures et la deuxième une heure et demie après la rentrée de la première ; si elles ne suffisaient pas, ils pouvaient en envoyer d'autres. Ces patrouilles faisaient fermer les portes des boutiques à 11 heures précises, chassaient les buveurs de chez les marchands de vin et limonadiers, surveillaient les portes des allées qui n'étaient pas fermées.

Il n'était accordé qu'une heure pour chaque repas, et il était défendu de recevoir dans les corps de garde d'autres citoyens que ceux qui étaient de service. Les commandants devaient donner, sur la réquisition des commissaires de police et autres autorités de la section, la force suffisante pour les opérations de leur ressort, gardant cependant aux postes le nombre des citoyens nécessaires pour les événements imprévus. Tout commandant qui s'enivrait ou se livrait à des voies de fait était puni suivant les cas, sur le rapport adressé au Comité par six citoyens du poste.

Chaque citoyen était obligé de monter personnellement sa garde avec une arme (fusil ou pique). N'étaient admis à se faire remplacer que les fonctionnaires publics, ceux qui étaient en réquisition à cause de leur état ou profession, les infirmes et les malades. Le Comité permanent, réuni tous les soirs de 6 à 8 heures, délivrait seul ces autorisations et acceptait ou refusait ceux qui se présentaient pour faire les remplacements. Le prix du remplacement avait été fixé à 3 livres par un arrêté de l'assemblée générale du 17 août 1793. Les citoyens qui refusaient de monter leurs gardes devaient payer, outre cette somme, l'amende prononcée par la loi (deux journées de travail) (1).

Ceux qui se présentaient en état d'ivresse, insultaient leurs commandants ou leurs concitoyens, se permettaient des voies de fait, abandonnaient leur poste ou s'endormaient pendant leur service, étaient punis par le Conseil de discipline. Les tambours ne pouvaient battre aucun rappel sans l'ordre signé du commandant en chef ou en second.

IV

Nous ne saurions nous proposer de suivre ici l'organisation de la garde nationale dans tous ses détails ; nous nous contenterons de signaler à grands traits les changements qu'elle subit jusqu'à la suppression des sections. Le 19 thermidor an II (6 août 1794), sur le rapport du

______

(1) Loi du 29 septembre 1791, sect. I, art. 14.

Comité de salut public, le commandant général fut remplacé par un état-major composé de cinq membres en exercice pendant cinq jours. Ces cinq membres étaient pris successivement parmi les commandants de la garde nationale de chaque section, d'après des numéros tirés au sort. Le plus ancien d'âge commandait en chef pendant cinq jours; les quatre autres remplissaient les fonctions d'adjudants. La gendarmerie et les autres troupes employées à Paris à la solde de la République étaient, pendant leur service, aux ordres de ce commandant en chef. L'état-major avait un bureau près de la Convention nationale et devait rendre compte chaque jour aux Comités de salut public et de sûreté générale de toutes les opérations et de la façon dont le service avait été exécuté. Ce service était arrêté par les Comités eux-mêmes.

Le décret du 12 frimaire an III (2 décembre 1794) divisa la force armée de Paris en huit arrondissements. A chaque section étaient attachés 2 commandants, 1 adjudant, 1 sous-adjudant et 1 porte-drapeau. L'état-major général formé, suivant la loi du 19 fructidor an II, des commandants en chef des sections avait l'autorité directe sur la force armée de Paris et comme subordonnés immédiats les adjudants généraux.

Un résumé même très succinct de cette loi où tous les détails de service, rondes, patrouilles, mots d'ordre, remplacements..., sont indiqués, dépasserait les limites de notre travail. Notons seulement que le Conseil de discipline de la section devait comprendre 1 commandant, 2 capitaines, 2 lieutenants, 2 sergents, 2 caporaux, 1 fusilier de chaque compagnie et 1 canonnier. Ces membres du Conseil pris par roulement et suivant l'ancienneté d'âge étaient renouvelables par moitié tous les trois mois: ils devaient connaître de tous les délits commis pendant le service par tous les citoyens, quel que fût leur grade, et leurs séances étaient publiques.

Le lendemain, 13 frimaire an III, la Convention décida

que les adjudants généraux recevraient 4,000 livres par
an, les adjudants de section 3,000 livres et les sous-adju-
judants 2,500 livres. Le tambour instructeur avait 5 livres
par jour, le tambour caporal (un par section) 3 livres, le
tambour attaché à la compagnie 2 l. 10 sols et un costume.
Le renouvellement des officiers fut fixé au 10 pluviôse
an III (30 janvier 1795).

Pour être élu, il fallait savoir lire et écrire. Les citoyens
de chaque compagnie écrivaient, ou faisaient écrire sur
un bulletin signé, le nom de ceux qu'ils choisissaient, en
indiquant le grade pour chacun. Aussitôt après l'organisation des compagnies, tous les capitaines, lieutenants,
sous-lieutenants et sergents se réunissaient pour procéder
de la même manière à la nomination des deux commandants et du porte-drapeau de la section. Les adjudants généraux et ceux de section, qui recevaient une solde, étaient
nommés par la Convention sur la présentation du Comité
militaire.

Les citoyens se fatiguaient de monter la garde ; les
enrôlements réduisaient, nous l'avons déjà remarqué,
considérablement le nombre de ceux qui faisaient le service et accroissaient d'autant leur charge : quelques-uns
s'y refusaient. La Convention dut décréter, 28 ventôse
an III (18 mars 1795), que tout citoyen de Paris était tenu
de faire personnellement son service de garde ; en étaient
seuls exempts les membres du Corps législatif, les fonctionnaires publics et les sexagénaires. Les malades et les
infirmes, pour se faire remplacer, devaient produire un
certificat d'officier de santé.

A la suite des troubles de germinal, la garde nationale
fut composée, 28 germinal an III (17 avril 1795) de bataillons de 761 hommes. Chaque bataillon comprenait
10 compagnies divisées chacune en 2 pelotons, 4 sections,
8 escouades. L'état-major du bataillon était formé d'un
chef de bataillon, d'un adjudant de bataillon, d'un porte-
drapeau. Celui de la section se composait d'un chef de

brigade et d'un adjudant de section. La section avait une compagnie de canonniers. Quatre sections formaient une division dont l'état-major comprenait 1 adjudant général et 4 adjudants de division. La cavalerie de la garde nationale, 2,400 hommes, était répartie en 3 brigades de 4 escadrons. Chacune avait par état-major 1 chef de brigade, 4 chefs d'escadrons, 4 adjudants-majors. Le Comité militaire de la Convention dirigeait le service de la garde nationale et, à cet effet, nommait un bureau, de même qu'il nommait aussi l'état-major des 12 divisions.

Les sections avaient toujours conservé leurs canons; elles durent les rendre après les désordres de prairial, 20 prairial an III (8 juin 1795). Enfin, le 16 vendémiaire an IV (8 octobre 1795), les états-majors de la garde nationale furent supprimés. La Convention devait nommer un commandant temporaire qui dirigerait tous les mouvements de la garde nationale d'après les ordres du général en chef de l'armée de l'intérieur. Aucune autorité constituée, ni chef d'une portion quelconque de la force armée ne pouvait, sous quelque prétexte que ce fût, réunir les citoyens de la garde nationale. Le Comité civil avait la garde de la caisse et ne pouvait s'en dessaisir que sur un ordre du commandant.

CHAPITRE VIII

COMMISSIONS DES SALPÊTRES

I

La fin de l'année 1793 marque l'ère des plus grands dangers que la France ait courus pendant la Révolution. A l'intérieur comme à l'extérieur, on avait à faire face à des ennemis redoutables. Il fallait pour résister à ces attaques combinées non seulement enrôler des volontaires, recruter des armées, mais aussi les équiper et les armer. A cette époque d'enthousiasme et d'ardeur pour la liberté, les hommes, à Paris du moins, se dévouaient assez aisément; sur la promesse que leurs familles ne souffriraient pas trop de leur absence, ils s'offraient, partaient. Mais les engins de guerre étaient moins faciles à obtenir, et si on pouvait, par des réquisitions et perquisitions fréquentes, saisir et amasser quelques mauvais fusils, il était tout à fait malaisé de se procurer l'énorme quantité de poudre que chaque jour de lutte exigeait. Il fallut faire appel à toutes les bonnes volontés.

Le 14 frimaire an II (4 décembre 1793), en même temps qu'elle établissait le gouvernement révolutionnaire, la Convention invitait tous les citoyens à lessiver eux-mêmes le terrain qui formait la surface de leurs caves, écuries, bergeries, pressoirs, celliers, etc., et pour suppléer au travail de ceux qui ne pouvaient s'y livrer par eux-mêmes, les municipalités étaient priées de former un atelier commun. Elles pouvaient dans ce but louer une maison, dont le loyer serait pris sur le produit du salpêtre, payé à raison de 24 sous la livre par la régie, qui était aussi chargée de donner tous les renseignements relatifs à l'extraction du salpêtre.

Les sections de Paris s'organisèrent aussitôt. Des Commissions dites des salpêtres furent nommées par les assemblées générales et placées sous la surveillance et les ordres des Comités révolutionnaires. Celle de la section de Brutus (1) était d'abord composée de 8 membres, 24 nivôse (13 janvier 1794), un peu plus tard de 12, et le 5 pluviôse an II (24 janvier 1794), elle était autorisée par l'assemblée générale à s'adjoindre 8 commissaires nouveaux, qu'on indemniserait, si on n'en pouvait trouver gratuitement. Elle pouvait aussi mettre en réquisition tous les citoyens qui avaient des connaissances dans cette partie, et emprunter 3,000 livres pour frais d'établissement. Le 9 pluviôse an II (28 janvier 1793), on lui permit d'employer des ouvriers salariés, à défaut de patriotes s'offrant gratuitement. Grâce à ces mesures, elle put installer trente-six futailles pour le lessivage des terres et deux chaudières. Deux de ses membres, à tour de rôle, devaient se trouver à l'atelier de 8 heures du matin à 1 heure et de 4 heures à 9 heures du soir.

Conformément à la loi du 14 frimaire an II, les régisseurs nationaux des poudres et salpêtres prévinrent les sections, 11 pluviôse an II (30 janvier 1794), que des conférences auraient lieu, chaque jour, à l'Arsenal, sur la fabrication du salpêtre : tous ceux qui désiraient s'instruire dans cette matière étaient priés de s'y rendre. Le

____

(1) Arch. Seine, D. 823. Section de Brutus, Commission des salpêtres.

même jour, la Commune arrêta la formation à la maison commune d'un Comité central, composé d'un délégué de chaque section et chargé d'aviser aux moyens les plus prompts et les plus économiques d'exploiter le salpêtre. Le 16 pluviôse, la Commission de la section de Brutus informe les Comités civil et révolutionnaire que ses réunions se tiennent le soir de 6 à 8 heures et les invite à s'y rendre.

A la section des Lombards (1), 30 pluviôse an II (18 février 1794), on déclare mauvais citoyens tous ceux qui perdront leurs cendres ou ne favoriseront pas la fabrication du salpêtre. On organise, comme dans celle de Brutus et partout sans doute, une collecte volontaire pour couvrir les frais de l'atelier, se réservant de signaler à l'assemblée générale les riches qui ne donneraient pas selon leurs moyens. On nomme un trésorier qui rendra compte tous les mois de l'état de la caisse; les membres de la Commission recevront une indemnité de 6 livres par jour. Enfin, selon une mesure adoptée par presque toutes les sections, la Commission propose que le nombre des citoyens nécessaires à ses travaux soit pris dans une ou plusieurs compagnies.

Les sections, doublement excitées et par leur désir de servir avec zèle la République et aussi par les bénéfices qu'elles jugèrent pouvoir retirer de cette exploitation, profitèrent de l'expérience acquise pour modifier et améliorer le fonctionnement de leurs Commissions.

La section du Panthéon-Français (2) fut l'une de celles qui s'occupèrent le plus de ces travaux. Elle promit au Comité de salut public de livrer, dans un délai de trois mois, « trente à trente-cinq millions » (de livres évidemment) de salpêtre. Le Comité révolutionnaire fut invité

(1) Préfecture de police, procès-verbaux des sections : Lombards, 3 pluviôse an II, fol. 157.

(2) Arch. nat., F⁷/2521, Comité révolutionnaire de la section du Panthéon-Français, 13 messidor an II (1er juillet 1794).

par le Comité de salut public, 13 prairial an II (18 mai
1794), à lui proposer « le mode qu'il croyait propre à accélérer méthodiquement le travail du salpêtre ». Ce mode
fut soumis au Comité de salut public et à l'agence révolutionnaire des poudres et salpêtres, qui l'approuvèrent
(10-13 messidor an II).

On ajoutait deux nouvelles chaudières, et on établissait
dans l'arrondissement de la section, 12 ateliers de lessivage de terre, et un atelier pour le lessivage des cendres,
dirigés par six commissaires sous la surveillance de deux
commissaires directeurs. Il y avait dans chaque atelier un
citoyen remplaçant, et deux autres pour passer la nuit
auprès des chaudières. Ces quinze employés étaient nommés par la Commission et agréés par le Comité révolutionnaire. Chaque jour, 65 citoyens étaient commandés
pour travailler aux ateliers. Les infirmes et les gens de
complexion faible pouvaient se faire remplacer par des
hommes robustes acceptés par la Commission et le Comité
révolutionnaire.

La Commission s'assemblait deux fois par décade, le 4
et le 8, pour délibérer sur tout objet relatif à ses opérations. Ses arrêtés étaient soumis au Comité révolutionnaire. Le président ne pouvait conserver ses fonctions
plus de deux décadis. Le secrétaire tenait les registres et
faisait la correspondance. Un trésorier étranger à la Commission et au Comité révolutionnaire, nommé par ce
dernier et agréé par l'assemblée générale, recevait le
produit de la vente du salpêtre et indemnisait les employés. Il avait voix délibérative aux réunions de la
Commission. A tour de rôle deux commissaires étaient de
service nuit et jour auprès des chaudières.

Chaque commissaire recevait 7 l. 10 sols par jour, et
5 livres par nuit quand il veillait. Le Comité révolutionnaire pouvait destituer et remplacer les membres de la
Commission des salpêtres. Il se faisait rendre compte de
tous les travaux, et en présentait le tableau à l'assemblée

générale. Les bénéfices provenant du salpêtre devaient être employés à des actes de bienfaisance.

Ici donc les commissaires étaient payés ; ailleurs ils ne l'étaient pas. La section de Brutus (1) admettait deux sortes d'ouvriers, les uns gratuits, les autres salariés. Le 24 fructidor an II (10 septembre 1794), on fixa le prix de leurs journées à 4 et 5 livres, les nuits comptant comme les jours. Cette dernière catégorie d'ouvriers donnait-elle de meilleurs résultats, ou voulut-on procurer de l'ouvrage à ceux qui en manquaient? toujours est-il que l'assemblée générale décida, 30 fructidor an II (16 septembre 1794), de remplacer les volontaires par des citoyens payés.

Quand les Comités révolutionnaires furent réduits à 12 pour tout Paris, les Commissions des salpêtres passèrent sous la surveillance des Comités civils. Peu après, le 30 brumaire an III (20 novembre 1794) (2), le Comité de salut public autorisa les Comités civils à en suspendre ou à en remplacer provisoirement les membres ; mais leurs décisions étaient soumises à l'assemblée, qui les ratifiait ou les improuvait.

La dépense de chaque atelier devait être réduite au nécessaire, et les Comités civils avaient « ordre de s'opposer formellement à ce qu'on continuât d'exiger des contributions des citoyens, soit pour frais d'extraction ou de remplacement des terres de leur cave, soit pour tous autres frais relatifs au service de l'atelier, qui devaient être généralement acquittés sur le produit du salpêtre ». On ne pouvait sous aucun prétexte donner une autre distination aux fonds provenant de ce produit.

---

(1) Arch. Seine, D..823 ; 24-30 fructidor an II.
(2) *Ibid.*, 30 brumaire an III.

II

La Commission de la section de Brutus reçoit communication de cet arrêté le 9 frimaire an III (29 novembre 1794). Aussitôt (14 frimaire an III), elle adresse au Comité civil un mémoire explicatif de ses travaux. Elle annonce qu'elle a devancé la mesure prise par le Comité de salut public et qui tend à venir au secours des citoyens, en salariant tous ses ouvriers; que du reste, elle a toujours fait transporter et rapporter à ses frais les terres que les propriétaires avaient seulement fouillées. Elle occupe 19 citoyens salariés dont 3 sont commissaires; ils sont payés en ce moment 5 livres par jour; les commissaires reçoivent 6 livres. Un commissaire et un citoyen sont employés au service des chaudières pendant la nuit : le citoyen reçoit une indemnité de 5 livres. L'entretien des chaudières exige environ 9 voies de bois et 400 à 500 livres de potasse par décade. On donne 50 sols par jour au conducteur envoyé par l'administration des charrois ; enfin, le portier de l'atelier a 15 livres par mois.

L'ensemble de ces dépenses, y compris quelques frais de chaque jour, s'élève à environ 1,400 ou 1,500 livres par décade.

Recettes de l'atelier, jusqu'à ce jour, 10 frimaire an III.

Emprunt au Comité civil	3,000 livres.
Collecte de 8 compagnies	4,659 l. 15 sols.
Dons gratuits	111 l.
35 livraisons de salpêtre (35,335 livres payées à 24 sols)	42,402 l. 12 sols.
Total de la recette.	50,173 l. 7 sols.

Dépenses jusqu'au 27 frimaire.

Dépenses de l'atelier, dont suivent quittances . .	19,820 l. 19 sols.
Remboursé au Comité civil	3,000 l.
Total.	32,820 l. 19 sols.

Restent en caisse, sauf erreurs ou omissions, 17,352 l. 8 sols.

Le Comité civil répond, le 23 frimaire an III, que les trois commissaires salariés seront tenus d'opter entre la place de commissaires gratuits et celle d'employés aux conditions convenues. Quand un ouvrier quittait l'atelier, on lui accordait une gratification, si l'on était content de ses services ; le Comité civil arrête que, quoique ces rétributions soient contraires aux vues du Comité de salut public, et à l'intérêt de la section, on pourra cependant donner 60 livres d'indemnité à ceux qui ont plus de 4 mois d'exercice et 30 livres à ceux qui en ont moins. Malgré les réclamations de la Commission, le Comité civil maintient sa décision. Du reste, les opérations touchaient à leur fin ; trois livraisons (3904 livres de salpêtre valant 4584 livres 16 sols) furent encore faites, et le 24 nivôse an III (13 janvier 1795), la Commission rendit ses comptes définitifs au Comité civil, et cessa ses fonctions.

On peut s'apercevoir que les entreprises des sections eurent d'heureux effets. Outre qu'elles permettaient à la République de continuer victorieusement la guerre, elles fournissaient du travail aux ouvriers qui n'en avaient pas, et donnaient de sérieux bénéfices aux sections. Nous savons que celle du Théâtre-Français en retira net 9,328 livres, 6 sols, celle de Fontaine-de-Grenelle, 10,333 livres ; celle de Brutus davantage encore, et si celle du Panthéon tint les engagements dont nous avons parlé, elle dut toucher une somme singulièrement élevée. Ces revenus furent versés, selon les règlements, dans la caisse des Comités de bienfaisance et dans celle des Comités de secours, toujours insuffisantes pour acquitter les dettes et pourvoir aux besoins.

CHAPITRE IX

COMITÉS D'AGRICULTURE

I. Comités d'agriculture ; arrêtés du Conseil général du 4 septembre 1793
et du 24 ventôse an II.

I

La détresse dans laquelle on se trouvait à la fin de 1793, par suite de la cherté des vivres et du manque d'approvisionnements, fit rechercher et mettre en pratique tous les moyens qui s'offraient de diminuer la misère. Paris enfermait alors dans son enceinte de vastes étendues de terres inoccupées. Outre les espaces non bâtis et les grandes promenades publiques, jardins nationaux, comme les Tuileries, le Luxembourg et le Jardin des Plantes, beaucoup de monuments municipaux, de maisons particulières, avaient des enclos relativement importants réservés au seul agrément. Or, l'agréable importe peu quand le nécessaire manque. On résolut donc d'utiliser ces terrains perdus pour la culture. Le 4 septembre 1793, le Conseil général (1) arrêta qu'il nommerait une commission pour visiter tous les jardins compris dans les domaines nationaux vendus ou à vendre, affermés ou non, afin de s'assurer s'ils étaient en produit. Il invitait

(1) Voy. *Moniteur*, Conseil général du 4 octobre 1793.

tous les citoyens qui avaient des jardins à les faire ense-
mencer de légumes. La même commission devait se
rendre au département pour l'engager à faire mettre en
culture les « immenses jardins » compris dans les domaines nationaux; enfin, la Convention serait aussi invitée à faire cultiver ceux des Tuileries au profit des hôpitaux.

Voilà ce qui explique la création, surprenante au premier abord, des Comités d'agriculture dans les sections
de Paris. Le 24 ventôse an II (14 mars 1794), le président de l'assemblée générale de celle des Invalides (1)
donne lecture d'un arrêté du Conseil général convoquant
une assemblée primaire à l'effet de nommer trois membres ou plus pour composer un Comité d'agriculture.
Après discussion, l'assemblée décide que les commissaires, au nombre de 6, seront élus par acclamation, et
choisis de préférence parmi les jardiniers, pour qu'ils
puissent remplir avec plus d'efficacité les vœux du Conseil
général.

Ce nombre 6 prouve que les commissaires avaient une
assez grosse besogne. Le 1ᵉʳ germinal an II (21 mars
1794), à la section du Pont-Neuf (2), il est question de cultiver les terres de la caserne et de planter des arbres sur
une place : telles étaient les occupations de ces Comités.
On rendait ainsi productifs des terrains abandonnés et on
avait l'occasion d'occuper quelques malheureux ouvriers.

(1) Arch. nat., F⁷/2510, 24 nivôse an II (14 mars 1794).
(2) Bibl. nat., mss. fr. acq. nouv. 2712, 1ᵉʳ germinal an II (21 mars 1794).

CHAPITRE X

POLICE — JUSTICE

I

Pas plus que le précédent, ce chapitre n'exige de longs développements, car les appellations expliquent par elles-mêmes les fonctions qu'elles désignent et il nous suffira de rappeler brièvement les lois qui les concernent. Chaque section avait un commissaire de police qu'elle choisissait parmi les citoyens éligibles de son arrondissement, et dont les attributions avaient été ainsi déterminées par le décret du 21 mai 1790 : on lui amenait les personnes arrêtées en flagrant délit, et il pouvait, avec la signature de l'un des commissaires de la section, les envoyer dans une maison d'arrêt. En cas de vols ou d'autres crimes, il gardait par devers lui les effets volés ou les pièces de conviction pour les remettre aux juges, dressait procès-verbal du tout et en donnait connaissance au département de police et au commissaire de section de service, à qui il rendait compte chaque jour et par écrit des événements de la journée. Il avait séance et voix délibérative aux assemblées du Comité civil.

Sous ses ordres était placé un secrétaire greffier comme

lui élu pour deux ans et indéfiniment rééligible, qui tenait la plume aux assemblées du Comité, dressait les procès-verbaux, faisait les expéditions, extraits et envois, était chargé de la tenue de tous les registres du Comité et du commissaire de police.

En octobre 1790, les sections procédèrent à l'élection des commissaires de police et des secrétaires greffiers, qui avait été ajournée par la loi du 25 août 1790. Les commissaires de police touchaient un traitement de 3,000 livres et les secrétaires greffiers ne recevaient que 1,800 livres (1).

D'après le décret du 20 juin 1791, les commissaires de police devaient porter, lorsqu'ils étaient en fonction, pour marque distinctive, un chaperon d'étoffe aux trois couleurs de la nation.

La Commune du 10 août, nous l'avons déjà vu, les suspendit de leurs fonctions; mais, le 19 septembre 1792, leur réélection fut décrétée, et les pouvoirs, qui leur avaient été accordés, furent confirmés. De nombreux arrêtés du Conseil général attirèrent spécialement l'attention des commissaires de police sur les afficheurs, colporteurs, harangueurs, sur les allées et venues des étrangers, sur les locataires des hôtels garnis, sur les attroupements, sur le nettoiement et le déblaiement des rues, sur la vérification des poids et mesures, sur le prix du pain. En même temps ils arrêtent et interrogent les prévenus, apposent et lèvent les scellés, dressent procès-verbaux de toutes les contraventions et des accidents, délivrent les passeports (2).

(1) Arrêté municipal du 24 octobre 1790. Arch. nat. mss. français, acq. nouv. 11707.

(2) Arch., D. 634, 651-652, 661-668, 707-709, 712, 714; Bib. nat., L⁵⁴⁰/1181.

II

La loi du 25 août-29 septembre 1790. sur l'organisation des tribunaux de la ville de Paris, portait qu'il y aurait, dans chacune des quarante-huit sections, un juge de paix et des prud'hommes assesseurs du juge de paix. Ces juges de paix ne pouvaient être choisis que parmi les citoyens éligibles aux administrations de département et de district et âgés de trente ans accomplis (1); ils étaient élus, au scrutin individuel et à la pluralité absolue des suffrages, par les citoyens actifs réunis en assemblées primaires. Ces mêmes électeurs nommaient, parmi les citoyens actifs, au scrutin de liste et à la pluralité relative, quatre notables destinés à faire les fonctions d'assesseurs du juge de paix. Juges de paix et assesseurs étaient élus pour deux ans et pouvaient être continués par réélection.

Les juges de paix assistés de deux assesseurs connaissaient de toutes les causes purement personnelles et mobilières sans appel jusqu'à 50 livres. et à charge d'appel, jusqu'à la valeur de 100 livres. Ils connaissaient de même sans appel jusqu'à la valeur de 50 livres, et à charge d'appel à quelque valeur que la demande pût monter :

« 1° Des actions pour dommages faits soit par les hommes, soit par les animaux, aux champs, fruits et récoltes;

2° Des déplacements de bornes, des usurpations de terres, arbres, haies, fossés ou autres clôtures. commises dans l'année; des entreprises sur les cours d'eau servant à l'arrosement des prés, commises pareillement dans l'année, et de toutes autres actions possessoires;

3° Des réparations locatives des maisons et fermes.

4° Des indemnitées prétendues par le fermier ou locataire

(1) L'âge fut réduit à 25 ans (16 septembre 1792).

pour non-jouissance, lorsque le droit de l'indemnité ne sera pas contesté et des dégradations alléguées par le propriétaire;

5° Du paiement des salaires des gens de travail, des gages de domestiques, et de l'exécution des engagements respectifs des maîtres et de leurs domestiques ou gens de travail;

6° Des actions pour injures verbales, rixes et voies de fait, pour lesquelles les parties ne seront point pourvues par la voie criminelle. »

Ils apposaient, reconnaissaient et levaient les scellés, sans pouvoir connaître des contestations qui pourraient s'élever à l'occasion de cette reconnaissance.

Si le juge de paix mourait dans le cours des deux années de son exercice, il était procédé sans retard à une nouvelle élection; s'il était empêché momentanément, un des assesseurs le suppléait.

Le traitement du juge de paix se composait d'une somme de 2,400 livres (décret du 3-5 novembre 1790) et en outre du produit du tarif modéré qui sera fait pour ses vacations à l'apposition, à la reconnaissance, à la levée des scellées. Le secrétaire greffier, choisi par le juge de paix, ne recevait que 800 livres par an et une partie du produit dont il est ci-dessus question. L'élection des juges de paix et de leurs assesseurs eut lieu en novembre et décembre 1790 et la loi du 1er décembre 1790 leur enjoignit de commencer leurs fonctions après avoir prêté serment devant le Conseil général. D'après le décret du 6 mars 1791, nul ne pouvait être juge de paix ou assesseur et en même temps officier municipal, membre d'un directoire, greffier, avoué, huissier, etc. Les assesseurs ne pouvaient être parents du juge de paix au degré de cousins germains inclusivement et prêtaient serment entre ses mains. Le greffier ne pouvait être son parent qu'au 3° degré. Le juge de paix touchait pour l'apposition des scellés 4 livres pour une vacation de trois heures et 40 sous pour les vacations suivantes, de manière qu'une apposition de scellés ne coûtât pas plus de 6 livres ; il en était de même pour la reconnaissance et la levée des scellés. Le secrétaire greffier ne recevait que les deux tiers de la même somme.

Les juges de paix pouvaient porter, attachée au côté gauche de l'habit, une médaille ovale en étoffe, bordure rouge, fond bleu, sur lequel étaient écrits, en lettre blanche, les mots *La loi et la paix*.

C'est au sujet de l'élection de nouveaux juges de paix, décrétée le 10 août 1792, que la Législative supprima la distinction des citoyens, en actifs et passifs. Le lendemain 11 août, la Commune mandait les juges de paix à sa barre pour rendre compte de leur conduite, et, quatre jours plus tard, elle arrêtait que les Comités des sections seraient composés de 18 membres : les deux premiers membres qui auraient eu le plus de voix seraient, le premier, juge de paix, le second, greffier du juge de paix. Leurs fonctions étaient purement civiles. Les 6 personnes qui, après les 16 autres membres du Comité, auraient eu le plus de voix, seraient assesseurs du juge de paix.

Après l'institution du gouvernement révolutionnaire, les assemblées primaires perdirent le droit de choisir les juges de paix et secrétaires greffiers : les décrets des 8 nivôse an II (28 décembre 1793) et 23 floréal an II (12 mai 1794) en attribuèrent la nomination au Conseil général. L'élection ne fut rétablie que par la loi du 5 fructidor an III, art. 212 (1).

(1) Pour compléter ces renseignements, voir les lois des 8-9 octobre 1789 ; 22-25 avril 1790, celles des 11 et 19 juillet 1791, relatives à l'organisation d'une police municipale et correctionnelle.

CHAPITRE XI

SOCIÉTÉS SECTIONNAIRES

I. Sociétés sectionnaires fondées après le décret du 9 septembre 1793 ;
règlement de la société Poissonnière ; fonctions. — II. Rapports de
ces sociétés avec le club des Jacobins ; leur suppression.

I

Le décret du 9 septembre 1793 avait réduit à deux par
semaine les assemblées de section. Pour pouvoir se
réunir plus souvent, on fonda des sociétés populaires
qu'on a désignées sous le nom de sociétés sectionnaires,
parce qu'il y en eut dans chaque section, et aussi pour les
distinguer de celles qui avaient été organisées bien avant
cette date (1), notamment après les journées de mai 1793.
Ce sont ces sociétés sectionnaires qui tinrent lieu
d'assemblées générales, et ne furent en réalité que des
« sections épurées », comme elles le déclarent elles-

(1) Il s'en forma une dans la section de la Réunion, dite société patrio-
tique de l'Égalité, dès le 28 juillet 1792. Chaque membre payait 20 sols
par mois. Elle se fit affilier aux Cordeliers et aux Jacobins. Le président
de l'assemblée générale fut invité, le 15 novembre 1792, à communiquer à la
société l'ordre du jour de chaque assemblée. Les sociétaires s'entendaient
au préalable sur les citoyens à proposer comme commissaires civils. Elle
tenait trois séances par semaine dans l'église Saint-Avice (7 août 1793), et
elle demande (2 septembre 1793), que les assemblées générales n'aient lieu
que les lundis, mercredis et samedis. Le 20 septembre 1793, elle se réunit
à la nouvelle société sectionnaire fondée le 18 septembre (Voy. Arch. nat.,
F⁷/2495). Voy. M. Tourneux, *Bibliographie*, t. II, p. 450 et 451.

mêmes, que nous voudrions faire brièvement connaître. La plupart prirent naissance au lendemain même de la loi de septembre : celles du Théâtre-Français (1), le 11 septembre 1793 ; des Amis-du-Peuple, de Montreuil, 13 septembre 1793 ; des Républicains de la Rue-de-Montreuil, de Bonconseil et de l'Indivisibilité, 14 septembre 1793 ; des Champs-Elysées, des Amis-de-la-Patrie, 16 septembre 1793 ; de Bonne-Nouvelle, des Arcis, du faubourg Montmartre, 17 septembre 1793 ; de la Réunion et du Muséum, 18 septembre 1793 ; des Piques, 19 septembre 1793, annoncent au Conseil général qu'elles ont créé des sociétés populaires. L'énumération, même réduite à ces exemples, suffit à montrer l'ensemble du mouvement et prouve qu'ici encore les sections se suivent et s'imitent. Il s'en trouva même plusieurs dans une seule section et la Commune, voyant que les intrigants cherchaient ainsi à mettre la désunion entre les citoyens de la même section, invita ces sociétés (23 brumaire an II — 13 novembre 1793), à se réunir en une seule (2).

Le 15 septembre 1793, les républicains sans-culottes de la section des Champs-Elysées (3) s'érigent en société populaire, dite du Bonnet-Rouge, qui tiendra ses séances dans la salle de l'assemblée générale, les jours où celle-ci ne se réunira pas. Son but est de préparer toutes les discussions qui seront soumises à l'assemblée générale.

La section Poissonnière (4) n'organisa la sienne qu'un mois après (23 brumaire an II — 13 novembre 1793). Cette société, dont les « sublimes fonctions étaient de surveiller les malveillants », devait se réunir les 2, 4 et 7 de chaque décade. Le règlement n'en fut arrêté que le 17 frimaire

---

(1) Voy. *Moniteur*, séances du Conseil général aux dates indiquées.
(2) Bibl. nat., L^b 40/1154 g*.
(3) Préfecture de police, procès-verbaux des sections, Champs-Elysées, 15 septembre 1793, folio 29.
(4) Arch. Seine, D. 989. Société populaire Poissonnière.

an II (7 décembre 1793). Le Comité était composé d'un président, d'un vice-président, de deux secrétaires et de deux inspecteurs, de deux censeurs, d'un trésorier et d'un archiviste. L'élection du président avait lieu à la pluralité relative des suffrages des membres présents; il n'exerçait ses fonctions que pendant un mois et ne pouvait être réélu qu'après un intervalle de deux mois. Les secrétaires étaient nommés pour deux mois, et le plus ancien renouvelé tous les mois. Les inspecteurs se tenaient, pendant les séances, à la porte de la salle et ne laissaient entrer personne sans une carte à la boutonnière. Si un citoyen paraissait suspect, on exigeait sa carte de sûreté. Les censeurs se promenaient au milieu de la salle, pour y maintenir l'ordre et le silence. Le trésorier était nommé le deuxième jour de chaque trimestre.

Il y avait deux Commissions : l'une de présentation et d'examen, l'autre d'administration. La première était composée de sept membres renouvelés par moitié tous les mois (29 nivôse — 17 janvier 1794), et présentait les nouveaux adhérents; la seconde, comprenant cinq membres renouvelés par tiers tous les trimestres (29 nivôse an II), avait l'administration des fonds de la société, ordonnançait les dépenses. Le trésorier ne payait aucune somme que sur la présentation d'un mandat signé de trois membres au moins de cette Commission.

La société n'admettait dans son sein aucun des signataires des pétitions anticiviques, aucun ancien membre des clubs contre-révolutionnaires. Pour être accepté, il fallait déclarer à la tribune ce qu'on avait fait depuis et pour la Révolution, justifier de ses moyens d'existence, être présenté par un membre et appuyé par deux autres, tous trois domiciliés depuis un an dans la section. Ceux à qui on avait refusé un certificat de civisme, ou qui avaient médit des révolutions des 20 juin 1792, 10 août 1792, 31 mai et 2 juin 1793, étaient refusés.

Chaque sociétaire contribuait aux charges de la dépense

par portion égale : néanmoins, les braves sans-culottes reconnus trop pauvres pouvaient être dispensés de leur cotisation (2 livres par mois). Tous les trimestres, on procédait à un scrutin épuratoire et on renouvelait les cartes. L'ouverture des séances commençait à 6 heures en hiver et à 7 heures en été : on lisait le procès-verbal de la veille, la correspondance, le journal du soir, et des ouvrages moraux et patriotiques.

Nul ne pouvait parler qu'après avoir obtenu la parole du président, et n'avait le droit d'interrompre un orateur : les peines étaient la censure, la suspension et l'exclusion.

Quant à la salle de réunion, on en arrête ainsi l'aménagement et la décoration, le 14 nivôse an II (3 janvier 1794) : outre les tables nécessaires au président et aux secrétaires, et la tribune, on achètera deux consoles, sur lesquelles on placera les bustes de Marat et de Le Peletier ; sur la corniche ionique, à la place des titres féodaux brûlés dans le poêle, on mettra un drapeau national ; dans la frise de cette corniche « seront peintes en grandes lettres les deux phrases si familières aux patriotes et qui font la terreur de nos ennemis : la République ou la mort ». Sur une toile peinte d'environ 9 pieds de long et placée en face de la tribune, on écrira en lettres noires sur un fond blanc : « Unité, indivisibilité de la République ; liberté, égalité, fraternité ou la mort ». Au haut de la lanterne, on remplacera la croix de fer par une flamme tricolore ; à la porte d'entrée, on installera un petit drapeau national avec le bonnet de la Liberté.

Les séances de ces sociétés étaient publiques, conformément au décret de la Convention nationale du 9 brumaire an II (30 octobre 1793), et les citoyennes mêmes pouvaient pénétrer dans les tribunes (1). Le 12 frimaire an II

(1) L'assemblée populaire des Arcis « était nombreuse et bruyante ; on a passé au scrutin épuratoire les remplaçants. Les femmes se mêlaient d'improuver et d'approuver, ce qui occasionnait du trouble ». — « Celle de la section du Contrat-Social était très nombreuse et il y avait beaucoup de femmes aux tribunes. » Schmidt, t. II, p. 194, 26 mars 1794.

(2 décembre 1793), les jeunes républicains de la pension
Giroux ayant manifesté le désir d'assister aux réunions
de la société Poissonnière pour s'instruire, cette faveur
leur fut accordée, et, selon la mode du jour, deux de ces
enfants, l'un de treize ans et l'autre de douze, firent lecture d'éloges et oraisons funèbres en l'honneur des martyrs de la liberté, Le Peletier et Marat.

La prétention de ces sociétés ne se borna point à préparer à l'avance ce qui devait être discuté ensuite en
assemblée générale, elles voulurent, usurpant en quelque sorte le pouvoir électif, se faire seules juges du
civisme et soumettre à leur scrutin épuratoire tous les
candidats aux fonctions publiques (27 nivôse an II —
16 janvier 1794). C'est ainsi que la société Poissonnière
fait, le 29 nivôse an II (18 janvier 1794), la liste des
commissaires civils, révolutionnaires et de bienfaisance
à soumettre à l'assemblée générale du lendemain (1).

Ces listes, présentées au moment favorable et appuyées
d'un bon nombre de suffrages, étaient toujours acceptées.
On alla plus loin encore : on adjoignit au Comité de bienfaisance surchargé quatre suppléants de bonne volonté
pour l'aider dans sa tâche (7 pluviôse an II). Enfin, au
sujet de la fête donnée en l'honneur de Le Peletier
et de Marat, la société nomme des commissaires pour
relever les arrêtés de l'assemblée générale, examiner
les mémoires et quittances des différents fournisseurs,
entrepreneurs et travailleurs (27 nivôse an II) : l'enquête
prouve qu'ils ont ordonnancé les dépenses sans missions
spéciales, on exclut de la société ceux des commissaires
qui en font partie et on signale les autres à l'assemblée
générale. Cette société (et les autres n'agissent pas autrement) par les motions toutes prêtes, bien étudiées,

---

(1) « La Société populaire de la section de Chalier recevait quelquefois
des commissions particulières de l'Assemblée générale. Son Comité d'épuration était chargé des certificats de civisme ». Schmidt, t. II, p. 189,
25 mars 1794.

qu'elle présente, par la cohésion qu'elle apporte dans toutes les questions traitées d'avance, mène, entraîne et même remplace la section (1).

II

Dès leur création, ces petites sociétés sectionnaires avaient demandé, et quelques-unes avaient obtenu, l'affiliation à la grande société des Jacobins (2). Mais elles ne tardèrent pas à lui paraître suspectes. Le 19 octobre 1793, la société de la section de l'Unité et de l'Indivisibilité vient demander aux Jacobins la correspondance ; sur la proposition de Dufourny, on arrête que la société n'accordera son affiliation ou sa correspondance qu'aux sociétés « qui admettront tous les citoyens patriotes dans leur sein et non pas seulement ceux de la section, ce qui serait un véritable fédéralisme » (3).

Le 9 novembre 1793, Robespierre (4) déclare aux Jacobins « que les patriotes ne sauraient trop surveiller les assemblées de clubs des sections... que dans une société populaire, il ne faut point de patriotes du 10 août, il en faut moins encore du 31 mai » ; il demande qu'on suspende la correspondance avec la société des Invalides, et qu'on ne l'accorde à l'avenir qu'à celles qui se seront rigoureusement épurées (5).

Le 26 décembre 1793, la discussion se renouvelle. Robespierre prétend que les *sociétés populaires*, œuvres des agents des tyrans coalisés et multipliées à

(1) Voy. ce qui a été dit à ce sujet à la fin du chapitre des Assemblées générales.

(2) F.-A. Aulard, la *Société des Jacobins*, t. V, p. 470.

(3) Voy. 8-16-23 septembre et 17 octobre 1793. F.-A. Aulard, *Société des Jacobins*, t. V, p. 390, 408, 417, 467, 470, etc.

(4) F.-A. Aulard, *Société des Jacobins*, t. V, p. 504.

(5) Ce langage de Robespierre ne fut peut-être pas étranger à la rédaction de l'article 19 du règlement de la société Poissonnière, qui écartait de la société ceux qui avaient parlé mal des 10 août, 20 juin, 31 mai, 2 juin.

l'infini depuis le 31 mai, ne sont que des « sociétés bâtardes qui ne méritent pas ce nom sacré ». Momoro fait l'historique de ces sociétés nées après le décret du 9 septembre 1793. Cette loi, dit-il, donnait aux « bons citoyens la facilité d'assister aux délibérations, empêchait les malveillants de nuire. La formation des sociétés populaires a ranimé leur espoir ; il s'est même élevé jusqu'à deux sociétés populaires dans la même section et ceux qui sont chassés de l'une se font recevoir dans l'autre. » Dufourny montre que « le but coupable de ces sociétés est prouvé par les moyens qu'elles ont tentés pour former un autre centre à l'évêché, où elles ont tenu des assemblées secrètes », et, quoique les Jacobins se défendent de « jalousie de corps, » ce qui n'est point prouvé, ils retirent l'affiliation accordée aux sociétés postérieures au 31 mai 1793 (1).

Le 15 janvier 1794, Deschamps soutient que les sociétés populaires composées de nobles, de membres des ci-devant parlements, « forment une petite Vendée (2) », et il répète cette même qualification le 17 janvier (3), après que Dufourny a invité les citoyens à surveiller les sociétés sectionnaires et leur projet de Comité central. « Il faut, dit Dufourny, que toute société populaire dans Paris soit générale, qu'on puisse y être admis (lorsqu'on en est digne), n'importe quel quartier, quelle section de la ville on habite. » Le même, le 14 mars 1794, demande et fait adopter par les Jacobins qu'on ne reconnaisse plus de sociétés sectionnaires, mais seulement des sociétés générales où tous les citoyens sont admis indistinctement (4).

Ces attaques effrayèrent sans doute les sociétés sectionnaires, qui résolurent de se transformer dans le sens

(1) F.-A. Aulard, *Société des Jacobins*, t. V, p. 578 et suiv.
(2) *Ibid.*, p. 613.
(3) *Ibid.*, p. 626.
(4) *Ibid.*, p. 690.

indiqué par Dufourny. Le 24 pluviôse an II (12 février 1794), celle de la section Poissonnière (1), « pénétrée des vrais principes de liberté et d'égalité et n'ayant pour but que de s'éclairer sur les moyens efficaces de faire triompher la souveraineté du peuple, de maintenir le règne de la raison, de découvrir les intrigants et les patriotes de circonstance », déclare qu'elle ne s'est jamais regardée comme société sectionnaire, et qu'elle recevra en conséquence dans son sein tous les vrais républicains qui fourniront des témoignages certains de leur pur patriotisme. Elle fait insérer cette déclaration dans les journaux de la Montagne, et de Tremblay la communique au Conseil général, et apporte à son règlement les modifications nécessaires. Mais ces modifications ne suffirent pas à rassurer leurs ennemis. Les Jacobins ne cessèrent de se montrer hostiles à ces nombreux clubs qui n'auraient pu prospérer à Paris qu'à leur détriment (2).

Le 25 floréal an II (14 mai 1794), après le discours de la société populaire de la section Le Peletier annonçant la clôture de ses séances, Collot d'Herbois (3) explique pourquoi il n'a pas voulu faire partie de cette société ; il dit que les sociétés sectionnaires ne sont pour la plus grande partie que « des cantonnements, des quartiers réservés où se réfugient les déserteurs simulés de l'aristocratie pour livrer tôt ou tard le camp des républicains. A Paris, ce sont quarante-huit étendards différents autour desquels se rallient avec audace tous les hommes douteux ». Il montre qu'on y tourne en ridicule et les

(1) Arch. Seine, D. 989, 24 pluviôse an II.
(2) Celle de la section de Chalier, qui savait que le danger de ces sociétés sectionnaires était à l'ordre du jour aux Jacobins, « a d'elle-même proposé à l'assemblée générale de la section de diminuer ou plutôt de détruire entièrement son influence. Elle ne veut plus se mêler des affaires qui concernent l'assemblée générale et elle a renoncé à la commission dont elle était chargée relativement aux certificats de civisme ». L'on a paru voir avec plaisir que la Société se bornât « à la surveillance qui est l'objet unique de son institution ». Schmidt, t. II, p. 189, 25 mars 1794.
(3) F.-A. Aulard, *Société des Jacobins*, t. VI.

patriotes séduits par une apparence de bienfaisance, et les délibérations des sections. A la suite de cette discussion, les Jacobins décident qu'ils n'admettront plus de députations des sociétés sectionnaires et que ceux d'entre eux qui feraient partie de ces sociétés particulières seraient tenus d'opter.

Le lendemain, 26 floréal an II, le débat recommence : Legendre distingue les sociétés populaires fondées avant le 10 août des sociétés sectionnaires composées d'hommes mal intentionnés, qui veulent faire revivre le système de la permanence des sections. Couthon pense qu'il faut supprimer même les premières, sauf toutefois celles qui ont été régulièrement et légalement établies, et Collot d'Herbois revenant à la charge, reprend les arguments et les accusations de la veille. Ce fut la fin de ces sociétés : la plupart se séparèrent aussitôt : celles de la Halle-au-Blé, de Bonconseil, de Marat, du Muséum, des Amis-de-la-Patrie..., annoncèrent à la Convention leur dissolution.

Néanmoins quelques-unes essayèrent de se maintenir encore. Le 26 floréal an II, l'assemblée générale de la section des Lombards (1) entend le rapport de son Comité de surveillance sur les sociétés sectionnaires qui ont été créées pour permettre aux citoyens de

« s'éclairer et de réchauffer leur patriotisme dans les foyers brûlants du plus pur amour de la patrie. Notre Société s'est occupée d'épurer ses membres et elle a reconnu le vice de son institution par l'arrêté qu'elle a présenté hier à l'assemblée générale, et par lequel elle s'interdit, à l'avenir, de s'immiscer dans la discussion des passeports et des certificats de civisme. »

Celle de la section de Montreuil (2) vécut jusqu'au

---

(1) Préfecture de police, procès-verbaux des sections, Lombards, 26 floréal an II, fol. 158.
(2) Préfecture de police, procès-verbaux des sections, Montreuil, 15 prairial an II, fol. 180.

15 prairial an II (3 juin 1794), et à partir de ce moment, considérant que les préjugés étaient abattus, les conspirateurs et les traîtres en partie anéantis, les lois révolutionnaires en activité, les mœurs, la probité et toutes les vertus à l'ordre du jour, elle suspendit ses séances pour ne les reprendre que lorsque la « chose l'exigerait ou le pourrait permettre ». Elle maintint en conséquence son bureau en activité. Les membres s'engagèrent à ne point cesser de surveiller les ennemis de la chose publique et à les faire connaître à ceux qui étaient chargés de cette surveillance ; ils se jurèrent l'union la plus intime, « une fraternité que rien ne pourrait rompre », et se promirent de s'entr'aider. Ils devaient enseigner partout les vertus civiques, tant par leur avis que par leurs mœurs et bons exemples, et montrer ainsi par une conduite vraiment républicaine que dans la société de la Rue-de-Montreuil « les mœurs et la probité avaient toujours été à l'ordre du jour ».

CHAPITRE XII

ATELIERS DE SECTION

I

Organiser la défense nationale et en même temps procurer des ressources aux citoyens nécessiteux, tel fut le double but que le gouvernement se proposa dans toutes les circonstances. C'était une politique aussi habile qu'utile et légitime. Jamais, en effet, l'oisiveté n'est plus dangereuse que pendant les crises sociales et tout effort d'une administration soucieuse de l'ordre doit tendre à éviter le chômage qu'amènent nécessairement les époques troublées. C'est dans cette intention que, dès le 2 décembre 1788, et pendant tout le courant de l'année suivante, furent établis à Paris des ateliers de charité, destinés à « cacher aux yeux le spectacle effrayant de la mendicité (1) ». Supprimés au 31 août-10 septembre 1790, ils furent remplacés par d'autres connus sous le nom d'ateliers de secours.

Il s'y commettait de nombreux abus, au dire de Gonon,

---

(1) Bibl. nat., mss. fr. acq. nouv., 2654.

membre du Comité civil de la section de la Croix-Rouge, qui les dénonça à l'assemblée générale. « Il est prouvé (1), dit-il, que plusieurs chefs d'atelier ne surveillent point exactement leurs ouvriers..., ils entrent tous les jours en composition avec eux sur l'emploi de leur temps ou leur permettent de ne paraître à l'atelier que quelques fois par semaine...; d'autres ne viennent qu'à l'appel et s'en vont aussitôt, ou se font inscrire dans plusieurs ateliers pour toucher en plusieurs endroits », et il termine son réquisitoire en demandant que la surveillance de ces ateliers soit confiée aux Comités des sections.

Le nombre des ouvriers augmentait dans des proportions inquiétantes ; le 5 octobre 1790, le maire invita les sections à prendre des informations très exactes sur les personnes qu'elles adressaient, et, peu après, 1ᵉʳ janvier 1791 (2), les informa que les ateliers occupant 24,000 ouvriers, à l'avenir, ceux qui se présenteraient ne seraient admis que dans des ateliers supplémentaires où ils ne gagneraient que 15 sols par jour, en attendant que des vacances permissent de les employer ailleurs. Enfin, le 4 mars 1791, la municipalité décida que les places de chefs d'atelier seraient données par les Comités des sections suivant l'ordre de leurs numéros. Ces ateliers furent supprimés le 16 juin 1791, et ne furent pas rouverts, malgré les réclamations des sections, qui reçurent de la municipalité, en compensation, un secours de 96,000 livres. Il ne nous appartenait pas de donner plus de détails sur un sujet déjà traité du reste, mais nous tenions à montrer comment les sections s'intéressèrent et prirent part, en dressant les listes des ouvriers, en nommant des chefs d'atelier, à cette tentative charitable (3).

(1) Bibl. nat., mss. fr. acq. nouv. 2654.
(2) Bibl. nat., mss. fr. acq. nouv., 2656, fol. 45.
(3) L'*Assistance publique à Paris*, 178) à 1791, par Tuetey, Paris 1895, 2 vol. in-4º. Voy. aussi article de L. Lazard sur les ateliers de charité de Montmartre, dans bulletin de la Société : *Le vieux Montmartre* (1896); les Eclaircissements de Sigismond Lacroix : *Actes de la Commune de Paris*, t. II, p. 611, 615-616 ; t. IV p. 610, 619-621 ; t. V, p. 29-38, t. VII, p. 20-24.

II

Ce fut toujours pour elles une grande préoccupation que de procurer du travail à leurs habitants besogneux. Nous voyons, en effet, la section Sainte-Geneviève et celle des Thermes-de-Julien, le 12 novembre 1790, émettre le vœu que l'administration distribue et répartisse dans chaque section les ouvrages qu'elle peut avoir à y faire faire et ne les confie point à un fournisseur unique (1). Quand la guerre sera déclarée et qu'il faudra pourvoir à l'habillement des volontaires, les sections demanderont de même que ces travaux leur soient réservés (2).

Il y eut des entrepreneurs chargés, nous ne savons dans quelles conditions, de faire confectionner les vêtements mis à leur disposition par l'administration de l'habillement. Les ouvrières ne furent point satisfaites de cette méthode, et, le 15 juin 1793, la section du Finistère (3), pour témoigner sa « sollicitude aux citoyennes » et les faire profiter des avantages offerts par le nouveau règlement fixant le prix des pièces de l'habillement, arrêta que les pouvoirs donnés jusqu'ici aux différents

(1) Bibl. nat., mss. fr. acq. nouv. 2654 (12 novembre 1790).

(2) Le décret du 6-8 octobre 1792 chargea le pouvoir exécutif de faire établir sur-le-champ des ateliers de confection pour l'habillement des troupes, tant à Paris que dans les villes avoisinant les armées et partout où il en était besoin. Les ouvriers, sans distinction de sexe, devaient y être employés à la tâche et non à la journée. Le Conseil général avait arrêté le 8 septembre que des commissaires se concerteraient avec le ministre de la guerre et les agents du Conseil exécutif pour faire distribuer aux 48 sections, par portions égales et proportionnelles, les matières premières pour façonner les chemises, cols, bas, guêtres et autres objets de monture et équipement des citoyens armés. Ces mêmes commissaires étaient autorisés à charger les Comités de section de préparer les ateliers patriotiques pour les femmes citoyennes « dont le désintéressement a déjà honoré le sexe ». Ainsi, on procurait du travail aux besogneux, et on faisait appel, en même temps, au dévouement de tous pour hâter les préparatifs.

(3) Arch. nat., F⁷/2517. Comité révolutionnaire de la section du Finistère (15 juin 1793).

commissaires étaient supprimés, et que de nouveaux entrepreneurs seraient tenus de choisir et de louer à leurs frais un atelier commode au centre de la section.

L'assemblée générale admettait comme commissaire tout citoyen de la section, qui pourrait fournir les cautions ci-après indiquées. La matière confiée aux commissaires pour former l'atelier valant à peu près 6,000 livres, on exigeait d'eux une pareille somme : la quote-part de chacun dépendait donc de leur nombre ; 3,000 livres, s'ils étaient deux ; 2,000 livres, s'ils étaient trois, et ainsi de suite ; ils étaient solidaires les uns pour les autres. De plus, ils devaient verser 3,000 livres pour payer les ouvriers. Si l'un d'eux voulait se retirer de la société, il prévenait d'avance ses collègues, qui le remplaçaient eux-mêmes par un citoyen agréé par l'assemblée générale. En dehors d'eux, la section nommait deux autres commissaires gratuits et étrangers à toute spéculation, qui avaient le droit d'inspecter toutes les parties de l'administration et d'entendre toutes les réclamations qui pouvaient se produire sur la gestion de cette entreprise.

Tout citoyen ou citoyenne domicilié dans la section pouvait se présenter à l'atelier, muni d'un certificat de son propriétaire et y recevoir de l'ouvrage. Ce certificat était conservé dans un registre, dont chaque feuillet était affecté à une seule ouvrière, et sur lequel on inscrivait régulièrement les pièces d'habillement remises. Le nombre en était vérifié par l'ouvrière, qui recevait en même temps autant d'étiquettes portant le numéro du folio de son compte, et qui devaient être épinglées sur chaque pièce rapportée : la livraison était suivie du paiement immédiat. Toute personne qui avait des plaintes à formuler, pouvait s'adresser d'abord aux commissaires intéressés, et, si elle n'obtenait pas justice, en appeler aux commissaires gratuits, qui en référaient eux-mêmes à l'assemblée générale.

Un seul citoyen se présenta pour verser la caution indiquée et fut accepté. C'était, en réalité, un entrepreneur cherchant avant tout son bénéfice ; mais la section, par le choix qu'elle en faisait, par les conditions qu'elle lui imposait et par la surveillance qu'elle exerçait constamment sur ses opérations au moyen de deux commissaires, sorte d'inspecteurs, assurait et sauvegardait les intérêts des ouvriers. Ce n'était pas la mainmise de la section sur l'atelier, mais le directeur ne jouissait que d'une liberté très limitée : nous ne savons si l'essai fut heureux, il était, en tout cas, intéressant à connaître. L'absence de documents nous laisse ignorer aussi ce qui se passa dans les autres sections ; toutefois, l'habitude qu'elles avaient d'agir à peu près de la même façon nous permet de supposer qu'elles usèrent de systèmes analogues.

Nous trouvons du reste dans le registre du Comité civil de la section des Piques (1), 13 mars 1793 : les commissaires chargés de la distribution des ouvrages qui se font à la section, ou du paiement de ces mêmes ouvrages demandent une avance de 800 livres, jusqu'à ce que ces objets confectionnés soient portés à l'administration. Le trésorier est autorisé à prêter cette somme. Les mêmes commissaires, le 19 mars 1793, se plaignent que la façon n'est pas soignée. Le 9 avril, ce sont les ouvriers qui se plaignent de la commission : on examine leurs griefs, et on reconnaît que la commission est digne d'estime, et qu'on ne peut augmenter les prix payés jusqu'à ce jour.

III

Les sections ne devaient point s'en tenir à ces organisations primitives et sans doute insuffisantes. Le 9 août 1793, la Convention nationale décréta que la distribution

----

(1) Arch. Seine, D. 976, registre du Comité civil de la section des Piques, 13 mars, 19 mars et 9 avril 1793.

des ouvrages provenant des ateliers de coupe établis à
Paris pour l'habillement des troupes serait faite, sous la
surveillance de l'administration chargée de cette partie,
par ses préposés. Il était organisé dans l'arrondissement
de chacun des six ateliers un bureau de distribution
et de livraison en sus de ceux qui existaient déjà.
L'administration devait veiller à ce que la distribution
des ouvrages à confectionner fût faite en proportion des
besoins de chaque section. A cet effet, chacune d'elles
lui adressait l'état des citoyens et des citoyennes de son
arrondissement, qui étaient dans le cas d'être employés
de préférence dans la confection des habillements. Les
tailleurs employés à la coupe étaient changés tous les
quinze jours et choisis alternativement dans chaque section, parmi les pères de famille, d'après le tableau que les
sections en avaient dressé. Les citoyennes réclamèrent
à plusieurs reprises (20, 25 août 1793, atelier de la Sorbonne) (1), contre la façon dont les administrateurs dis-
tribuaient l'ouvrage. Pour faire cesser ces plaintes, la
Convention autorisa (30 août 1793) le ministre de la
guerre à porter à vingt-quatre et même à trente-six les
bureaux de distribution, afin d'éviter tout dérangement
aux ouvriers trop éloignés. Les sections étaient invitées
à nommer chacune un commissaire : ces commissaires se
réunissaient deux à deux pour surveiller la distribution
et la réception des effets à confectionner.

Une organisation toute nouvelle sortit de là. La section se substitua complètement aux entrepreneurs et à
l'administration des habillements. Ces bureaux, placés
dans les quartiers les plus pauvres, devinrent des ateliers
de section : leur proximité supprima la nécessité des inter-
médiaires. Le 9 septembre 1793, l'assemblée générale des
Invalides (2), après avoir pris connaissance des prix fixés

(1) Procès-verbal de la Convention nationale, dates indiquées.
(2) Arch. nat., F⁷/2520, assemblées générales de la section des Invalides,
9 septembre 1793.

par l'administration et « attendu que les frais devaient être prélevés sur les façons », chargea les deux commissaires qu'elle avait choisis pour diriger l'atelier de la section, de faire couper les objets d'habillement et de les distribuer pour se rendre compte des dépenses, et pouvoir établir ainsi le prix des ouvrages, qu'elle arrêtait ensuite elle-même. Chaque atelier avait ses coupeuses et ses receveuses dont l'indemnité figurait parmi les frais de magasin. La section ne devait faire aucun bénéfice et tous les avantages étaient pour les ouvriers. Néanmoins, l'administration des habillements conserva encore des entrepreneurs puisque, le 30 pluviôse an II (18 février 1794), des citoyennes présentèrent à l'assemblée générale de la section des Invalides (1) une pétition tendant à obtenir que tous les effets à confectionner pour les soldats fussent répartis entre les ateliers de section et non donnés à des « soumissionnaires avides qui retiennent une grande partie des façons ». L'assemblée, considérant qu'il est légitime que le bénéfice à réaliser sur les travaux publics tourne au profit du « plus grand nombre et des plus pauvres, surtout des mères, épouses et filles des généreux guerriers qui exposent leur vie pour le salut de la République », arrêta que des commissaires accompagneraient les citoyennes à la société des Amis de la liberté et de l'égalité, séante aux Jacobins.

Le 5 floréal an II (24 avril 1794), la même section (2) charge deux commissaires d'aller « faire des représentations » à l'administration de l'habillement pour qu'elle accorde un atelier à la section, plutôt qu'à celle de l'Oratoire, dont la population est moindre ; ce qui ferait supposer qu'il y en avait plusieurs dans certaines sections, ou que le même était commun à plusieurs sections. C'est ainsi que celui des Invalides dut être réuni à celui de

---

(1) Arch. nat., F⁷/2510, assemblées générales de la section des Invalides, 30 pluviôse an II (18 février 1794).
(2) *Ibid.*, 5 floréal an II (24 avril 1794).

Fontaine-de-Grenelle (1) (5 prairial an II — 24 mai 1794).
Les cinq employés dont il était composé furent réduits à
trois : deux tailleurs et un secrétaire.

A cette séance du 5 floréal an II (24 avril 1794) (2),
sans doute après des plaintes dont il n'est pas parlé, un
membre de l'assemblée rappelle que, suivant la lettre
des administrateurs de l'habillement des troupes, les
confectionneuses doivent avoir des livrets et des certificats numérotés, un compte particulier sur un registre
tenu très exactement au courant de toutes les opérations.
Il demande qu'on nomme des délégués pour vérifier si
ces prescriptions sont régulièrement suivies : la section
donne cette mission à quatre de ses membres, et ils font
leur rapport le 30 messidor an II (18 juillet 1794) (3), après
de longs retards. Ils constatent que le registre exigé
n'existe pas et que les commissaires de l'atelier ont reçu,
dans leurs trois comptes, du 9 septembre 1793 au 30 germinal an II (19 avril 1794), 289,058 aunes 1/6 de toile à
confectionner, et qu'ils ont rendu 289.562 aunes 15/16 en
objets confectionnés, c'est-à-dire plus qu'ils n'ont reçu.

Ils ont touché	70,089 l.	5 s. 6 deniers.
Et payé	54,864 l.	16 s.
Reste.	15,224 l.	9 s. 6 deniers.

Les frais de magasin se sont élevés à 8,470 l. 2 s. 6 deniers, dont 5,147 livres pour les coupeuses et receveuses ;
le reste, 3,323 l. 2 s. 6 deniers, n'est appuyé d'aucune
pièce justificative. L'excédent devrait être de 6,754 l. 7 sols.
Cette comptabilité laissant à désirer, l'assemblée décida
le remplacement des commissaires.

Ces commissaires recevaient-ils un salaire ? Nous
n'apercevons rien à ce sujet dans le rapport ; il est pro-

(1) Arch. nat., F⁷/2510, 5 prairial an II (24 mai 1794).
(2) *Ibid.*, 5 floréal an II (24 avril 1794).
(3) *Ibid.*, assemblées générales de la section des Invalides, 30 messidor
an II (18 juillet 1794).

bable que les 6,754 l. 7 sols constituaient leur indemnité. En tout cas, le 25 thermidor an II (12 août 1794) (1), un de leurs successeurs expose à l'assemblée générale que pour que les comptes soient exactement tenus, il faut que les traitements des commissaires soient fixés (ils ne l'étaient donc pas auparavant et consistaient sans doute dans l'excédent des recettes) : on arrête alors que les commissaires auront 7 livres par jour, et le secrétaire 1,800 livres par an ; et l'assemblée, considérant qu'elle a demandé un atelier pour secourir les citoyens et les citoyennes qui sont dans le besoin et que si les commissaires devaient eux-mêmes faire les avances nécessaires pour le paiement des ouvriers, ces places ne pourraient être occupées que par gens aisés, au détriment des braves sans-culottes, décide que les citoyens fortunés de la circonscription seront invités à prêter gracieusement les avances et à faire leurs soumissions au Comité civil.

Ainsi, la section nomme et révoque les commissaires qui dirigent l'atelier, détermine leur traitement, fixe le prix des confections, calculé de façon à ne permettre aucun bénéfice, mais à suffire seulement aux frais généraux du magasin, reçoit les plaintes des ouvriers, les réintègre, après enquête, dans les fonctions qu'on leur avait retirées injustement (25 messidor an II — 13 juillet 1794) (2), est enfin vraiment maîtresse de l'entreprise, dont elle surveille toutes les opérations, vérifie tous les comptes et règle toutes les dépenses.

C'est au hasard et à la mauvaise administration de deux commissaires que nous devons ces quelques détails sur cet atelier. Nous ignorons ce qui fut fait dans les autres sections ; mais, évidemment, cet esprit d'imitation, ce besoin d'uniformité que nous avons maintes fois constaté, dut amener toutes celles qui avaient des

---

(1) Arch. nat., F⁷/2510, assemblées générales de la section des Invalides, 25 thermidor an II (12 août 1794).
(2) *Ibid.*, 25 messidor an II.

pauvres à recourir à ce moyen ingénieux de leur venir
en aide. La section du Finistère, déjà plus d'à moitié
maîtresse de son atelier, dut en prendre la pleine direction. Celle du Contrat-Social (1) n'était pas non plus
étrangère à ce qui se passait chez elle, puisque, le 10 vendémiaire an III (1er octobre 1794), elle prit l'initiative
d'une pétition demandant que les travaux pour l'habillement des troupes fussent faits dans les sections et non à
l'armée, et qu'on augmentât les prix de confection.

Enfin, nous lisons dans le procès-verbal de la société
sectionnaire de Poissonnière (7 nivôse an II-27 décembre 1793) (2), qu'un de ses membres dénonce la commission de l'habillement de la ci-devant maison de Saint-
Lazare et dépose des pièces à l'appui de ses plaintes. La
société décide qu'on demandera à l'assemblée générale de
désigner quatre commissaires pour vérifier et compulser
les registres des commissaires tailleurs. Pour qu'on pût
ainsi s'immiscer dans la gestion de cette commission, il
fallait certainement qu'elle fût composée de membres
nommés par la section et responsables devant elle; et
c'était, sans aucun doute, un atelier organisé comme celui
de la section des Invalides (3).

C'est en 1794 que les besoins de la guerre donnèrent à
ces entreprises leur plus complet développement: aux
approches de la paix, leur fonctionnement dut se ralentir.
Du reste, si les résultats étaient excellents pour les
ouvriers, l'administration des habillements n'avait peut-
être pas lieu d'en être satisfaite. Le défaut de surveillance, le manque de responsabilité amenèrent probablement des inconvénients : façon peu soignée ou retard dans
les livraisons.

En tout cas, le 25 prairial an III (13 juin 1795), le

(1) Arch. nat., F⁷/2510 10 vendémiaire an II (1er octobre 1794).
(2) Arch. Seine, D. 989, 7 nivôse an III (26 décembre 1794).
(3) Arch. Seine, D. 945. Rapport sur l'établissement d'ateliers de section, accepté par l'assemblée générale du Palais-Royal, dès mars 1791.

Comité de salut public (1) autorisa la Commission des approvisionnements à supprimer les ateliers de coupe et les bureaux de distribution de confection de la Commune de Paris, et à faire confectionner les habillements des troupes par des entrepreneurs particuliers.

Ce fut la fin de ces ateliers, qui rendirent des services aux pauvres de Paris, et dont l'administration directe par les sections constitue une innovation hardie, une nouvelle conception de l'organisation du travail, nous oserions presque dire un essai de socialisme d'où étaient exclus les patrons « avides », qu'on pourrait aussi trouver ailleurs, dans les fours communaux par exemple, et qui nous a paru digne d'être signalée.

(1) Bibl. nat., mss. fr. acq nouv., 2652, 25 prairial an III (13 juin 1795).

CHAPITRE XIII

FÊTES DÉCADAIRES

I. Fêtes décadaires, décret du 17 brumaire an II ; arrêté du Conseil général, 1ᵉʳ pluviôse an II. Les fêtes décadaires des sections des Gravilliers, de Chalier, du Pont-Neuf.

I

Notre étude serait incomplète si nous passions sous silence le mouvement religieux ou plutôt philosophique qui se produisit au commencement de 1794 et auquel les sections furent naturellement mêlées. Il ne s'agit ici ni app⋅éc ier, ni de raconter cet essai d'une religion nouvelle, mais de montrer à quelle organisation il donna lieu dans chacun des quarante-huit quartiers de Paris. On sait que la Convention, après avoir longtemps poursuivi les prêtres réfractaires, fut entraînée par les Hébertistes (17 brumaire an 11) à attaquer l'Eglise dans son dogme, et à lui substituer le culte de la Raison. Le 20 brumaire an II (10 novembre 1793), Notre-Dame fut proclamée le temple de la Raison. Les sections suivirent aussitôt cette tentative de déchristianisation, et, à la fin du même mois, vinrent annoncer à la Commune qu'elles fermaient leurs églises et ne les rouvriraient qu'au nouveau culte (1).

(1) Voy. *Moniteur*, 26 brumaire an II, sections du Marché, de Montreuil, de la Fraternité ; 30 brumaire an II, celle de l'Unité apporte à la Convention les calices et ornements de son église. La section de Guillaume-Tell

Le 1ᵉʳ pluviôse an II (20 janvier 1794), le Conseil général arrêta que tous les mois il se rendrait au temple de la Raison pour y faire la lecture des lois... et que les présidents des 48 sections seraient invités à agir de même tous les décadis. L'administration des travaux publics devait présenter incessamment au corps municipal l'état des bâtiments à la disposition de la Commune, pour en affecter un à chaque section.

A la suite de cette invitation, et pour satisfaire le besoin de réjouissances qu'a la foule, et remplacer les anciennes solennités religieuses, qui forment l'un des attraits et sont l'un des éléments de succès du christianisme, les sections instituèrent et célébrèrent des fêtes décadaires. Ces divertissements avaient un but moral et civique.

Nous avons retrouvé à la préfecture de police, les règlements relatifs à quelques-unes de ces fêtes (1). Voici ce que décida à ce sujet l'assemblée générale de la section des Gravilliers, le 24 ventôse an II (14 mars 1794). Tous les décadis, la section célébrait la fête de la Raison, de la Liberté et de l'Égalité dans l'église Saint-Nicolas-des-Champs, au-dessus de la porte de laquelle était gravée l'inscription : *Temple de la Raison et de la Vérité.* La fête commençait à 9 heures du matin en été, et à 10 heures en hiver, et, consistait en « chants civiques, discours sur les bienfaits de la Révolution et moyens de l'affermir, lecture des nouvelles lois et rapport de toutes les actions patriotiques ». Le commissaire de police donnait les noms des citoyens et citoyennes nés, mariés, divorcés ou décédés dans le courant de la décade. Le juge de paix

---

transforme la première son église en temple de la Raison ; le 20 frimaire, elle décide d'élire des orateurs de morale (Bibl. nat., Lᵇ ⁴⁰/442). Elle fait imprimer les discours prononcés dans les fêtes décadaires (Bibl. nat., Lᵒ 2/809). — Voy. aussi 1ᵉʳ frimaire an II : section des Quinze-Vingts, etc. — Voy. aussi dans Aulard : *Le culte de la Raison et de l'Être suprême,* chapitre consacré aux sections de Paris.

(1) Préfecture de police, procès-verbaux des sections : Champs-Elysées (fol. 29), Gravilliers (fol. 109), Montreuil (fol. 180), Pont-Neuf (fol. 208), Nord (5 ventôse an 11).

et un membre du Comité de bienfaisance faisaient part
à l'assemblée des actions vertueuses dont ils avaient été
les témoins. La Commission des salpêtres indiquait le
résultat de ses opérations. Tous les citoyens étaient
invités à venir à ces fêtes et à y prononcer des discours
en faveur de la Révolution. Une Commission de 11 membres, se réunissant à jours et heures fixes, était chargée
de l'examen des ouvrages en prose et en vers à lire aux
fêtes : elle devait rejeter tous ceux où les « principes de
l'égalité, de liberté, de mœurs, de raison n'étaient point
établis ».

Cette Commission dressait le programme de chaque
fête, le lisait en assemblée générale le jour de la demi-
décade et l'affichait dans les salles des différents Comités
et dans le temple de la Raison. Elle assurait le bon ordre
de la cérémonie. Tous les artistes musiciens des deux
sexes étaient priés de concourir à l'embellissement de la
fête.

La section de Chalier (1) avait arrêté, le 5 pluviôse
an II (24 janvier 1794), que les décadis, quatre tambours
feraient le tour de la section en battant le rappel et portant un guidon avec l'inscription : « Que ceux qui ai-
ment la Raison viennent avec nous s'instruire dans son
temple. » Là encore la cérémonie se composait de chants
civiques et de discours sur les bienfaits de la Révolution.

Au Pont-Neuf, le but principal de cette institution était
de rappeler sans cesse aux citoyens leurs droits et leurs
devoirs. Un vieillard choisi tous les mois, et « décoré du
bonnet de la Liberté », présidait la fête. Deux chœurs
composés de dix citoyens et de dix citoyennes, faisaient
entendre des hymmes patriotiques et des morceaux de
musique. L'un était placé à droite du président et l'autre
à gauche ; les citoyennes étaient ornées d'une ceinture
tricolore et les citoyens portaient un ruban tricolore au

(1) Bibl. nat., L^b 40/1765.

bras. On informait l'assemblée des naissances et des décès ; on lisait les décrets, on racontait des traits héroïques, et les instituteurs et institutrices étaient invités à y amener leurs élèves ; enfin on proclamait les noms des mères qui nourrissaient elles-mêmes leurs enfants (souvenir de l'influence de Rousseau).

Mais là ne se borna pas l'influence du grand écrivain. Un de ses plus dévots disciples, l'austère et mystique Robespierre, réussit à faire succéder au culte de la Raison, fruit du XVIII° siècle, celui de l'Etre suprême, emprunté à la philosophie de l'auteur de l'*Emile*. Le 18 floréal an II (7 mai 1794), la Convention nationale décida que la République célébrerait aux jours de décadi des fêtes dont elle fit l'énumération : à l'Etre suprême et à la Nature, au Genre humain, au Peuple français... aux Martyrs de la liberté, à la Liberté, etc. La chute de Robespierre ne fut pas suivie du retour à l'ancienne religion : la liberté des cultes ne fut proclamée que le 3 ventôse an III (21 février 1795).

CHAPITRE XIV

BANQUETS POPULAIRES

1. Banquets populaires de juillet 1794; rapports de Payan, 27 messidor an II, et de Barère, 28 messidor an II.

I

Cette question des réjouissances populaires organisées
par les sections nous amène à signaler une tentative du
même genre, quoique fort différente, et qui aurait pu
avoir les conséquences les plus graves, si elle n'avait été
supprimée, dès son origine, par la Convention : nous voulons parler des banquets populaires qui réunirent tout
Paris en juillet 1794.

La section de la Cité (1) paraît avoir eu, la première,
l'idée de ces repas civiques : on dressait des tables dans
les rues, riches et pauvres s'y coudoyaient et buvaient
à la liberté nationale. L'exemple fut contagieux : « la
fraternité eut tous les symptômes d'une épidémie »; en
moins de trois jours, la moitié de Paris soupait dans les
rues. Cet élan de générosité surprit de la part des aristocrates. Payan (2), au nom de la municipalité de Paris
(27 messidor an II — 15 juillet 1794), dénonça les ma-

(1) Michelet, t. IX, p. 325.
(2) *Moniteur*, 15 et 16 juillet 1794. Convention nationale.

nœuvres habiles auxquelles les intrigants se livraient pour séduire les patriotes, et donner le change sur leurs véritables sentiments : « Ils allègueront, dit-il, leur présence dans ces banquets comme une preuve de leur civisme. » Le lendemain, 28 messidor an II (16 juillet 1794), Barère, au nom du Comité de salut public, lut un rapport à la Convention, dans lequel il rappelait que depuis deux mois des jeux scéniques remplaçaient l'ancien culte dans les temples de la Raison, quand des « saturnales » vinrent se substituer à « la décence des repas domestiques ». Ce n'était pas une nouveauté. Desmoulins avait provoqué ces repas publics dans les journaux et les aristocrates s'en étaient servis à Marseille et à Arles, en juillet 1792. Il montra qu'à côté d'une joie sincère existait une fausse gaieté et de faux cris de « vive la République! » La municipalité, à son dire, a constaté des troubles réels : dans la section des Amis-de-la-Patrie un officier de paix en fonction a été insulté et frappé. Un commandant de la force armée du Nord a, sans autorisation du Comité civil, invité les citoyens à un repas fraternel. Sur le territoire des Gardes-Françaises, la circulation a été impossible. Dans ces repas, c'est un vrai gaspillage et l'excès de la consommation, l'intempérance est nuisible aux bonnes mœurs.

Barère termine son rapport en demandant qu'on invite les sections à ne plus se prêter à de pareilles orgies. Cet avis fut entendu et l'abus supprimé (1).

---

(1) Cette pratique différait singulièrement de « ce qui avait eu lieu un peu auparavant. En juin 1793, les sections de Montmartre et de l'Homme-Armé avaient arrêté un carême civique de six semaines. En février et mars 1794 tous les patriotes de la capitale observaient le jeûne et ne mangeaient pas de viande. » (Buchez et Roux, t. XXXII, p. 12). Rappelons aussi que le 1er février 1792, les citoyens aisés de la section de l'Observatoire avaient pris l'engagement de ne pas faire usage de sucre ni de café « jusqu'à ce que leur prix plus modéré permette à leurs frères de la classe moins aisée, de se procurer cette jouissance ». Bibl. nat. Lb 40/2112.

CONCLUSION

Le législateur de 1790 avait voulu, par une nouvelle
division de Paris, détruire l'harmonie, l'entente qui
existait entre les districts et mettre un peu d'ordre à la
place de l'anarchie que leurs allures indépendantes et
leurs menées ambitieuses menaçaient d'introduire. Mais
on ne rompt point aisément avec un passé qui est cher et
qu'on estime glorieux. Les sections, un moment écartées
de la politique, résolurent de sortir de l'éloignement où
on tentait de les maintenir. Simples circonscriptions
électorales, aux termes de la loi, elles continuèrent cependant de discuter sur toute sorte de questions, et, malgré
les remontrances, violèrent ouvertement les décrets du
pouvoir législatif.

A la faveur des dangers qui nécessitent leur intervention, imposent leur concours, elles obtiennent ce qu'on
leur a d'abord refusé : le droit de citoyen actif, étendu à
tous, double le nombre de leurs membres et leur force ; la
permanence, rétablie après d'incessantes réclamations,
ramène l'ancien état de choses et transforme Paris en un
immense club, fournaise ardente où s'échauffent les
esprits, s'engendrent les idées, jaillissent mille étincelles,
qui, enflammant les quatre coins de la capitale, vont
s'abattre toutes vives sur l'Assemblée nationale, qui
s'agite, s'épouvante et se soumet.

Créées pour l'isolement, les sections entretiennent des

relations constantes les unes avec les autres, se font
même donner à l'hôtel de ville un bureau central, y
forment des réunions de délégués qui délibèrent, représentation nouvelle de la Commune et rivale dangereuse
pour l'ancienne ; disposent de la force armée, dont elles
élisent les officiers, s'administrent elles-mêmes, nomment les membres de leurs divers Comités, le juge de
paix, le commissaire de police, procèdent en toute
liberté au recrutement, fixent les indemnités dues aux
volontaires, répartissent et lèvent les impositions extraordinaires, correspondent directement avec les Comités
du gouvernement : autant de caractères bien nets de
l'autonomie presque complète dont elles jouissent.

La pratique de cette autorité toute nouvelle n'alla
point sans de sérieuses difficultés ; beaucoup virent avec
crainte et déplaisir un pouvoir si étendu, une surveillance
si attentive, s'établir tout près d'eux pour les mieux
observer. Les résistances s'essayèrent, on lutta dans les
assemblées générales, et les sans-culottes ne triomphè-
rent qu'au moyen d'associations de secours mutuels, qui
intervenaient aux heures où royalistes et modérés sem-
blaient maîtres du terrain. Ligués ainsi, conduits par
les Cordeliers et les Jacobins, vrais centres directeurs, les
patriotes forment un lien fortement tressé, qui enserre et
étreint les adversaires du dedans.

Du reste, chaque section est à ce moment solidement
organisée. Outre le Comité civil chargé de la partie administrative et mêlé un peu à toutes les opérations générales, elle a un Comité révolutionnaire pour épier, arrêter
les suspects et qui ne faillit point à sa besogne, un Comité
de bienfaisance pour recueillir, distribuer des secours et
s'inquiéter des subsistances, un Comité militaire pour
faire parvenir la solde aux volontaires et surveiller l'exécution du service militaire. Une Commission des salpêtres
pourvoit aux besoins de la guerre et dirige une lucrative
exploitation ; d'autres commissaires font confectionner les

habillements des troupes et les objets nécessaires aux
hôpitaux; un Comité d'agriculture utilise les terres non
cultivées. De tous côtés, enfin, les bonnes volontés s'em-
ploient à servir la patrie et à venir en aide aux ouvriers;
on va même jusqu'à chercher à les instruire et à les
divertir dans les fêtes décadaires. La section est une
société très active qui exige beaucoup de ses membres,
mais prend soin de leurs intérêts.

A l'origine et pendant trois ans, tout pouvoir dans
la section émanait de l'assemblée générale souveraine ;
mais une lente évolution s'accomplit, qui lui retire peu à
peu une partie de son autorité. Des sociétés sectionnaires empiètent sur ses attributions, tentent de la remplacer; les Comités de salut public et de sûreté générale
de la Convention lui enlèvent la nomination de ses commissaires, qui, salariés et révoqués par le gouvernement,
deviennent de vrais fonctionnaires. Le dégoût, la lassi-
tude en présence des difficultés toujours renaissantes, la
conviction de leur impuissance à arriver à une meilleure
situation, éloignent les patriotes des réunions presque
désertes et mortes : pour repeupler les assemblées, il faut
rétribuer l'assistance des ouvriers trop pauvres pour faire
le sacrifice de leur temps, et les réduire à deux par semaine et même à une par décade. La discussion change
d'objet. La politique, tant aimée jadis, mais qui n'a pu
chasser la misère, est elle-même abandonnée. La question sociale, autrefois secondaire, s'impose maintenant si
cruellement qu'elle ne laisse aucun répit : la famine est là
qui guette toujours sa proie, et pour l'en écarter, ce n'est
pas trop de l'énergie de tous les instants. Pendant de
longs mois, on pousse sans cesse le cri d'alarme; dans les
rassemblements, dans les réunions, torturé par la faim,
on ne délibère plus que sur les mesures à prendre pour
assurer l'existence du lendemain.

La chute de Robespierre et la réaction qui suivit ap-
portèrent cependant un peu d'animation dans les sec-

tions. L'ancien appareil fut maintenu, mais on en modifia l'esprit : sur la scène restée la même, d'autres acteurs apparurent, animés de passions violentes. Maîtres à leur tour dans les assemblées, les royalistes accourus de toutes parts pourchassèrent avec haine les sans-culottes, et, sans l'excuse du danger, ne se montrèrent ni plus tendres, ni plus justes qu'eux.

Ces abus de pouvoir, inévitables dans une crise grave, ont fait mal juger une institution qui fut, en son plein fonctionnement, un essai de décentralisation fort intéressant à connaître. Cette quasi indépendance, obtenue peu à peu des Assemblées nationales, a paru un désordre, parce qu'on s'en est mal servi parfois, ou plutôt parce que les circonstances en ont rendu l'usage extrêmement délicat, à une époque où les meilleurs pouvaient hésiter, errer, inhabiles, dans l'application d'une liberté si nouvelle. Quelques historiens, préveuus, n'ont voulu voir aucun des avantages dus à cette initiative, et n'ont aperçu, parmi les efforts faits dans tous les sens et l'activité extraordinaire déployée pour le salut de la patrie, que les passions ou les fautes de quelques fonctionnaires mauvais ou inexpérimentés : cette trop courte vue leur a fait condamner, du même coup, et le système et les hommes. Nous pensons autrement; mais, même si la tentative était blâmable, il n'était pas inutile de l'étudier et d'examiner dans tous ses détails un organisme qui a montré une telle vitalité et contribué à rendre possibles les grandes réformes de la Révolution française.

BIBLIOGRAPHIE

Les papiers des sections de Paris avaient été distribués, on ne sait trop d'après quelle base, entre différents dépôts.

C'est ainsi que les Archives nationales avaient surtout reçu les registres des Comités révolutionnaires, tandis que la Préfecture de police détenait au contraire, outre les procès-verbaux des commissaires de police, les registres des assemblées générales; c'est là que Michelet et Mortimer-Ternaux les ont consultés.

Au dire de ce dernier (1), 45 sections sur 48 y étaient représentées. Les registres qui manquaient étaient ceux des sections des Postes, des Thermes-de-Julien et de Sainte-Geneviève. Il y avait cependant d'autres lacunes. Les procès-verbaux de celle du Jardin-des-Plantes ne commençaient que le 11 août 1792; ceux de celle du Théâtre-Français, qu'en septembre 1792; ceux de celle du Palais-Royal, qu'en octobre 1792; ceux de celle des Quatre-Nations, qu'en 1793. Dans quelques sections, des feuillets avaient été arrachés (Gravilliers, Poissonnière, août 1792). Enfin il est certain, bien que Mortimer-Ternaux ne le constate pas, que les registres des sections des Arcis, des Invalides et de Fontaine-de-Grenelle n'y étaient pas tous, puisque nous en trouvons une partie aux Archives nationales.

Malgré tout, la collection était riche, importante et pleine d'intérêt. Malheureusement, l'incendie de 1871 n'en a presque rien épargné. Nous qui avons passé près de deux ans à feuilleter tant de pages stériles, et ramassé pieusement, grain à grain, ce qui a échappé aux flammes, nous regrettons doublement la belle moisson qu'elles ont dévorée et où nous n'aurions eu qu'à prendre à pleines mains.

Pour établir la bibliographie de notre sujet, nous diviserons nos

(1) Mortimer-Ternaux, t. II, pages 417 à 439.

documents en sources manuscrites, dont nous nous sommes surtout servi dans notre travail, en sources imprimées, et enfin nous donnerons une liste d'ouvrages qui fournissent des renseignements sur la matière.

I. — MANUSCRITS

Actuellement, les papiers manuscrits des sections sont dispersés en quatre endroits différents : aux Archives nationales, à la Préfecture de police, à la Bibliothèque nationale et aux Archives de la Seine.

A. — Archives nationales. Cote F⁷*2471 à 2526.

F⁷*2471. — *Section des Tuileries.* Registre des délibérations du Comité de surveillance révolutionnaire, depuis le 17 septembre 1793 jusqu'au 30 ventôse an II (20 mars 1794) : 140 feuillets.

F⁷*2472. — *Section des Tuileries.* Procès-verbal des séances du Comité de surveillance révolutionnaire, depuis le 1ᵉʳ germinal an II (21 mars 1794) jusqu'au 3ᵉ sans-culottide an II (19 septembre 1794) : 52 feuillets.

F⁷*2473. — *Section des Champs-Elysées.* Délibérations du Comité de salut public, du 1ᵉʳ jour du 2ᵉ mois de l'an II (22 octobre 1793) jusqu'au 27 prairial an II (15 juin 1794) : 459 pages.

F⁷*2474. — *Section des Champs-Elysées.* Délibérations du Comité de surveillance révolutionnaire, du 18 prairial an II (16 juin 1794) jusqu'au 3ᵉ jour sans-culottide an II (19 septembre 1794) : 102 pages.

F⁷*2475. — *Section des Piques.* Procès-verbaux des séances du Comité révolutionnaire, du 28 mars 1793 jusqu'au 3ᵉ jour sans-culottide an II (19 septembre 1794) : 209 feuillets. Suivi d'un cahier ou liste des noms de ceux qui ont reçu des bons pour avoir du bois.

F⁷*2476. — *Premier arrondissement.* Registre des délibérations du Comité révolutionnaire, du 3ᵉ jour complémentaire an II (19 septembre 1794) jusqu'au 15 brumaire an IV (6 novembre 1795) : 171 feuillets.

F⁷*2477. — *Premier arrondissement.* Registre servant à inscrire les procès-verbaux d'apposition et de levées de scellés, opérations, déclarations, dénonciations et autres relatives aux travaux du Comité révolutionnaire du 1ᵉʳ arrondissement, antérieurement à l'instruction à lui transmise le 5 brumaire an III, par le Comité de sûreté générale qui prescrit de tenir deux registres..., du 1ᵉʳ vendémiaire an III au 14 brumaire an III : 7 feuillets. A la fin : supplément du registre des passeports. Section des Piques.

F⁷ᵗ*2478. — *Section Le Peletier*. Comité des Douze, arrêtés et délibérations, du 1ᵉʳ septembre 1793 jusqu'au 9 vendémiaire an III (30 septembre 1794) : 573 pages.

F⁷ᵗ*2479. — *Section Le Peletier*. Comité des Douze, arrêtés et délibérations, du 25 ventôse an II (15 mars 1794) au 9 vendémiaire an III (30 septembre 1794) : 270 pages.

F⁷ᵗ*2480. — *Section Le Peletier*. Sorte de table analytique.

F⁷ᵗ*2481. — *Section du faubourg Montmartre*. Délibérations du Comité de salut public, du 31 mars 1793 au 21 septembre 1793 : 174 pages.

F⁷ᵗ*2482. — *Section du faubourg Montmartre*. Arrêtés du Comité de salut :

5. Verbal du 5 avril au 31 mai 1793 : 98 pages.

9. Verbal du 31 mai au 7 août 1793 : 68 pages.

10. Verbal du 13 septembre 1793 au 12 octobre 1793 : 52 pages.

.3. Verbal du 18 septembre 1793 au 7 nivôse an II (27 décembre 1793) : 38 pages.
Verbal du 4 octobre 1793 au 8 pluviôse an II (27 janvier 1794) : 97 pages.

7. Verbal du 15 pluviôse an II (3 février 1794) au 6 messidor an II (24 juin 1794) : 182 pages.

6. Verbal du 20 germinal an II (9 avril 1794) au 14 thermidor an II (1ᵉʳ août 1794) : 15 pages.

4. Verbal du 4 thermidor an II (22 juillet 1794) au 19 thermidor an II (5 août 1794) : 11 pages.
Verbal du 24 brumaire an II (14 novembre 1793) au 19 pluviôse an II (7 février 1794) : 17 pages.

8. Verbal du 5 ventôse an II (23 février 1794) au 4 messidor an II (22 juin 1794) : 67 pages.

2. Verbal du 4 messidor an II (11 juin 1794) au 22 fructidor an II (8 septembre 1794) : 35 pages.

1. Verbal du 12 messidor an II (30 juin 1794) au 2ᵉ sans-culottide an II (18 septembre 1794) : 40 pages (1).

F⁷ᵗ*2483. — *Section Le Peletier*. Registre de noms d'ouvriers. Serment civique.

F⁷ᵗ*2484. — *Section de la Halle-au-Blé*. Séances du Comité de surveillance, du 3 avril 1793 au 3ᵉ jour sans-culottide an II (19 septembre 1794) : 107 pages.

F⁷ᵗ*2485. — *Section des Lombards*. Comité révolutionnaire, du 27 avril 1793 au 4ᵉ jour des sans-culottides (20 septembre 1794) : 180 pages.

(1) Nous donnons ces cahiers dans l'ordre où nous les avons trouvés dans le carton et qui paraît être l'ordre chronologique.

F⁷*2486. — *Section des Gravilliers*. Séances du Comité de surveillance, du 1ᵉʳ avril 1793 au 3ᵉ jour sans-culottide (19 septembre 1794) : 376 pages.

F⁷*2487. — *Section du Temple*. Procès-verbaux du Comité de surveillance, du 1ᵉʳ ventôse an II (19 février 1794) au 3ᵉ jour sans-culottide an II (19 septembre 1794) : 195 pages.

F⁷*2488. — *Section du Temple*. Procès-verbaux du Comité de surveillance, du 20 avril 1793 au 10 thermidor an II (28 juillet 1794) : 254 pages.

F⁷*2489. — *Section des Amis-de-la-Patrie*. Délibérations du Comité de surveillance, du 15 août 1792 au 16 thermidor an II (3 août 1794). Gros registre contenant 302 affaires.

F⁷*2490. — *Section des Amis-de-la-Patrie*. Délibérations, du 22 septembre 1793 au 4ᵉ jour des sans-culottides an II (20 septembre 1794) : 42 pages.

F⁷*2491. — *Sixième arrondissement*. Procès-verbaux du Comité central, du 4ᵉ jour complémentaire an II (20 septembre 1794) au 16 brumaire an IV (7 novembre 1795) : 131 feuilles.

F⁷*2492. — *Sixième arrondissement*. Registre d'objets divers, du 13 thermidor an II (31 juillet 1794) au 16 brumaire an IV (7 novembre 1795).

F⁷*2493. — *Sixième arrondissement*. Registre d'objets divers, du 26 brumaire an III (16 brumaire 1794) au 29 messidor an III (17 juillet 1795).

F⁷*2494. — *Section de la Réunion*. Procès-verbaux du Comité de surveillance, du 28 mars 1793 au 2ᵉ sans-culottide an II (18 septembre 1794) : 163 pages.

F⁷*2495. — *Section de la Réunion*. Procès-verbaux de la Société populaire, du 28 juillet 1792 au 12 frimaire an II (2 décembre 1793).

F⁷*2496. — *Section de l'Homme-Armé* (Marais). Registre des délibérations du Comité de surveillance, du 2 avril 1793 au 3ᵉ sans-culottide an II (19 septembre 1794) : 240 affaires.

F⁷*2497. — *Section de l'Homme-Armé* (Marais). Comité de surveillance, du 28 mars 1793 au 3ᵉ jour des sans-culottides (19 septembre 1794) : 146 pages.

F⁷*2498. — *Septième arrondissement*. Registre des délibérations du 7ᵉ Comité central, du 4ᵉ jour complémentaire an II (20 septembre 1794) au 15 vendémiaire an IV (7 octobre 1795) : 409 pages.

F⁷*2499. — *Section des Arcis*. Registre des délibérations des assemblées générales, du 30 germinal an III (19 avril 1795) **au** 15 vendémiaire an IV (7 octobre 1795) : environ 120 pages.

F⁷*2500. — *Huitième arrondissement*. Procès-verbaux du 8ᵉ Comité central, du 2 vendémiaire an III (23 septembre 1797), au 7 prairial an III (26 mai 1795) : 64 pages.

F⁷*2501. — *Huitième arrondissement*. Registre des passeports.

F⁷*2502. — *Section des Arcis*. Liste des gens sans aveu ou mal intentionnés.

F⁷*2503. — *Section des Arcis*. Liste des gens sans aveu ou mal intentionnés.

F⁷*2504. — *Neuvième arrondissement*. Délibération du Comité central, du 13 messidor an III (1ᵉʳ juillet 1795) au 15 brumaire an IV (6 novembre 1795) : 100 pages.

F⁷*2505. — *Section de l'Arsenal*. Procès-verbaux des assemblées primaires de l'Arsenal, du 1ᵉʳ juillet 1790 au 25 fructidor an III (11 septembre 1795) : environ 200 pages.

F⁷*2506. — *Neuvième arrondissement*. Certificats de résidence des citoyens du 9ᵉ arrondissement.

F⁷*2507. — *Section de l'Unité*. Journal des opérations du Comité, du 28 mars 1792 au 3ᵉ sans-culottide an II (19 septembre 1794) : environ 300 pages.

F⁷*2508. — *Section de l'Unité*. Arrestations ordonnées par le Comité révolutionnaire.

F⁷*2509. — *Section de Fontaine-de-Grenelle*. Procès-verbaux des séances de l'assemblée générale du 30 prairial an II (18 mai 1794) au 4 vendémiaire an IV (26 septembre 1795) : 127 feuillets.

F⁷*2510. — *Section des Invalides*. Délibérations des assemblées générales, du 3 pluviôse an II (22 janvier 1794) au 10 brumaire an IV (1ᵉʳ septembre 1795) : 88 feuillets.

F⁷*2511. — *Section des Thermes-de-Julien*. Délibérations du Comité, de l'an II à l'an IV.

F⁷*2512. — *Section de Marat*. Délibérations du Comité révolutionnaire, du 12 germinal an II (1ᵉʳ avril 1794) au 3ᵉ jour complémentaire an II (19 septembre 1794) : 38 pages.

F⁷*2513. — *Onzième arrondissement*. Délibérations du Comité central, de l'an III à l'an IV.

F⁷*2514. — *Section de l'Observatoire*. Délibérations du Comité de surveillance, du 30 mars 1793 au 12 vendémiaire an III (30 octobre 1794.

F⁷*2515. — *Section de l'Observatoire*. Délibérations du Comité de surveillance, du 30 mars 1793 au 12 vendémiaire an III (30 octobre 1794).

F⁷*2516. — *Section de l'Observatoire*. Délibérations du Comité de surveillance, du 5 ventôse an II (23 février 1794) au 12 vendémiaire an III (3 octobre 1894) : 103 pages.

F⁷*2517. — *Section du Finistère*. Procès-verbaux du Comité révolutionnaire, du 18 avril 1793 au 3e sans-culottide an II (19 septembre 1794) : 285 feuillets. (A la fin, petit registre d'appositions et de levées de scellés du Comité révolutionnaire.)

F⁷*2518. — *Section du Finistère*. Registre alphabétique d'arrestations et délibérations.

F⁷*2519. — *Section du Finistère*. Procès-verbaux, déclarations, dénonciations du Comité révolutionnaire, du 30 prairial an II (18 juin 1794) au 3e sans-culottide an II (19 septembre 1794) : 40 feuillets.

F⁷*2520. — *Section du Panthéon*. Procès-verbaux du Comité révolutionnaire, du 1er avril 1793 au 5 vendémiaire an II (26 septembre 1793) : 95 feuillets.

F⁷*2521. — *Section du Panthéon*. Procès-verbaux du Comité révolutionnaire, du 9 thermidor an II (27 juillet 1794) au 3e sans-culottide an II (20 septembre 1794) : 36 feuillets. En remettant leurs papiers, les commissaires accusent 4 registres de procès-verbaux, et 10 cahiers d'opérations journalières du Comité. *En tout, 19 registres* (1).

F⁷*2522. — *Section du Panthéon*. Registre de l'ordre du jour, du 7 pluviôse an II (26 janvier 1794) au 27 fructidor an II (13 septembre 1794) : 21 feuillets.

F⁷*2523. — *Douzième arrondissement*. Délibérations du Comité central, ans III et IV.

F⁷*2524. — *Douzième arrondissement*. Délibérations du Comité central, ans III et IV.

F⁷*2525. — *Douzième arrondissement*. Délibérations du Comité central, ans III et IV.

F⁷*2526. — *Douzième arrondissement*. Délibérations du Comité central, ans III et IV.

F⁷*4432. — Affaire du 9 thermidor. Rapports des sections (24 sections).

F⁷*4603 et 4774⁸⁰. — Arrestations et dénonciations du Comité de sûreté générale avec rapports des différentes sections sur les individus inculpés.

BB³ 65 à 81. — Papiers du Comité de salut public du département de Paris.

---

(1) On voit que nous sommes loin de tout posséder. A en juger par là, chaque section devait avoir un nombre relativement considérable de registres pour les assemblées générales et les divers Comités : qu'ont pu devenir tous ces papiers ?

B. — Préfecture de police.

Fragments de registres, procès-verbaux de sections diverses :
313 pièces.

Arcis (1) (1-17 pièces). — Assemblées générales : 10 novembre 1792 ; 11, 13, 14, 15, 16 novembre 1792 ; 16 janvier 1793 ; 10 floréal an II ; 1ᵉʳ, 2, 8, 12, 13 septembre 1793 ; 8 mars 1792 ; 9 mars 1793 ; 15 prairial an II ; 20 thermidor an II ; 25 thermidor an II ; 10 vendémiaire an III.

Champs-Elysées (17-41 pièces). — 28 juillet 1792 ; décembre 1792 ; février 1793 ; 20 mai 1793 ; 9 juin 1793 ; 10 juin 1793 ; 15 septembre 1793 ; 10 prairial 1794 ; 15 thermidor 1794 ; 30 thermidor an II.

Finistère (42-56 pièces). — 12 mai 1793 ; 20 vendémiaire an III ; 12, 14, 25, 30 thermidor an II ; 10, 20 prairial an II.

Fraternité (57-64 pièces). — 22 et 23 mai 1793.

Gardes-Françaises (65-83 pièces). — 1ᵉʳ germinal an II ; 1, 11 janvier 1793 ; 6, 18 mars 1793.

Gravilliers (84-126 pièces). — 24 février 1793 ; 13, 14 octobre 1792 ; avril 1793 ; 30 brumaire an II ; 7, 8 juillet 1792 ; 10 germinal an III ; 20 germinal an III ; 18 avril 1793 ; 14 prairial an III ; 18 janvier 1793 ; 6 prairial an III ; 28 septembre 1792 ; 6 octobre 1792 ; 26 mars 1793 ; 24 ventôse an II.

Halle-au-Blé (127-132 pièces). — 6 octobre 1793 ; 15 germinal an II ; 5 prairial an II.

Homme-Armé (133-140 pièces). — 5 floréal an II ; 25 novembre 1792 ; 13 frimaire an II ; 2 juin 1793 ; 13 et 14 juin 1793.

Indivisibilité (141-148 pièces). — 2 juillet 1793 ; 29 août 1793 ; 15 messidor an III ; 30 thermidor an II ; 5 juin 1793 ; 3 décembre 1792.

Invalides (149-155 pièces). — 4 août 1792 ; 13, 15 septembre 1792 ; 13 novembre 1792 ; 26 novembre 1793 ; 20 vendémiaire an II ; 15 brumaire an II.

Lombards (156-179 pièces). — 19 janvier 1792 ; 30 pluviôse an II ; 30-31 mai 1792 ; 23 juillet 1792 ; 26 juillet 1792 ; 3-13 octobre 1792 ; 5 prairial an II ; 12 décembre 1792 ; 5 septembre 1793 ; 20 floréal an II ; 15 vendémiaire an IV.

Montreuil (180-188 pièces). — 15 prairial an II ; 28 juin 1792.

Nord (189-197 pièces). — 5 ventôse an II.

Poissonnière (198-204 pièces). — 3 août 1792 ; 9 août 1792 ; 2 septembre 1792.

---

(1) Nous ne mentionnons que les dates des séances qui nous ont paru offrir quelque intérêt et dans l'ordre où les pièces sont placées.

Pont-Neuf (205-211 pièces).

Popincourt (212-241 pièces). — 19 décembre 1792 ; 31 mai et 1ᵉʳ juin 1793 ; 14 août 1793 ; 9 thermidor an II ; 10 vendémiaire an III ; 20 vendémiaire an III ; 20 floréal an III ; 30 pluviôse an II ; 5, 6, 7, 8, 9, 10 prairial an III ; 6-7 vendémiaire an IV.

Quatre-Nations (242-249 pièces). — 11 nivôse an II ; 9 thermidor an II.

Quinze-Vingts (250-259 pièces).

Théâtre-Français (260-284 pièces). — 17 décembre 1792 ; 20 brumaire 1792 ; 5 frimaire an II ; 20 ventôse an II ; 10 mars 1793 ; 11 mars 1793 ; 16-17 mars 1793 ; 18, 23, 24, 25, 26, 27 avril 1793 ; 6 mai, 28 mai 1793 ; 24 juin 1793 ; 14-15 juillet 1793 ; 20 floréal an II ; 5-30 prairial an III ; 10 messidor an III ; 25 floréal an III ; 8 thermidor an II.

Amis-de-la-Patrie (285-287 pièces) ; *Gobelins* (288) ; *Amis-de-la-Loi* (288-290) ; *Fontaine-de-Grenelle* (291-293) ; l'*Isle* (294) ; *Louvre* (295-297) ; *Maison-Commune* (298-300) ; *Mauconseil* (301-303) ; *Observatoire* (304) ; *Le Peletier* (306-309) ; *Tuileries* (310-311) ; *Montmartre* (312-313).

Procès-verbaux des commissaires de police, section C, du n° 52 à 100. Affiches officielles de 1789 à 1793.

C. — BIBLIOTHÈQUE NATIONALE : Manuscrits fr., acquisitions nouvelles. Le catalogue manuscrit de M. Marius Sépet, t. II, donne une idée générale du contenu de ce fonds nouveau : *2638 à 2718 ;* plus *8606* et *8607.*

Le grand nombre et la variété des pièces renfermées dans ces 82 cartons nous empêchent d'en dresser une liste même sommaire : nous renvoyons donc à l'inventaire de M. Marius Sépet, tome II, à la disposition des lecteurs du département des manuscrits.

Nous avons aussi consulté, à la Bibliothèque nationale, les registres *11698 à 11703 : Procès-verbaux et délibérations du conseil de ville et du corps municipal de Paris, du 8 octobre 1789 au 17 novembre 1791 (copies authentiques)* ; *11704 à 11706 : Procès-verbaux et délibérations du bureau de ville et du bureau municipal de Paris, du 20 octobre 1789 au 17 novembre 1791 (copies authentiques)* ; *et 11707 : Procès-verbaux du conseil général de la Commune de Paris du 9 octobre 1790 au 18 novembre 1791 (Copies authentiques)* (1).

---

(1) Les mots *copies authentiques* figurent sur ces registres et n'ont pas été ajoutés par nous.

D. — Archives de la Seine.

Ici encore notre tâche est simplifiée par le livre de M. Marius
Barroux (*Inventaire sommaire des archives de la Seine, partie municipale, période révolutionnaire,* 1789 — an VIII, imprimerie Paul
Dupont, 1792, in-8, de 116 p.), qui, avec un soin et une exactitude
qu'on ne saurait prendre en défaut, a dressé le catalogue complet
et détaillé de tout ce qui se rapporte à notre sujet (imprimés et
manuscrits). Peut-être faut-il seulement regretter qu'il n'ait pas ana-
lysé sommairement les registres qu'il n'a fait qu'indiquer, comme
celui des Postes, D. 1001, le seul que nous possédions des assemblées générales de cette époque et qui se trouvait il y a peu de
temps encore à la mairie du IIe arrondissement. Nous renvoyons
donc au catalogue de M. Barroux, que nous ne pouvons songer à
résumer ici. (Voy. aussi quelques cartons qui proviennent d'acquisitions nouvelles, et non inventoriés par M. Barroux.)

Voy. aussi Tuetey : *Répertoire général des sources manuscrites
de l'histoire de Paris pendant la Révolution française,* 1890-1893,
3 vol. in-8.

II. — IMPRIMÉS

Voir d'abord : *Maurice Tourneux,* Bibliographie de l'histoire de
Paris pendant la Révolution française, 1890-1893, 2 vol. gr. in-8
et aussi le Catalogue d'autographes publié en 1862, par M. Charavay père, qui contient plusieurs pièces relatives aux sections.

Sources officielles : Procès-verbal de l'Assemblée nationale,
75 vol. in-8; tables, 5 vol. in-8 ou 1 vol. in-fol. ; *Procès-verbaux de
la Législative,* 16 vol. in-8; tables, 2 vol. in-8 ou 1 vol. in-fol; *Bulletin de l'Assemblée législative du 5 au 21 septembre 1792,* 1 vol. in-
fol.; *Procès-verbaux de la Convention nationale,* 74 vol. in-8;
tables manuscrites seulement (aux Arch. nat.); *Bulletin de la Convention nationale,* 5 vol. in-fol.

Recueils de documents : Moniteur. — Archives parlementaires,
de Mavidal et Laurent, 1867-1889, 33 volumes in-8. — *Schmidt :*
Tableaux de la Révolution française, Leipzig, 1867-1871, 4 vol. in-8;
F.-A. Aulard : La Société des Jacobins, 1889-1897, 6 vol. in-8;
en cours de publication : *F.-A. Aulard :* Recueil des actes du
Comité de salut public, 1889-1897, 11 vol. in-8 (table pour les
tomes I à V). — *Etienne Charavay :* l'Assemblée électorale de Paris,

1790-1792, gr. in-8. — *Robiquet* : le Personnel municipal de Paris, pendant la Révolution, Paris, 1890, in-8°. *Sigismond Lacroix* : Actes de la Commune de Paris, 5 vol. gr. in-8, parus en (1897).

HISTOIRES

Xavier Audouin. L'Intérieur des maisons d'arrêt, 1795, in-8.

Nougaret. Histoire des prisons de Paris et des départements, 1797, 4 vol. in-16.

Thiers. Histoire de la Révolution française, 1823-1827, 10 vol. in-8.

Buchez et Roux. Histoire parlementaire de la Révolution française, 1834-1838, 40 vol. in-8.

Michelet. Histoire de la Révolution, 1847-1853, 7 vol. in-8 (jusqu'au 9 thermidor).

Louis Blanc. Histoire de la Révolution, 1847-1862, 12 vol. in-8.

Mortimer-Ternaux. Histoire de la Terreur, 1862-1881, 8 vol. in-8.

E. Hamel. Histoire de Robespierre, 1865-1867, 3 vol. in-8.

Dauban. La Démagogie en 1793 à Paris, Paris, 1868, in-8.

Dauban. Paris en 1794 et 1795, Paris, 1869, in-8.

Dauban. Les Prisons de Paris sous la Révolution, Paris, 1870, in-8.

Taine. Origines de la France contemporaine, 1878, 3 vol. in-8.

F.-A. Aulard. Culte de la Raison et de l'Être suprême, 1892, in-12.

Tuetey. L'Assistance publique à Paris pendant la Révolution, Paris, 1895, 2 vol. in-4.

TABLE

Paris. — Imprimerie L. Maretheux, 1, rue Cassette. — 12397.

PUBLICATIONS

DE LA

SOCIÉTÉ DE L'HISTOIRE DE LA RÉVOLUTION FRANÇAISE

En vente au siège de la Société, 3, rue de Furstenberg.

Qu'est-ce que le Tiers état? par EMMANUEL SIÉYÈS, précédé de *l'Essai sur les privilèges*, édition critique avec une introduction par EDME CHAMPION. 1888, in-8 . . . . **4** fr.

Liste des Membres de la Noblesse impériale, dressée d'après les registres de lettres patentes, par EMILE CAMPARDON. 1889, in-8 . . . . **3** fr.

Les Conventionnels, listes par départements et par ordre alphabétique, par JULES GUIFFREY. 1889, in-8 . . . . **5** fr.

Mémoires secrets de Fournier l'Américain, publiés par F.-A. AULARD. 1890, in-8 . . . . **5** fr.

La Journée du 14 Juillet 1789, par PITRA, avec notes et introduction, par JULES FLAMMERMONT. 1892, in-8 . . . . . **6** fr.

Mémoires de Chaumette sur la révolution du 10 août 1792, publiés par A. AULARD. 1893, in-8. . . . . **3** fr.

Les Régicides, par E. BELHOMME. 1893, in-8. (*Epuisé.*)

Les Généraux morts pour la Patrie, 1792-1804, notices biographiques par JACQUES CHARAVAY, publiées par son père. 1893, in-8. . . . . **5** fr.

Le Serment du Jeu de Paume, fac-similé du texte et des signatures, avec une introduction et des notes, par A. BRETTE, et un avant-propos par EDME CHAMPION. 1893, in-8. . . . **10** fr.

Registre des délibérations du Consulat provisoire, publié par A. AULARD. 1894, in-8. . . . . **3** fr.

Procès-verbaux de la Commune de Paris (10 août 1792 - 1er juin 1793), publiés par MAURICE TOURNEUX. 1894, in-8 . . . . **5** fr.

Les grades militaires pendant la Révolution, par ETIENNE CHARAVAY. 1895, in-8. (*Non mis en vente.*)

Récit des séances des députés des Communes, depuis le 5 mai 1789 jusqu'au 12 juin suivant, réimpression, avec un avertissement par A. AULARD. 1895, in-8. . . . . **4** fr.

Les Sciences pendant la Terreur, par G. POUCHET, réimpression, avec introduction et notes par J. GUILLAUME. 1896, in-8. **2** fr.

Les Constituants, liste des députés et des suppléants élus à l'Assemblée constituante de 1789, par A. BRETTE. 1897, in-8 . . . . **7** fr.

L'État de la France en l'an VIII et en l'an IX, documents publiés par A. AULARD. 1897, in-8. . . . . **5** fr.

Le Général La Fayette (1757-1834), notice bibliographique par ETIENNE CHARAVAY. 1898, in-8. . . . . **12** fr.

Les membres de la Société de l'histoire de la Révolution reçoivent gratuitement la *Revue* et les publications de la Société.

Il est fait de ces dernières un tirage sur papier de Hollande, exclusivement destiné aux sociétaires et non mis dans le commerce.